ज़िन्दगी के उतार–चढ़ावों में तैरता–डूबता पॉल अन्ततः अपने जीवन की सार्थकता को एक बिन्दु पर स्थिर कर देना चाहता है। मन के भरपूर विचलन के बावजूद वह जिस यात्रा पर निकलता है, यात्रा–क्रम में जिन अनुभवों से गुज़रता है, जिन स्मृतियों को जीता है, जितने लोगों से टकराता है और अपने जीवन का जिस तरह पुनरावलोकन करता है, जिज्ञासु पाठक उपन्यास के पन्ने पलटते हुए उन सभी का साक्षी बनता है। धीरे–धीरे वह जैसे पॉल का सहयात्री हो जाता है।

—डॉ. विजया सती

एसोसियेट प्रोफेसर, हिन्दी विभाग

हिन्दू कॉलेज, दिल्ली विश्वविद्यालय

❖

उपन्यास मर्मस्पर्शी, जीवन के विविध आयामों का दर्पण और रोचक है। सभ्यता के इस दौर में यह परिवारों के स्वरूप और जीवन की नियति को लेकर एक चेतावनी भी है। कथा में दम है। वर्णनशैली में अद्‌भुत प्रवाह। पाठक को न केवल बाँधे रखने में सक्षम है बल्कि आत्मविश्लेषण के लिए भी प्रेरित करती है।

—सरोजनी नौटियाल

प्रिंसिपल राजकीय कन्या पाठशाला, चम्बा

❖

वैवाहिक जीवन, तलाक, पुनर्विवाह, सौतेला पिता, सौतेले बच्चे, कानून, नियम, व्यवस्थाएँ, परंपराएँ अनेक पहलुओं की पेचीदगियों से जूझती पटकथा में आकर्षण है। मानव विचारों व भावनाओं की एक गहन अन्तर्दृष्टि प्रदान करता है।

—गीता जोशी

सहायक निदेशक, राष्ट्रीय नाट्‌य विद्यालय

नयी दिल्ली

I0241666

पॉल की तीर्थयात्रा

अर्चना पैन्यूली

राजपाल

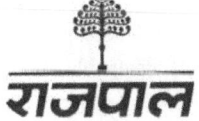

स्थापित 1912
100 वर्षों की
श्रेष्ठ प्रकाशन परम्परा
राजपाल

ISBN : 9789350643938
प्रथम संस्करण : 2016

© अर्चना पैन्यूली

PAUL KI TEERTHYATRA (Novel) by Archana Painuly

राजपाल एण्ड सन्ज़

1590, मदरसा रोड, कश्मीरी गेट-दिल्ली-110006
फोन: 011-23869812, 23865483, फैक्स: 011-23867791
e-mail : sales@rajpalpublishing.com
www.rajpalpublishing.com
www.facebook.com/rajpalandsons

मेरी ज़िन्दादिल माँ (सास)
देवेश्वरी देवी को सादर समर्पित

आभार

हम जीवन में किसी कार्य की योजना बनाते हैं तो प्रारम्भ से अन्त तक जिन व्यक्तियों का हमें सायास अथवा अनायास सहयोग प्राप्त होता है उसकी हमें प्रारम्भ में कल्पना नहीं होती। कार्य सम्पन्न होने पर हम उन व्यक्तियों के प्रति कृतज्ञता से भर जाते हैं जिन्होंने हमारे कार्य में न केवल रुचि ली अपितु अपना अमूल्य सहयोग देकर कार्य को सुन्दर से सुन्दरतम बनाने में हमारी सहायता की। इस परिप्रेक्ष्य में मेरे लिये सर्वप्रथम श्री डेरेक डे के सहयोग का उल्लेख किये बिना आगे बढ़ना सम्भव नहीं है। स्कॉटिश नागरिक व डेनमार्क निवासी श्री डेरेक डे ने भारत से अपना अनुवांशिक सम्बन्ध व पारिवारिक इतिहास मुझसे शेयर किया और इस उपन्यास में उसका उपयोग करने की मुझे इजाज़त दी।

भले ही मैं डेनमार्क में रह रही हूँ, जो इस उपन्यास की पृष्ठभूमि है किन्तु एक विशेष समुदाय के अंदरूनी परिवेश से जुड़े तमाम प्रश्नों, जिज्ञासाओं, जटिलताओं, संवेदनाओं, जीवन शैलियों व सांस्कृतिक विशिष्टताओं को गहराई से समझने की मुझे आवश्यकता थी। इस सम्बन्ध में मेरे सहयोगी श्री डेरेक स्कॉट व ऐना बेरुत मेरी जानकारी के सहज स्रोत बने रहे।

मैं आईटी एक्सपर्ट श्री अनिल कृष्णन की शुक्रगुज़ार हूँ जिन्होंने पॉल की तीर्थयात्रा का नक्शा, जोकि उपन्यास का एक महत्त्वपूर्ण तत्व है, कम्प्यूटर पर बनाया।

मेरे लेखकीय जीवन में डॉ. विजया सती (एसोसियेट प्रोफेसर, दिल्ली विश्वविद्यालय) एवं सरोजनी नौटियाल (प्रिंसिपल, जी.जी.आई.सी. चम्बा, टिहरी) का होना एक सौभाग्य है। इन दो साहित्य विशेषज्ञों की टीम ने न केवल उपन्यास का सम्पादन कर अपने असीम धैर्य का परिचय दिया, अपितु अपनी सारगर्भित टिप्पणियों द्वारा उपन्यास को अधिक प्रमाणिक बनाने में सहयोग दिया।

राष्ट्रीय नाट्य विद्यालय की सहायक निदेशक व राजभाषा मंजूषा की सम्पादक गीता जोशी एवं सुधा थपलियाल जैसे साहित्यिक अभिरुचि से परिपूर्ण संवेदनशील पाठकों की प्रतिक्रियाओं ने उपन्यास को जनापेक्षाओं के निकट पहुँचाने में मेरी सहायता की। उनके सुझाव उपन्यास-लेखन में सहायक रहे। मैं इन सभी के प्रति अपना हार्दिक

आभार व्यक्त करती हूँ।

मेरे जीवन का आधार व मेरे सबसे करीबी सलाहकार मेरे पति डॉक्टर ज्योति प्रसाद पैन्यूली के पारिवारिक सहयोग के बिना मेरे लिए कोई भी कार्य करना मुमकिन नहीं। उनका सहयोग निर्वचनीय है।

सौभाग्यवश पॉल की तीर्थयात्रा के प्रकाशन का दायित्व स्थापित एवं प्रतिष्ठित प्रकाशन संस्थान राजपाल एण्ड सन्ज़ ने उठाया। उपन्यास को पाठकों के सम्मुख लाने का श्रेय वस्तुतः राजपाल एण्ड सन्ज़ की माननीया मीरा जौहरी जी को ही जाता है। उनके प्रति अपनी कृतज्ञता ज्ञापित करती हूँ।

अन्त में मेरे प्रिय पाठकों को मेरा आभार जो मेरे सबसे बड़े प्रेरणास्रोत हैं।

डेनमार्क
15.08.2015

—अर्चना पैन्यूली

क्रम

एक विशेष टेलीफोन	11
पदयात्रा एक अभियान	16
मिलना एक संयोग	23
माता-पिता से भेंट—एक कदम आगे	30
क्रिसमस—नई ज़िन्दगी की शुरुआत	42
पुनर्विवाह	47
हनीमून	54
विवाहित ज़िन्दगी	58
आईवीएफ—महँगी व थकाऊ प्रक्रिया	64
टूटा हुआ घर	73
गैर ज़िम्मेदाराना पूर्व पति	83
मानसून	88
थाईलैंड	96
मेरा पचासवाँ जन्मदिन	101
फिर तलाक	109
मैं उससे भागा नहीं था	115
एक सरनेम में क्या रखा है?	127
पुश्तैनी घर	134
वह फकीर मुझसे अधिक अमीर	143
रोगों का सम्राट—कैंसर	149
आत्महत्या एक बेतुकी मौत	159
करीना स्वयंवर	165
मृत्यु—अन्तिम शत्रु	172
छोटा सा था उसका आशियाँ	179
श्रद्धांजलि	190

एक विशेष टेलीफ़ोन

वह फ़ोन मेरे पास अप्रैल मध्य की एक शनिवार की सुबह आया था। सुबह से ही वह दिन कुछ अलग सा था। शनिवार—यानि वीकेन्ड होने के बावजूद मैं जल्दी उठ गया, और उठते ही मैंने अपना घर साफ़ कर लिया। लूसी आ रही थी, सो मैं चाहता था कि उसके आने से पहले ही घर साफ़ हो जाए।

अपने साफ़-सुथरे घर को कुछ पल में मंत्रमुग्ध निहारता रहा। मेरे घर के दो कमरे मेरे खानाबदोश जीवन के गवाह हैं। अलग-अलग समय में अलग-अलग व्यक्तियों से दान या उधार में मिले फर्नीचर के टुकड़े घर में बिखर एक विसंगति—बेमेलपन उत्पन्न करते हैं, ठीक वैसे ही जैसे मेरी ज़िन्दगी से जुड़े पात्रों में परस्पर कोई संगति नहीं बैठती। सोफा-कम-बेड पूर्व-पत्नी नीना से मिला, उस पर बिछी लाल चद्दर माँ ने दी है। दीवान, एक दोस्त मकान बदलते समय दे गया था, यह सोच कर कि नये घर में वह नया फर्नीचर खरीदेगा। दीवार पर लगी पेंटिंग मेरी बहन जूलिया ने मुझे पिछले वर्ष क्रिसमस पर भेंट की थी। लिविंगरूम के कोने में रखी आरामदायक कुर्सी, जिस पर बैठ कर मैं मेडिटेशन करता हूँ, मेरी जर्मन मकानमालकिन ने मुझे दी है। गुरूर से बोली थी—''जर्मन-मेड है, ठोस व मजबूत है। इसका इस्तेमाल कर लो, जब तक इस घर में किरायेदार हो।''

किताबों का रैक पुराना किरायेदार छोड़ गया था। और किचन के आगे लगी छोटी-सी गोल मेज लूसी ने ऑनलाइन खरीद कर दी है। उससे यह नहीं देखा गया कि उसका बाप किचन की स्लेब पर खड़े-खड़े खाना खाता है। परन्तु...बुक रैक के ऊपर सजी मेरी दोनों बेटियों की मुस्कुराती तस्वीर मैंने स्वयं खींच कर फ्रेम में जड़ी है, इसलिए यह मुझे अपने घर की सभी वस्तुओं में सर्वाधिक प्रिय है।

खैर, घर का अभिप्राय फर्नीचर का ब्यौरा भर नहीं है। मुझे खुशी इस बात की है कि अब मेरा भी अपना एक घर है। पाँच महीने पहले ही यहाँ शिफ्ट हुआ हूँ। वायले झील के किनारे, वायलोसोपार्कन उपवन में अवस्थित यह आवासीय इमारत जर्मनों द्वारा निर्मित है, इसलिए यहाँ की अधिकतर नेमप्लेट पर सरनेम जर्मन हैं। जर्मन-मेड कुर्सी की तरह यह जर्मन-मेड इमारत भी सुदृढ़ है। घर का किराया मेरे लिये थोड़ा

ज़्यादा है। लेकिन एक सुविधाजनक स्थान में एक समुचित निवास जीवन को काफ़ी कुछ सुव्यवस्थित रखता है। सबसे बड़ी बात लूसी व ग्रेसी जब मेरे पास आती हैं तो उनके लिए एक कमरा है। घर परिवार की एक संस्था होती है—बिना परिवार के घर नहीं। जब भी मैं अपने घर की सफ़ाई करता हूँ, कुछ पलों के लिए इस मन्दिर को प्यार से निहारा करता हूँ। कितना अच्छा लगता है स्वच्छ घर! सुखद सकारात्मक अनुभूति होती है।

माय स्वीट होम! आई लिव हियर अलोन! मन ही मन गुनगुनाते हुए मैं बाथरूम में चला गया। गर्म पानी का फव्वारा अपने ऊपर छोड़ दिया। एक निजी गुसलखाने का होना विलासिता लगती है, कोई जल्दी नहीं बाहर निकलने की। पहले वाले घर में... ओहो! छह जने और एक बाथरूम। कितनी ही बार मुझे नहाने के बीच में ही गीले बदन पर तौलिया लपेट कर बाहर निकलना पड़ता था, किसी को मल त्यागने की तात्कालिकता रहती थी। खैर मैंने भी कई बार लोगों को नहाने के बीच में ही बाहर खींचा था।

भाग-दौड़ भरी ज़िन्दगी में एक सम्पूर्ण स्नान थकान को काफ़ूर कर देता है। बड़ी देर तक मैं नहाता रहा। एसेंस ऑयल का भी मैंने इस्तेमाल किया। नहा कर तरावट महसूस करने लगा, खुशबू से महकने लगा। गीला तौलिया फैलाया, और सीधे किचन में गया। बड़े मनोयोग से एक विशेष नाश्ता तैयार करने लगा—मशरूम, चिकन व सलाद के पत्तों का रैप। रोज़ तो मैं सुबह उठते ही स्कूल भाग जाया करता हूँ। स्कूल की कैन्टीन से ही कुछ खरीद कर खा लेता हूँ। पर आज कुछ चटपटा खाने का मन है, फिर लूसी भी आ रही है...। सो इंटरनेट से रेसिपी देख कर यह व्यंजन, जिसे मैक्सिकन रैप कहते हैं, तैयार कर रहा हूँ - कल शाम को बाकायदा मैं बाज़ार से इस रैप को बनाने के लिए सारी सामग्री भी खरीद कर ले आया था। वैसे अगर आपके पास सब आवश्यक सामग्री मौजूद है तो इसे बनाना कठिन नहीं है।

हूँ...चटखारा मारते हुए मैंने रैप से उड़ती महक अपने नथुनों में भरी और मेज़ पर खाने के लिए बैठा ही था कि ऐन वक्त पर मोबाइल बजा। मैं इत्मीनान से बैठ कर चाव से नाश्ता खाना चाहता था, कोई भी खलल नहीं चाहता था अपने व मैक्सिकन रैप के बीच में। सो मैंने मोबाइल उठाया नहीं। घंटियाँ बजती गयीं...। फ़ोन करने वाले शख्स ने तब तक छोड़ा नहीं जब तक घंटियाँ बजनी बन्द न हो गयीं। लेकिन कुछ पल की खामोशी के बाद मोबाइल फिर खनखना उठा। बन्द हुआ, फिर बजने लगा। कोई मुझसे बात करने के लिए उतावला है...। कहीं मेरी माँ तो नहीं, स्कॉटलैंड से... सोचते हुए मैंने मोबाइल आखिरकार उठा लिया।

मोबाइल स्क्रीन पर नम्बर देखा—नम्बर डेनमार्क का ही था।

हैलो!

हैलो पॉल!

स्त्री स्वर। लहज़ा व उच्चारण थोड़ा अजनबी लगा। मेरे अन्तरंग परिचितों में से वह किसी की आवाज़ नहीं थी।

मैं शीला... नीना की माँ...।

मैं चौंक गया। नीना की माँ...! मेरी भूतपूर्व सास, शीला देवी मुझे फ़ोन कर रही है...। मैं असंयत हो गया। ''ओह... हैलो! कैसी हैं आप?''

''ठीक ही हूँ...। तुम कैसे हो, पॉल?''

''मैं भी ठीक ही हूँ...।''

''पता चला कि तुमने घर बदल लिया है...।''

''हाँ... होल्टे शिफ्ट हो गया हूँ। अब तो पाँच महीने हो गये यहाँ शिफ्ट हुए।''

''होल्टे अच्छा इलाका है।''

''पर महँगा बहुत है,'' मैं बोला।

''अच्छे इलाके महँगे ही होते हैं।''

''हाँ, सही कहा आपने।''

मुझे अच्छी तरह पता है कि यह शख़्स शीला देवी यूँ ही, सिर्फ़ मेरा हालचाल पूछने के लिए मुझे फ़ोन करने वाली नहीं है। अवश्य ही कोई खास वजह है, जो वह इस वीकेन्ड पर सुबह-सुबह फ़ोन कर रही है। मैं बातचीत के अहम बिन्दु पर आने का इन्तज़ार करता रहा।

मेरे परिवार के बारे में कुछ प्रश्न, मेरे स्कूल के विषय में चंद सवाल...। मेरी ज़िन्दगी कैसे चल रही है? मेरा स्वास्थ्य कैसा है? मेरी बेटियाँ कैसी हैं? फिर एक गहरी साँस। ''ऐसा है...पॉल...। अगले महीने, तेरह तारीख को हम मन्दिर में नीना की बरसी पर एक धार्मिक आयोजन कर रहे हैं। ग्यारह बजे पूजा शुरू होगी, फिर प्रसादम। तुम भी आ सकते हो... अगर आना चाहो तो...।''

''नीना की बरसी?'' मैं बुरी तरह चौंक गया।

''हाँ तेरह मई को उसकी पुण्यतिथि है।''

''पुण्यतिथि! नीना को गये एक साल हो गया...?''

''हाँ, साल सर्र से चला गया...'' शीला देवी के स्वर में खालीपन पसर गया।

''अवश्य आऊँगा,'' मैं बोला। मुझे बहुत अच्छा लगा, नीना की माँ मुझे आमन्त्रित कर रही है। मन्दिर का अता-पता लेकर, कागज़ में अंकित कर मैंने शीला देवी को धन्यवाद कहते हुए उनसे बातचीत बन्द की। फ़ोन रख, मेज़ पर बैठ गया। रैप ठंडा हो गया था और भूख गायब। नीना यादों में समा गयी थी। उसके ख़याल आये

तो आते ही चले गये। एक उदासी सी महसूस होने लगी।

खैर, मुझे एयरपोर्ट जाना था, लूसी को लेने। नीना की माँ से फ़ोन पर बातचीत से वैसे ही विलम्ब हो गया था। सो मैं जल्दी से रैप खाकर उठ गया। जूठी प्लेट सिंक में डाली, बचा रैप फ्रिज में।

लूसी लीवरपुल यूनिवर्सिटी से बी.बी.ए करने के उपरान्त वहाँ एक कम्पनी में इन्टर्नशिप कर रही थी। अपनी चार रोज़ की छुट्टियों में मेरे पास कोपनहेगन आ रही थी। हालाँकि वह मुझे फ़ोन पर बता चुकी थी कि वह किस फ्लाईट से आ रही है व कितने बजे कोपनहेगन पहुँचेगी, मगर मैं भूल गया। भूलने लगा हूँ अब चीज़ों को...।

कम्प्यूटर लॉग-इन कर मैं उसका यात्रा कार्यक्रम, जो उसने मुझे ईमेल किया था, चैक करने लगा तो नज़र इनबॉक्स पर चमकते उसके नाम पर अटक गयी—लूसी स्कॉट। जब भी अपनी बेटियों का पूरा नाम कहीं देखता-पढ़ता हूँ, दिल में खुशी की एक लहर उत्पन्न होती है, लूसी स्कॉट! ग्रेसी स्कॉट! स्कॉट खानदान की लड़कियाँ...। पॉल की परियाँ...। साथ में एक टीस भी होती है। विशेष अनुभूतियों से भर जाता हूँ। 'एक सरनेम में क्या रखा है, डैड!' वाक्यांश मेरे मस्तिष्क में गूँजने लगता है। मेरी बेटियों का सरनेम हमेशा एक विवादास्पद पहलू रहा। दरअसल मेरी पूरी ज़िन्दगी घपले में रही।

ब्रिटिश एयरवेज़। फ्लाईट अराइवल टाइम—10 ए.एम.।

नौ बज चुके थे। मैं फटाक से उठा, और जूते पहनने लगा। अपने घर का दरवाज़ा बन्द कर, सीढ़ियों से नीचे उतरा। पार्किंग पर खड़ी अपनी कार का दरवाज़ा खोल कर गाड़ी स्टार्ट की तो नीना फिर ख़यालों में आ गयी...। यह कार नीना की ही तो थी। रियरव्यू मिरर से लटकता टेडीबियर, स्टीरियो, यहाँ तक सारी म्यूजिक सीडी भी नीना की हैं। मैंने कुछ नहीं बदला। जब कार चलाता हूँ तो नीना के ही पसन्द के गीत सुनता हूँ—कुछ तमिल भाषा के, कुछ हिन्दी के, और कुछ अंग्रेज़ी के।

लगभग चालीस मिनट लगे मुझे कास्त्रुप एयरपोर्ट पहुँचने में। इस बीच लूसी का मेरे पास फ़ोन आ गया कि मैं कहाँ हूँ। उसे लेने एयरपोर्ट आ रहा हूँ या नहीं।

"मैं आ रहा हूँ, बेटा! रास्ते में हूँ।"

मुझे शर्मिंदगी इस बात की थी कि उसने मुझे एयरपोर्ट आने के लिए बहुत मना किया था, बोली थी कि वह ट्रेन व बस पकड़ कर खुद ही घर आ जायेगी। मैं नाहक परेशान न होऊँ। मैंने ही ज़िद की थी कि मैं उसे लेने एयरपोर्ट आऊँगा। मुझे अच्छा लगता है अपनी बेटियों को एयरपोर्ट लेने जाना। और मैं समय का पाबन्द भी हूँ। मैं नफरत करता हूँ अगर चीज़ें ठीक समय में न हों, मगर आज मुझे देरी हो गयी थी। आगमन गेलरी में बैठी लूसी मेरा इन्तज़ार करते-करते उकता चुकी थी।

"पापा!" मुझे देखते ही वह चहकी, और मेरी बाँहों में समा गयी। अगर इस दुनिया में मुझे कोई समझता है तो वे हैं मेरी बेटियाँ। अपने नालायक बाप की वे सारी कमज़ोरियाँ, गलतियाँ नज़रन्दाज़ कर देती हैं।

"आई एम सॉ सॉरी बेटा! मुझे देर हो गयी। नीना की माँ का फ़ोन आ गया था...।"

मेरे गले में अपनी बाँहें डालते हुए लूसी मुस्कुराते हुए बोली, "कोई बात नहीं पापा। ज़्यादा इन्तज़ार नहीं किया। सिर्फ़ पैंतीस मिनट और अड़तालीस सेकेण्ड।"

मैंने उसके गालों में स्नेह की चुटकी दी।

"आंटी, नीना की मम्मी का फ़ोन क्यों आया? क्या कोई विशेष बात?"

"हाँ... नीना की बरसी है। मुझे बुलाया है मन्दिर में...।"

"आप जाओगे?"

"क्यों नहीं।"

मैं दरअसल बहुत खुश था कि शीला देवी ने मुझे फ़ोन किया, मुझे नीना की बरसी के आयोजन में आमंत्रित किया। इसके लिए मैं उनका आभारी हूँ। तेरह मई... यह मेरी प्रेयसी की मृत्यु तिथि है। इस दिन को मैं उसे समर्पित करूँगा। आमेन!

पदयात्रा एक अभियान

बार-बार मैं कागज़ पर लिखे उस मन्दिर का नाम पढ़ रहा था जो नीना की माँ ने बताया था—सिद्धि विनायक टेम्पल। मैंने डेनमार्क में हिन्दू मन्दिर, हरे कृष्णा मन्दिर, बुद्ध टेम्पल तो सुने थे, और एक-दो मन्दिरों में नीना के साथ हो भी आया था, मगर सिद्धि विनायक मन्दिर का नाम पहले कभी नहीं सुना था। शीला देवी बोली थी कि यह तमीलियन मन्दिर है, अभी तीन वर्ष ही हुए बने हुए।

मन्दिर मेरे घर से कोसों दूर, जीलैंड द्वीप के दक्षिण-पश्चिम छोर पर नगर नैस्ट्वेड के समीप स्लेयेल्सेवाय नामक सड़क पर स्थित है और मैं जीलैंड द्वीप के उत्तरी छोर पर रहता हूँ। मैंने रायसेप्लान (यात्रा कार्यक्रम) पर अपने घर से मन्दिर तक की दूरी देखी—एक-सौ-आठ किमी। दो बसें व दो ट्रेनें मुझे बदलनी पड़ेंगी—दो-ढाई घंटे लगेंगे पहुँचने में। अगर ड्राइव करूँ तो कार से डेढ़ घंटा लगेगा। क्या करूँ? ड्राइव करूँ या पब्लिक ट्रांसपोर्ट लूँ? अचानक मेरे मन में विचार कौंधा—मैं पैदल जाऊँगा—पदयात्रा करूँगा। यस...। एक उत्तेजना से मैं भर गया। अपने छोटे से घर की चहलकदमी करने लगा। एक-सौ-आठ किमी. की पैदल यात्रा!

एक-सौ-आठ!

108 के आँकड़े से सहसा मेरे मस्तिष्क में घंटियाँ बजने लगीं। हाँ याद आया, डॉक्टर रामचन्द्र ने इसका ज़िक्र किया था। उनके अलावा और कौन कर सकता है?

अपनी तुलसी की लकड़ी की जपमाला दिखाते हुए बोले थे—इसमें 108 मणियाँ हैं। हिन्दू धर्म व अन्य पूर्वी धर्मों में एक-सौ-आठ एक पवित्र संख्या समझी जाती है। इसलिए जपमालाओं में 108 मोती होते हैं। पहाड़ियों पर निर्मित कई मन्दिरों में चढ़ने के लिए 108 सीढ़ियाँ बनाई जाती हैं। बौद्ध मन्दिरों में नववर्ष के आगमन पर घंटियाँ 108 बार बजाई जाती हैं, प्रत्येक घंटी हमारी 108 सांसारिक लिप्साओं में से एक को दूर करने व निर्वाण प्राप्ति का प्रतिनिधित्व करती है।

समुद्र मंथन के समय एक तरफ़ से 54 देवताओं व दूसरी तरफ़ से 54 असुरों, यानि 108 जनों ने अजगर को पकड़ सागर को मथा था। समुद्र ने सबसे पहले विष उगला, जिसे भगवान शिव ने पीया। फिर उसके गर्भ से जड़ी बूटियाँ, रत्न, जवाहरात

व अन्त में अमरता प्रदान करने वाला अमृत निकला।

समुद्र मंथन की कहानी मुझे सबसे रोचक लगी थी। मैं उनसे बोला—समुद्र को आज भी मथा जा रहा है।

खैर मैं—पॉल स्कॉट—108 किमी. की पदयात्रा करेगा।

मैंने गूगल मैप (मानचित्र)पर मार्ग देखा—अपने डेरे वायलेसोपारकन, होल्टे से विरम। फिर बाउसविया, फिर हरलेव होते हुए बेलरूप, फिर तास्त्रुप, फिर रोसकिल्डे काउंटी, फिर ओस्टेड। वहाँ से रिंगसटेड होते हुए हरलूफ़मेगले। फिर नैस्ट्वेड, कार्रेबैकवाय से सीधे स्लेयेलसेवाय सड़क पर। मैं तेज़ चलता हूँ, अगर छह-सात किमी. प्रति घंटे के वेग से चलूँ तो बाईस-तेईस घंटे लगेंगे मन्दिर पहुँचने में। हाँ... मैं नीना की पुण्यतिथि पर मन्दिर की पदयात्रा करूँगा—मेरी तरफ़ से नीना को यही श्रद्धांजलि होगी। मैंने इंटरनेट पर मौसम चैक किया—बारह व तेरह मई, दोनों दिन खुले व अच्छे मौसम की भविष्यवाणी है। सूरज चमकेगा। वाह... !

लूसी को मैंने अपने पदयात्रा अभियान के बारे में बताया। वह बोली, "पापा आप आंटी नीना की बरसी में बेशक जाओ, मगर पैदल नहीं...वह भी रात भर! ऊँ हूँ...। बिलकुल नहीं, कतई नहीं। ड्राइव करके जाओ या पब्लिक ट्रांसपोर्ट लो। पापा अब आपके बस का नहीं है इतना चलना... ! अब आप इतने जवान कहाँ रह गये... ?"

"हे हे...." मैंने उसे टोका। "छप्पन साल में इन्सान बूढ़ा नहीं हो जाता।"

"छप्पन में बूढ़ा नहीं होता तो किस उम्र में होता है, भला...नब्बे में... ?" लूसी अपनी गर्दन-बाहें झुलाते हुए व अपनी जीभ बाहर लटकाते हुए, मरने की मुद्रा बनाते हुए बोली।

उम्र और बुढ़ापा बस नज़र का फेर है। दस साल से छोटे बच्चों को बीस साल से ऊपर के सब लोग बूढ़े लगते हैं। किशोरों को तीस साल के ऊपर सब बूढ़े लगते हैं। नौजवानों को चालीस से ऊपर सब बूढ़े लगते हैं। युवाओं को साठ के ऊपर सब बूढ़े लगते हैं। मेरी उम्र, यानि पचास से साठ आयुवर्ग के लोग समझते हैं, ज़िन्दगी तो चालीस से शुरू होती है। और मेरी अठहत्तर वर्षीय माँ मुझे अभी भी एक छोकरा समझती है, जैसे मैं कल ही पैदा हुआ। उन्हें मुझे अपनी उम्र बतानी पड़ती है, और इधर मेरी बेटियाँ मुझे मेरी उम्र बताती हैं, मुझे एहसास करवाती रहती हैं कि मैं कितना बूढ़ा हो रहा हूँ। कितना लाचार व अशक्त हो रहा हूँ! आउटडेटेड हो रहा हूँ।

जब मैं लूसी को एयरपोर्ट से घर ला रहा था तो एक जगह मुझसे बोली, "पापा आप ड्राइविंग बन्द कर दो। आपका 'रिएक्शन टाइम' बढ़ गया है। आप एकदम से ब्रेक नहीं लगा रहे, गियर नहीं बदल रहे। एक्सीडेंट हो गया तो... ?"

जब कभी मैं कंप्यूटर पर कुछ करने बैठता हूँ, टिकट, होटल वगैरह की बुकिंग

तो बेटियाँ उलाहना देती हैं, "ओ हो, आप इतना धीरे टाइप करते हो...। लगता है आपके न्यूरॉन्स धीमे संकेत पहुँचाने लगे हैं। इधर दीजिये कम्प्यूटर...।"

"जो दूरी आप एक घंटे में तय कर सकते हो, उसमें बीस घंटे लगाने का क्या औचित्य?" लूसी मुझसे तर्क कर रही थी।

"मैं पदयात्रा करना चाहता हूँ...।"

"पदयात्रा! यह क्या सनक चढ़ गयी, आपको!"

मैंने लूसी की बात व सलाह को कोई अहमियत नहीं दी। ये लड़कियाँ खामखाँ छिछोरी टिप्पणियाँ करती हैं। मैं फैसला कर चुका हूँ, मुझे क्या करना है—सो मैं अपनी पदयात्रा की तैयारी में जुट गया। लूसी का आना और जाना ऐसा लगा जैसे एक ताज़ा हवा का झोंका आया और चला गया। जाने से पहले वह इंटरनेट से देखकर या फिर अपनी सहेलियों से सीखे होंगे, मेरे लिए कुछ व्यंजन बनाकर फ्रिज में रख कर चली गयी कि पापा को कुछ दिनों तक खाना नहीं बनाना पड़ेगा। यह भी सलाह दे गयी कि मैं खुद घर साफ़ न किया करूँ। कोई सफ़ाई कर्मचारी रख लूँ।

"कोई मुफ्त में तो आयेगा नहीं घर साफ़ करने..." मैं उससे बोला।

"कितने देने पड़ेंगे?"

"कम से कम सौ क्रोनर प्रति घंटा।"

लूसी ने बी.बी.ए. किया है, सो उसकी सारी बातें गणनात्मक होती हैं।"आपका घर छोटा है—एक घंटा लगेगा साफ़ करने के लिए। माना कि हफ्ते में दो बार भी सफ़ाई कर्मचारी आया तो दो सौ क्रोनर एक हफ्ते में, और आठ सौ क्रोनर एक महीने में...। आप किसी को आठ सौ क्रोनर देकर अपने सोलह घंटे बचा रहे हो। ये सोलह घंटे आप कहीं और लगा सकते हो... उन कामों में जिनके लिए आप अधिक काबिल हैं, जो आपको अधिक पसन्द हैं। इन्सान को अपनी सही उत्पादकता का उपयोग करना चाहिए। अपनी सही कीमत आँकनी चाहिए। अपनी ज़िन्दगी को थोड़ा बेहतर बनाओ, पापा...।"

"पहली बात मुझे अपना घर साफ़ करने में एक घंटा नहीं, दो घंटे लगते हैं, दूसरी बात ज़िन्दगी इतनी नाप-तौल कर नहीं जी जाती, बेटे..." मैं उससे बोला।

एक लंबी दूरी चलना एक महान प्रयास है—चुनौतीपूर्ण। मगर मुझे चलने का प्रशिक्षण प्राप्त है। लिविंगस्टोन पर्यटन अकादमी से मैंने तीन हफ्ते का टूर गाइड का कोर्स किया है। कोर्स में मैंने पढ़ा है कि जब हम बच्चे होते हैं तो शरीर लचीला होता है, कैसे भी कूद-फाँद कर चल सकते हैं। एक उमर के बाद चलने में एहतियात बरतनी पड़ती है और पैदल चलने की सही तकनीक अपनानी पड़ती है।

लम्बी दूरी चलने के लिए जूते न तो बहुत नये होने चाहिए और न ही बहुत पुराने। नये जूते पैरों में फफोले व दूसरी समस्याएँ पैदा कर सकते हैं। इसलिए मैंने अपने तीन जोड़ी जूतों में से कैन्वेस के जूते जो न नये थे, न पुराने, और जिनके तलुवे मजबूत व दबाव अवशोषक थे, अपनी यात्रा के लिए चुने। बरसाती खरीद ली कि आसमान का भरोसा नहीं, कब पानी बरस जाए। मौसम विभाग की भविष्यवाणियाँ हमेशा सही नहीं निकलतीं।

एक मोटे ड्राईंग पेपर पर मैंने घर से मन्दिर पहुँचने के मार्ग का अपने हाथों से नक्शा खींचा। मानचित्र के ऊपर मोटे अक्षरों में 'पॉल की तीर्थयात्रा' लिख नक्शा अपने कमरे की दीवार पर टाँग दिया। रोज़ मैं नक्शे को निहारता कि किन-किन राहों से मैं गुज़रूँगा। पानी के स्रोत और पब्लिक टॉयलेट कहाँ-कहाँ मिलेगें। चाय-कॉफ़ी की दुकानें कहाँ मिलेंगी, सब विवरण मैंने नक्शे में अंकित कर लिये। मैं अच्छी चित्रकारी कर लेता हूँ। चित्रकारी मेरा ऐसा शौक है जिसे पनपने का अवसर नहीं मिला।

होल्टे → विरम → बाउसविया → हरलेव → बेलरूप → तास्त्रुप → रोसकिल्डे काउंटी → ओस्तेद → रिंगसटेड → नैस्ट्वेड → स्लेयेल्सेवाय 32

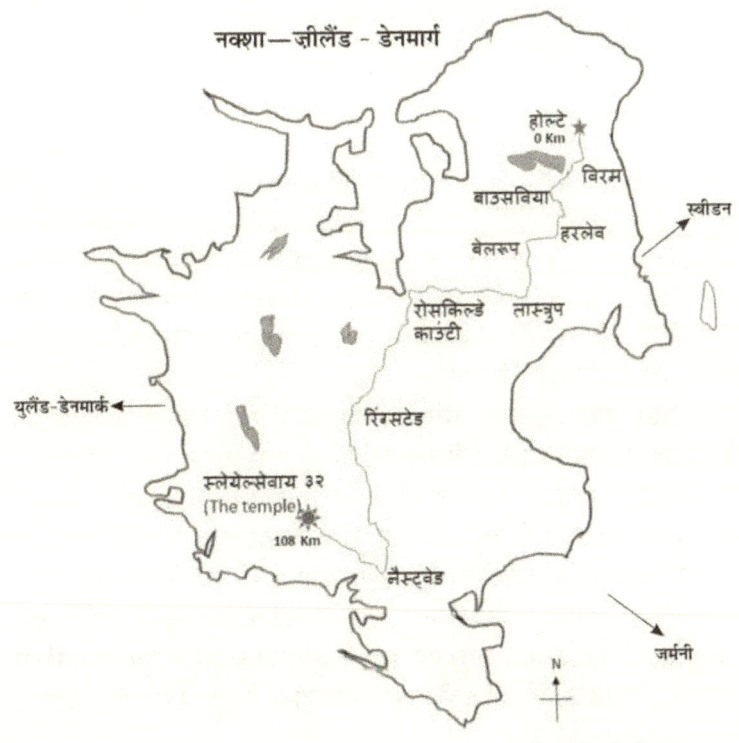

नक्शा—ज़ीलैंड - डेनमार्ग

सो, बारह मई को मुझे रात भर चलना था—रात भर! ऊर्जा संरक्षण के लिए मैं ग्यारह तारीख को सायं पाँच बजे ही बिस्तर पर लेट गया। सुबह तीन बजे, ब्रह्म मुहूर्त में उठकर स्नान व प्राणायाम से शरीर को शुद्ध करके मैं तैयार हो गया।

यात्रा के लिए एक बैग मेरा पहले से ही पैक था—दो जोड़ी पहनने के कपड़े, तौलिया, ब्रश, बरसाती, चप्पलें, सेप्रोमाइसन ट्यूब, बेंडेज, पट्टियाँ व टॉर्च। इनके अलावा मैंने सेंडविच, फल, सलाद व सूखे मेवे लिये जो मुझे समुचित पोषण दे सकें। एक लंबी दूरी तय करने के लिए पौष्टिक तत्वों से भरपूर खाद्य पदार्थ—सब्जियाँ, फल, साबुत अनाज, थोड़ा प्रोटीन का होना अनिवार्य है। अपने को हाइड्रेटेड रखने के लिए जूस-पानी की ठंडी बोतलें भी ले लीं। कुछ जलयोजक पैक भी रख लिये।

जैकेट तानी। जूते पैरों पर कसे। बैग कन्धों पर लटकाया। दीवार से नक्शा निकाल कर प्रात: चार बजे मैं सिद्धि विनायक मन्दिर के लिए निकल गया।

'जय हो!' यह जुमला मैंने तब सीख लिया था, जब नीना के साथ स्लमडॉग मिलिनीयर फिल्म देखी थी, जब-तब इस जुमले को मैं अनजाने में ही दोहराया करता हूँ। मन्दिर के पुजारी से मैंने फ़ोन पर बात कर ली थी, मुझे पता चल गया था कि वहाँ नहाने-धोने की सुविधा है। मेरा इरादा हर हाल में सुबह दस बजे तक मन्दिर पहुँच जाने का था। ग्यारह बजे से यज्ञ शुरू होना था।

माह मई शुरू हो गया है...। ठंड आहिस्ते-आहिस्ते गायब हो रही है और मौसम मनोरम हो उठा है। बसंत की वनस्पति की ताज़ी गंध पूरे वातावरण में महकी है। पक्षियों की चहचहाहट गूँज रही है। पांच महीनों के शीत ऋतुकाल के उपरांत सूर्य ने बादलों की ओट से निकल धरा को अपनी शुभ्र धवल किरणों से आच्छादित करना शुरू कर दिया है और दिन पर दिन सूर्यदेव परवान चढ़ते जा रहे हैं। इसलिए सुबह चार बजे ही हल्का-हल्का उजाला होना शुरू हो गया है।

मस्त, आह्लादित, लम्बे-लम्बे डग भरता हुआ मैं फुर्ती से चलता जा रहा हूँ, रास्ते में टकराते मुसाफिरों को हाथ हिलाते हुए, गर्मजोशी से उन्हें अभिवादन करते हुए। चौकन्नी दृष्टि से चारों ओर ताकता भी जा रहा हूँ कि कहीं किसी राहगीर को किसी मदद की आवश्यकता तो नहीं...। एक जगह सड़क पर कांच के बिखरे टुकड़े देख मैंने उन्हें बीन कर कूड़ेदान में फेंक दिया कि कहीं किसी के पैरों में न चुभ जायें।

सामने से एक बूढ़ा आदमी चला आ रहा है, कुत्ते के साथ। अपने कुत्ते को शायद वह सुबह की सैर करवा रहा है। एक हाथ में कुत्ते की ज़ंजीर व दूसरे हाथ में कुछ सामान है। यकायक, मेरे देखते ही देखते उसके हाथों से एक पैकेट नीचे गिर गया।

जब तक वह अपना पैकेट उठाने के लिए झुकता, मैं लपक कर आगे बढ़ा, ज़मीन से पैकेट उठा कर उसे पकड़ा दिया। ''गॉड ब्लैस यू!'' उसने मुझे आशीर्वाद दिया।

थोड़ी दूर पर एक अंधा व्यक्ति ट्रैफिक लाईट पर खड़ा मिला। अपनी छड़ी से वह रास्ते का अनुमान लगा रहा है। मैं तुरन्त उसकी ओर बढ़ा, और उसका हाथ थाम कर उसे सड़क पार करवाई।

''मैं तुम्हें देख नहीं सकता, मगर समझ सकता हूँ कि तुम एक बहुत नेक इन्सान हो।'' वह मुझसे बोला।

दो घंटे में मैं दस किमी. चल कर कोंगेसटीन सड़क से होते हुए बाउसविया पार कर गया। फिर वाड्सत्रुपवाय सड़क पकड़ कर हरलेव की तरफ़ बढ़ गया। वाड्सत्रुपवाय एक लंबी-चौड़ी प्रमुख सड़क है। रेस्टोरेंट, कैफे, सुपरमार्किट व कई आकर्षक दुकानें पंक्तिबद्ध इस सड़क पर स्थित हैं। दुकानें खुलने लगी हैं। सोया शहर धीरे-धीरे जीवन्त हो रहा है। सहसा मैंने देखा—सड़क किनारे एक महिला अपनी कार से उलझी हुई है। शायद उसकी कार का टायर पंक्चर हो गया है और वह टायर बदलने के लिए जूझ रही है। दो बच्चे कार की पीछे की सीट पर रोनी सूरत बनाये बैठे हैं। मैं उसकी तरफ़ बढ़ गया।

''कैन आई हेल्प यू?'' मैंने शिष्टता से पूछा।

''प्लीज़!'' मुझे निहारते हुए वह बोली।

मैंने उसकी कार का टायर बदल दिया। कार स्टार्ट करके मैं बोला, ''लीजिये मैडम।''

''टूसिन्द थक्क—हज़ार धन्यवाद,'' उस महिला ने स्नेहपूर्वक मेरा हाथ थाम, कई बार धन्यवाद कहा।

''माय प्लेजर,'' मैं बोला।

ऐसी छोटी-छोटी मदद मैं राह में मिलने वाले राहगीरों की करता जा रहा हूँ। जय हो, हेलू लुइया, आमेन, पावन शब्द जपते जा रहा हूँ।

घड़ी में समय देखा—सात बज चुके हैं। कुछ गर्म पीने की तलब हो रही है। आखिरकार एक स्टारबक्स कैफे सामने नज़र आ गया, और मैं अन्दर घुस गया। मैं शायद यहाँ का पहला ग्राहक हूँ। सुबह के बेकरी बन्स व ब्रेड ओवन में सिक रहे हैं। कॉफी केतली में काढ़ी जा रही है। मक्खन, दालचीनी व कॉफ़ी की मिली-जुली सुगंध मेरे नथुनों में भर गयी। सोफे पर जैसे ही मैं बैठने लगा तो एक जवान सेल्सगर्ल ने मुझे टोक दिया, ''अभी हमने बिजनेस शुरू नहीं किया है।''

''तो शुरू कर लो। ग्राहक हाजिर है,'' कहते हुए मैं सोफे पर आराम से पसर गया।

लड़की ने असमंजस में अपने सहयोगी की तरफ़ देखा। ''अभी कुछ भी तैयार नहीं है,'' वह मुझसे बोला।

''मैं इन्तज़ार कर सकता हूँ। मैं दरअसल सुबह चार बजे से घर से निकला हूँ। मुझे गर्म कॉफ़ी चाहिए। प्लीज़!'' मैं विनय भरे स्वर में उनसे बोला।

वे दोनों मुस्कुराये। ''पन्द्रह मिनट लगेंगे,'' लड़का बोला।

''कोई बात नहीं,'' मैं बोला।

खैर दस मिनट में मेरे सम्मुख कॉफ़ी हाज़िर हो गयी।

मैं चुस्कियाँ लेने लगा। स्टारबक्स नीना का प्रिय कॉफ़ी हाउस हुआ करता था। अक्सर हम दोनों स्टारबक्स कॉफ़ी हाउस आया करते थे। अंतिम बार भी हम स्टारबक्स ही आये थे...। तब नीना बीमार थी। उसके बाद वह अस्पताल में भर्ती हो गयी थी, अस्पताल से होस्पिस, होस्पिस से क्रेमेटोरियम, और क्रेमेटोरियम से...। ओह नीना... कहाँ चली गयी हो तुम...? कहाँ अदृश्य हो गयी हो...?

मिलना एक संयोग

नीना से मैं पहली बार एडिनबर्ग में मिला था, तेरह वर्ष पूर्व,लेकिन ऐसा लगता है जैसे कल की बात हो... । बोंगो क्लब के कार्यक्रम में मैं टीम, एडिनबर्ग डांस ग्रुप के साथ स्कॉटलैंड का पारंपरिक लोकनृत्य—स्कॉटिश हाइलैंड नृत्य प्रस्तुत कर रहा था। सभी नर्तकों ने विशेष स्कॉटिश पोशाक पहनी हुई थी। हाइलैंड नृत्य की प्रस्तुति के लिए तकनीक,सहनशक्ति और शक्ति की आवश्यकता होती है। हाइलैंड नृत्य एक प्रतिस्पर्धी और तकनीकी नृत्य रूप है और स्कॉटलैंड की खेल परिषद द्वारा इस नृत्य को एक खेल के रूप में मान्यता भी प्राप्त है।

बहरहाल एक शानदार रंगमंच पर एक अभिजात्य जनसमूह के सम्मुख नृत्य पेश करने का मेरा यह पहला अवसर था। अभी तक मैं छोटे-छोटे मंचों पर ही नाचा था। बोंगो क्लब में मुझे एंट्री इसलिए मिल पायी थी कि एडिनबर्ग डांस ग्रुप का एक नर्तक ऐन मौके पर बीमार पड़ गया और किसी की सिफारिश से मुझे उसका स्थान मिल गया।

आज मेरे सम्मुख असली दर्शक थे, दुनिया भर के लोग। मैं उत्साहित था तो घबरा भी रहा था। दर्शकों ने काफ़ी महँगा टिकट खरीदा था और हमें उनकी अपेक्षाओं पर खरा उतरना था।

दर्शकों में नीना भी शामिल थी। एक वही थी जो प्रशंसनीय नज़रों से हमें निहार रही थी। फिर जब उसकी नज़रें मुझसे टकराईं, वह मुस्कुराने लगी। अपना हाथ हिलाने लगी। उसकी उस मुस्कुराहट व इशारे के साथ सब कुछ बदल गया। मेरी सारी घबराहट खतम हो गयी, और मैं एक अनजाने जोश व आत्मविश्वास से लबालब हो गया और मस्त होकर थिरकने लगा। वह मेरे नादमय पदन्यास, मेरी मुखमुद्रा को एकटक ताकते हुए मुस्कुराती रही, मैं थिरकता रहा। एक समां बँध गया।

नीना के साथ लव-एट-फर्स्ट-साइट था। वह अपने आप में हसीन थी। उसकी सुन्दरता की तुलना किसी गोरी महिला की सुन्दरता से नहीं कर सकते, क्योंकि एशियन व यूरोगियन नारियों की सुन्दरता का अपना-अपना पैमाना है, जैसे सेब व संतरे की अपनी अलग ही खूबियाँ हैं, उनकी परस्पर स्पर्धा नहीं हो सकती। मुझे नीना के सौन्दर्य

में एक कशिश नज़र आती थी जो सहज ही आकर्षित करती थी। सांवला-सलोना रंग, सुन्दर मुखड़ा, पनीली आँखें, केशों की काली लटें जब उसके कन्धों पर छाती थीं तो उसके रूप को और भी लावण्यमय बनाती थीं।

मुझे ध्यान आता है, मेरे कई दोस्त कहते थे कि वे एशियन व अफ्रीकन लड़कियों की तरफ़ आकर्षित नहीं होते। मैं व्यक्तिगत रूप से भारतीय लड़कियों को पसन्द करता हूँ। वे खूबसूरत व स्त्रियोचित होती हैं। मेरी राय में, भारतीय लड़कियाँ सौंदर्य का मानक निर्धारित करती हैं। यहाँ तक कि ब्रिटिश राजकुमार भी भारतीय लड़कियों के रूप से प्रभावित हुए थे। खैर आकर्षण और कामुकता के अद्भुत रहस्यों में कुछ भी स्थिर नहीं है।

नृत्य कार्यक्रम की समाप्ति पर,तालियों की गड़गड़ाहट के बीच नीना अपनी कुर्सी से उठ कर तुरन्त मेरी ओर लपकी। बारह नर्तकों के समूह में वह मेरी तरफ़ बड़ी थी—मुझे बधाई देने। मैं फूला नहीं समाया। स्वयं को मैंने विशेष महसूस किया।

"आपका डांस देख तबियत खुश हो गयी," वह मुझसे बोली।

"शुक्रिया!"

मैं उसे देखते ही समझ गया था, वह स्कॉटलैंड से नहीं है, सो मैंने उससे पूछा, "आप कहाँ से आयी हैं?"

"कोपनहेगन—डेनमार्क से।"

"ओह... डेनमार्क! पहली बार मैं डेनमार्क से आये किसी व्यक्ति से मिल रहा हूँ। बहुत सारे देश घूमा हूँ मगर कोपनहेगन कभी नहीं गया," मैं बोला।

"मैं भी एडिनबर्ग पहली बार आयी हूँ," वह मुस्कुराते हुए बोली। "मेरे संग मेरी बेटियाँ भी हैं।"

"अच्छा ! कहाँ ठहरे हैं आप?"

"सेंट्रल में ग्रासमार्किट के पास एपेक्स इंटरनेशनल होटल में।"

उस दिन मैं उससे अधिक बात न कर सका, वातावरण ही कुछ ऐसा था। काफ़ी लोग मेरे इर्द-गिर्द थे। कुछ मुझसे बात करने के लिए लालायित थे। मैं एक प्रशंसक को अपना सारा समय नहीं दे सकता था। वह भी मुझसे थोड़ी बातचीत कर दर्शकों की भीड़ में मेरी नज़रों से ओझल हो गयी। किन्तु मेरे दिलो-दिमाग में वह बैठ गयी। मुझे उसका नाम—नीना श्रीनिवासन व किस होटल में वह टिकी है, यह भी याद रहा। सो अगली सुबह मैं एपेक्स होटल चला गया। रिसेप्शन में उसके बारे में पूछा। उन्होंने उसके कमरे में फ़ोन लगाया। कोई उत्तर नहीं मिला। वे बोले—लगता है वह अपने कमरे में नहीं हैं। मैं एक घंटे तक वहाँ उसकी टोह लेता रहा। होटल की लॉबी में, गार्डन, पार्किंग प्लेस सब जगह उसे तलाशा। होटल के चारों तरफ़ भटकता रहा। वह

मुझे कहीं नज़र नहीं आई। हार कर मैं अपने घर लौट गया। इंटरनेट चालू कर मैंने उसे लिंकेडेन पर खोजा तो उसका प्रोफाइल मिल गया। मैंने उसे मैसेज भेजा— 'सॉरी, कल आपसे ज़्यादा बात नहीं हो सकी थी। मैं व्यस्त था। चाहो तो आज कहीं मिल सकते हैं। मैं आपके होटल से बहुत दूर नहीं हूँ। '

दो घंटे उपरान्त मैं एपेक्स होटल की लॉबी में था। मैंने उसे फ़ोन किया कि मैं पहुँच गया हूँ। वह अपने कमरे से नीचे उतर कर आई। एक क्षण लगा हमें एक-दूसरे को पहचानने में।

"हाय!"

"हाय!"

"कल आप पारंपरिक पोशाक में थे तो बिलकुल अलग दिख रहे थे। आज पेंट-शर्ट में पहचाने नहीं जा रहे," वह मुझे ऊपर से नीचे तक निहारते हुए बोली।

"किस पोशाक में ज़्यादा जँचता हूँ?"

उसने मेरे प्रश्न पर थोड़ा मनन किया, फिर बोली, "जब स्टेज पर हो तो किल्ट (पारंपरिक पोशाक) में, वरना पेंट-शर्ट में सभी मर्द जंचते हैं। यह तो आदमियों की इंटरनेशनल ड्रेस है।"

मुझे उसका जवाब पसन्द आया। बातों-बातों में ही मैंने उसे बताया कि मैं एक रजिस्टर्ड टूरिस्ट गाइड भी हूँ। एक मान्यता प्राप्त राष्ट्रीय संस्थान से मैंने पर्यटक गाइड की योग्यता प्राप्त की हुई है। वैसे मेरी विशेषज्ञता ऐतिहासिक स्थलों के टूर करवाने में है, मगर मैं थोड़ा बहुत सभी—बागानों, खेल स्थानों, फिल्म स्थानों, प्राकृतिक, ऐतिहासिक संग्रहालय, सरकारी इमारतों, महलों आदि की भी सैर कराने में समर्थ हूँ। मैंने उसके सम्मुख प्रस्ताव रखा कि मैं उन्हें शहर घुमा सकता हूँ, अपना टूरिस्ट गाइड होने का प्रमाण पत्र भी उसे दिखाया।

"आप क्या-क्या हो?" उसने हैरत से पूछा।

"सबसे पहले तो एक अध्यापक हूँ। डांस करना मेरा एक शौक है। और टूरिस्ट गाइड एक पार्टटाइम जॉब है। अगर चाहो तो मैं तुम्हें फ्री वाकिंग टूर दे सकता हूँ। बस जो मन हुआ टिप दे देना।"

वह सहर्ष मान गयी, और मैं माँ-बेटियों का गाइड बन गया। अगले रोज़ सुबह-सुबह मैं उन्हें सिटी स्क्वायर के पास मिला। वह अपनी बेटियों के साथ पहले से ही वहाँ खड़ी थी।

नीना का स्वरूप व हाव-भाव ऐसे थे कि मैं पूरी तरह समझ नहीं पा रहा था कि वह वस्तुत: किस देश की है। मैंने उससे उसकी जात पूछ ही ली।

"मूलत: इंडियन हूँ, पर जन्म से डेनमार्क में रह रही हूँ।"

"अरे वाह!" मेरे मुख से निकला। यह दुनिया विचित्र संयोगों की साक्षी रही है। संयोग हमारे भाग्य के सुराग हैं। हम किसी से आकस्मिक यूँ ही नहीं मिलते, एक कारण होता है किसी से मिलने का, किसी की तरफ़ आकर्षित होने का। मैं स्कॉटिश हूँ, लेकिन मेरे शरीर में इंडियन डीएनए के निशान हैं।

मैंने चहकते हुए कहा, "मैं थोड़ा-बहुत इंडियन हूँ। मेरी ग्रेट-ग्रेटग्रैंडमदर इंडियन थीं।"

अपनी पारखी नज़रों से उसने एक बार फिर मुझे भरपूर निहारा। "हाँ तुम पूरी तरह व्हाईट नहीं लगते। तुम्हारा गोरा रंग यूरोपियन गोरा रंग नहीं है, मिडिल ईस्टर्न गोरा रंग है," वह बोली।

"इंडियन और यूरोपियन जीन ने मिलकर मुझे मिडिल ईस्टर्न बना दिया। कहीं ओसामा बिन लादेन तो नहीं दिखता हूँ?"

वह हँसी, गहरे गड्डे उसके दोनों गालों में पड़े।

बहरहाल, मैं उनका टूर गाइड था। हालाँकि इतने छोटे ग्रुप का नेतृत्व मैं पहली बार कर रहा था, मगर मुझे अपनी ड्यूटी तो करनी थी। सो सावधान की मुद्रा अपनाते हुए मैंने गला खंखारा, और शुरू हुआ—"वेलकम टू एडिनबर्ग! मैं पॉल स्कॉट, आज इस खूबसूरत दिन आपका टूर गाइड हूँ...." कहते-कहते मैं खुद ही हँस पड़ा।

मेरे पर्यटकों ने गर्दन उठा कर ऊपर झाँका—मेघाच्छादित नभ... सूरज का प्रकाश बादल द्वारा अवरुद्ध, कोहरा व्याप्त।

"आप मज़ाक अच्छा कर लेते हो। हमारा समय अच्छा कटेगा। क्यों करीना, जोहाना?"

दोनों कन्याएँ, जो मुझे कौतुहल से ताक रही थीं, अपनी माँ के पूछने पर उन्होंने सहमति में गर्दन हिलाई।

मैं अपने कॉलर ऊपर करते हुए पुनः आरम्भ हुआ, "अभी हम शहर के एक बेहतरीन व सबसे बड़े सार्वजनिक चौक, शार्लोते स्क्वायर पर खड़े हैं। यहाँ से हम अपनी यात्रा का शुभारम्भ करेंगे। इस चौक का नाम राजा जॉर्ज तृतीय की पहली पुत्री के नाम पर रखा गया था। पुत्रियाँ तो विशेष होती हैं। उनकी वजह से सिंहासन बने व हिले हैं।"

नीना व उसकी बेटियाँ खिलखिला उठीं।

मैंने कहना जारी रखा—"जैसा कि सारी दुनिया जानती है, एडिनबर्ग स्कॉटलैंड की राजधानी है। यह एक ऐतिहासिक और सुसंस्कृत शहर है। दुनिया भर के लोग इसकी गोद में बैठे हैं। इस शहर की शुरुआत एक किले के रूप में हुई थी। तीन सौ चालीस मिलियन वर्ष पूर्व एक ज्वालामुखी के भड़कने से एक चट्टान—'कैसल रॉक'

का गठन हुआ, और कैसल रॉक पर एडिनबर्ग किला अस्तित्व में आया। अंग्रेज़ी व स्कॉटिश राजतंत्र एडिनबर्ग किले के लिए हमेशा लालायित रहे। एडिनबर्ग किले में शासन करने का अभिप्राय है सारे स्कॉटलैंड में शासन करना। सातवीं सदी में अंग्रेज़ों ने इस हिस्से को अपने कब्जे में लिया, और इसे एडिनबर्ग नाम दिया। बर्ग किले के लिए एक प्राचीन शब्द है। दसवीं शताब्दी में स्कॉट्स ने इस क्षेत्र में फिर से अपना कब्जा जमाया। ग्यारहवीं शताब्दी में राजा मैल्कम तृतीय द्वारा कैसल रॉक पर एक महल बनाया गया और यह स्थल धीरे-धीरे एक शहर के रूप में विकसित होने लगा, और बारहवीं सदी तक एडिनबर्ग एक समृद्ध समुदाय बन गया। सो देवियो, आज हम एडिनबर्ग व आसपास के क्षेत्रों का भ्रमण करेंगे। शहर के प्रमुख आकर्षण देखेंगे। तीन घंटे तक मैं आपके साथ रहूँगा। उसके बाद आपका यह गाइड आपको यहाँ छोड़ देगा, फिर आपका जहाँ जाने का मन हो, जाइएगा, ठीक?''

उन्होंने गर्दन हिलाई।

नीना की बेटियों, जिन्हें वह करीना व जोहाना पुकार रही थी, के रंग-रूप से साफ़ पता चल रहा था कि वे एक मिलीजुली नस्ल की हैं। उनके व्यक्तित्व में एक गहरी स्केन्डिनेवियन छाप थी। मैंने पूछ ही लिया, ''बेटियों का पिता तो शायद डेनिश है?''

नीना ने सहमति में गर्दन हिलाई। ''मगर हम अलग हो गये हैं,'' वह मायूसी से बोली। ''आई एम ए सिंगल मदर,'' उसने जोड़ा।

मैं भी तो अलबत्ता अकेला था। आठ वर्ष हो गये थे सौन्द्रा से तलाक हुए...।

खैर, इस जानकारी से मुझे प्रसन्नता हुई कि नीना अपने पति से 'सेपरेटड' है, और 'सिंगल' है। मैं बोला, ''मैं भी अकेला हूँ।''

''अच्छा!'' उसने इस संयोग पर आश्चर्य प्रकट किया, किन्तु वह मन ही मन खुश हुई।

मैंने उसे और जानकारी दी, ''मेरी भी दो बेटियाँ हैं—लूसी व ग्रेसी। दोनों जुड़वाँ हैं।''

''समरूप जुड़वाँ? उसने पूछा।

''नहीं, दो अलग डिम्ब से जुड़वाँ बच्चे, दोनों बिलकुल अलग दिखती हैं। एक के काले बाल है, दूसरी के सुनहरे। एक एकदम गोरी है, दूसरी थोड़ी गेहुँए रंग की। एक की नीली आँखें हैं, दूसरी की भूरी।''

''जुड़वाँ होकर भी एक-दूसरे से इतनी भिन्न!'' नीना ने आश्चर्य व्यक्त किया।

''हाँ। हम अभी तक जीनोम और क्रोमोसोम का रहस्य नहीं जान पाए कि वे कैसे काम करते हैं,'' मैं बोला।

बहुत सारी स्थितियाँ हमारे जीवन में एक सी थीं। भारत मेरे लिये हमेशा एक आकर्षण रहा है। दो-तीन मुलाक़ातों में ही उसके प्रति एक विचित्र लगाव पैदा हो गया। उसने भी मुझमें पर्याप्त जिज्ञासा दिखाई। मैं नीना के साथ अधिक से अधिक समय बिताने लगा। अक्सर मैं उसके होटल चला जाता। उसके छह दिन एडिनबर्ग रुकने की अवधि में मैं कितनी ही बार उससे मिला। उनके साथ रेस्टोरेंट में खाना खाने जाता। उनके साथ घूमता-फिरता। एडिनबर्ग टूर की समाप्ति के बाद, जब वह और उसकी बेटियाँ कोपनहेगन वापस लौट रही थी, मैं उन्हें एयरपोर्ट छोड़ने गया। हमने परस्पर फ़ोन नम्बर व ईमेल का आदान-प्रदान किया। फेसबुक व लिंकेडेन फ्रेंड बन गये। एक-दूसरे से सम्पर्क में बने रहने का वादा किया। कोपनहेगन पहुँचते ही नीना ने मुझे 'थैंक्यू' ईमेल भेजी, जिसका मैंने तुरन्त जवाब दिया।

जब भी मुझे ज़रा सा भी समय मिलता, मैं अपने स्मार्ट फ़ोन पर फेसबुक खोलकर नीना से हाय-हैलो कर लेता, उसका हाल-चाल ले लेता। अगर वह ऑनलाइन होती तो उससे दो-चार बातें कर लेता, नहीं तो चैट बॉक्स में उसके लिए मैसेज छोड़ देता। वीकेंड्स पर हम फुरसत से खूब बातें करते, एक-दूसरे की पोस्ट देखकर हमें एक-दूसरे की गतिविधियों की जानकारी मिल ही रही थी। हम दुनिया की बातें करते, परिवार की बातें करते और सिमटते-सिमटते अपने विषय में बातें करने लग जाते। धीरे-धीरे हम दोनों ही अपनी छोटी-बड़ी हर बात एक-दूसरे से शेयर करने लगे थे।

"नीना इस हफ्ते लूसी-ग्रेसी मेरे पास आ रही हैं, दो हफ्तों के लिए...।"

"क्या-क्या प्रोग्राम बनाया उनके लिए?" वह मुझसे पूछती, मुझे सलाह-मशवरा देती। हम एक-दूसरे के जीवन के अनिवार्य अंग बनने लगे। फिर उस दिन एक लम्बी बातचीत के बाद मैंने उससे कहा, "मैं तुमसे कुछ कहना चाहता हूँ, नीना।"

"क्या कहना चाहते हो?" उसने बहुत सहजता से पूछा।

"मैं समझता हूँ, हम केवल अच्छे दोस्त भर नहीं है, उससे बहुत आगे निकल चुके हैं। जो रिश्ता हमारे बीच कायम हो चुका है... इसे...।"

"प्यार कहते हैं," नीना ने हँसते हुए मेरा वाक्य पूरा किया।

"यस। आई लव यू, नीना!"

"आई टू लव यू, पॉल!"

एक गहरी साँस लेते हुए मैंने सामने बोर्ड में पढ़ा—हरलेव आ गया है। नीना के माता-पिता हरलेव में ही रहते हैं। नीना की मौत के बाद यह पहली बार है जब मैं इस इलाके

में आया हूँ। जैसे ही मैं उसके माता-पिता के घर के सामने से गुज़रने लगा तो मेरा दिल भर आया। वह शाम बरबस याद आ गयी जब नीना मुझे पहली बार अपने माता-पिता से मिलवाने लायी थी। कैसे उसके पिता ने मेरा थर्ड-डिग्री इंटरव्यू ले लिया था!

एक पल के लिए मैं उनके घर के आगे ठिठका, सोचा उनसे थोड़ा मिल लेता हूँ। चाय वगैरह उनके घर में पी लेता हूँ। फिर मैंने यह विचार त्याग दिया। किसी के घर विश्राम नहीं करूँगा रास्ते में। वैसे कल मैं श्रीनिवासन दम्पति से मन्दिर में मिलूँगा ही। सो मैं आगे बढ़ता गया।

मैं सहसा खुश होकर उछलने लगा। तीन इलाके मैंने पार कर लिये हैं। घड़ी में समय देखा—चार घंटे हो गये हैं मुझे चलते हुए। चार घंटे में तीन इलाके व सोलह किमी. कोई बुरा तो नहीं। मुझे भूख लग आयी है, पर मैं भोजन बेलरूप पहुँच कर ही करूँगा। सो मैं चलता रहा...।

माता-पिता से भेंट—एक कदम आगे

मैं पहली बार डेनमार्क आया था...। हालाँकि मैं पूरा यूरोप लगभग घूम चुका था मगर यह स्केन्डिनेवियन देश न जाने क्यों अछूता रह गया था। सो मेरे लिये वह पहली बार इस देश में आना था। मुख्य मकसद था—नीना से मिलने, उसके संग थोड़ा वक्त गुज़ारने, उसके व्यक्तित्व को समझने और उसके हृदय को टटोलना।

मैं जब कास्त्रुप एयरपोर्ट के आगमन द्वार से बाहर निकला तो वह अतिथि गैलरी में मेरे स्वागत के लिए खड़ी थी, हाथ में एक लाल गुलाब पकड़े हुए। उसके काले केश कसकर बँधे थे, जिससे उसका तिकोना चेहरा और भी विशिष्ट लग रहा था। नीली स्कर्ट व फर्र वाली जैकेट में वह बहुत आकर्षक लग रही थी। मैं मुस्कुराते हुये उसकी तरफ़ बढ़ा।

''वेलकम टू कोपनहेगन!'' वह बोली, गुलाब मेरी तरफ़ बढ़ाते हुए।

''थैंक्स!'' कहते हुए मैंने उसके गालों को चूमा।

''सो?'' वह बोली।

''सो?'' मैंने दोहराया। ''मैं कोपनहेगन पहुँच गया हूँ...।''

''वह मैं देख रही हूँ...स्कॉटिश जेंटलमैन!'' वह मुस्कुराते हुए बोली। मैंने उसे निहारा—उसके दीर्घ तरल नयनों से मेरी दृष्टि टकराई। उसकी आँखों की तरलता मुझे बहुत लुभाती थी।

एक-दूसरे का हाथ थाम कर हम कार पार्किंग प्लेस की तरफ़ बढ़े। ठंडी बयार बह रही थी। उसने कार का इंजन स्टार्ट किया और मैं उसके पहलू में बैठा। एयरपोर्ट से तीन किमी. की दूरी, आमा नामक उपनगर में उसका घर था। हरियाली व फूलों से सजी-संवरी बगिया को पार कर हमने देहरी में प्रवेश किया, फिर गलीचेदार प्रवेश हॉल में हमने अपनी जैकेट, मफलर उतार कर स्वयं को हल्का किया। घर का अभिन्यास मुझे सुन्दर दिख रहा था।

प्रवेश हॉल के सिरे पर एक बड़ा सा आयताकार लिविंग रूम—सामने चार सीढ़ियाँ उतर कर लिविंग रूम का विस्तार। हम सीढ़ियाँ उतर कर बैठक के निचले भाग में चले गये। कांच की खिड़कियों से घिरा यह पारदर्शक ग्लासहाउस क्लासिक

लग रहा था। खिड़कियों से गुलाब की झाड़ियाँ व सेब-नाशपती के पेड़ दृष्टिगोचर हो रहे थे।

"लवली होम," मैंने प्रशंसा की।

उसकी दोनों बेटियाँ घर पर थीं, दोनों मुझसे प्रेमपूर्वक मिलीं। मैंने तुरन्त अपने बैग से स्कॉटिश चॉकलेट व बिस्कुट के पैकेट निकाल कर उन्हें भेंट किये। एक थाई औरत भी घर में मौजूद थी। उसने भी मुझसे हाथ मिलाया। नीना ने मुझे बताया था कि वह हमेशा अपने घर में एक नैनी रखती है, बच्चों की देखभाल के लिए। अक्सर उसे ऑफिस के काम के सिलसिले में शहर से बाहर जाना होता है।

शाम का वक्त था। मुझे जूस व कुछ मेवे परोस नीना डिनर की तैयारी करने लगी। उसके साथ उसकी नैनी हाथ बँटाने लगी। मैं बैठक कक्ष में बैठ उसकी बेटियों से बतियाने लगा। थोड़ी देर में नीना ने ड्राइंगरूम में आकर हमें डिनर के लिए आमंत्रित किया। हम भोजन से सजी डाइनिंग टेबल के पास आ गये—फ्रेंच ब्रेड, सलाद, चिकन, चावल, अचार, मलाईदार दही, व अन्त में सेब का केक, क्रीम के साथ। नीना ने बताया कि सेब उसके बगीचे के हैं।

जिस सुरुचिपूर्ण ढंग से, विशिष्ट क्रॉकरी में उसने डिनर परोसा, मैं प्रभावित हो गया। वह एक सलीकेदार महिला थी। उसके घर की हर वस्तु स्तरीय लग रही थी। उसकी नैनी भी टिप-टॉप बनी हुई थी। डिनर के बाद करीना व जोहाना ऊपर पहली मंज़िल में अपने कमरों में चली गयीं, थाई नैनी बेसमेंट में अपने कमरे में चली गयी। मैं और नीना लिविंगरूम में बैठे बातें करते रहे। कई तरह की बातें...। फिर वह मेरा हाथ पकड़ कर मुझे अपने बेडरूम में ले गयी। कपड़े बदल कर हम दोनों रजाई के अन्दर घुस गये।

नीना के साथ उसके घर में बिताई वह शाम बेहद हसीन थी। आज भी मैं उन पलों को याद करते हुए आह्लादित होता हूँ। किन्तु यह एक घिसी-पिटी रोमांटिक उक्ति होगी अगर मैं यह कहूँ कि उस पल से हम अविभाज्य हो गये। हमने एक-दूसरे के साथ जीने-मरने की सौगंध खा ली। बल्कि सच्चाई यह थी कि मेरे जीवन में नीना के आगमन ने कई सन्देह, प्रश्न व चिन्ताएँ उत्पन्न की हुई थीं। मैं जानना चाहता था कि वह वाकई मुझे लेकर सीरियस है या नहीं। कहीं मैं उसके साथ अपना समय तो बर्बाद नहीं कर रहा, जैसे मैं कुछ औरतों के साथ कर चुका था। बड़े अरमान से मैं उनके साथ प्रेम की दुनिया में कदम रखता और वे पीछे हट जातीं।

अल्पकालिक, अस्थायी रिश्तों से मैं बुरी तरह उकता चुका था। ये जुड़ना-टूटना बहुत तकलीफ़ देता है। हमें एक हमसफर चाहिये, ज़िन्दगी भर के लिए चाहिए। एक अच्छी औरत की तलाश में मैं वयस्कता और बुढ़ापे के बीच की अवधि में पहुँच गया

था—अधेड़। और जब आदमी बूढ़ा होने लगता है तो वह उस औरत के साथ समय नहीं गँवाना चाहता जिसके साथ रिश्ते की कोई प्रतिबद्धता नहीं है।

दूसरे दिन मैं व नीना दिन भर कोपनहेगन घूमते रहे। शाम को वह मुझे अपने माता-पिता से मिलवाने ले गयी। कार चलाते हुए वह मुझे शहर के सभी महत्त्वपूर्ण मार्ग व इमारतें बताती जा रही थी। यहाँ वह मेरी गाइड थी, मैं नहीं। मैं तो उसके बगल में इत्मीनान से बैठा सामने से गुज़रते दृश्य-परिदृश्य ताकता जा रहा था, साथ ही मनन कर रहा था कि वह मुझे अपने माता-पिता से मिलवाने ले जा रही है, इसका मतलब वह मुझे लेकर सीरियस है। मैं अभी तक उसका मन पूरी तरह खंगाल नहीं पाया था। वास्तव में वह मेरी जीवन संगिनी बनना चाहती है, या फिर अभी तक मिली औरतों की तरह चंद दिनों के लिए मेरी ज़िन्दगी में आ, मुझसे किनारा कर लेगी।

यद्यपि मेरे और नीना के रिश्ते का भविष्य उसके माता-पिता की स्वीकृति-अस्वीकृति पर बिलकुल भी निर्भर नहीं करता था, फिर भी प्रेमिका के माता-पिता से पहली बार मिलना तनावपूर्ण तो होता ही है। मेरे दिल में खलबली मची हुई थी। पारिवारिक अस्वीकृति रिश्ते पर ज़बरदस्त दबाव डाल सकती है, विशेषकर जब आपकी प्रेमिका एक अलग संस्कृति की है और उसके माता-पिता पारंपरिक विचारधारा के हों। मुझे इस बात का भी भय था कि नीना के माता-पिता से मुलाक़ात वे मुद्दे न खड़े कर दे जो मैंने अभी तक नीना से भी डिस्कस नहीं किये।

बूंदाबांदी हो रही थी। सड़कें, इमारतें, पेड़-पौधे सब गीले थे। वर्षा ने वायु को और भी ताज़गी से भर दिया था। एक आलीशान बंगले के आगे नीना ने कार रोकी। कार से उतर कर मैं कुछ पलों के लिए उस भव्य मकान को निहारता ही रह गया। नेमप्लेट पर पड़ा—डॉ. रामचन्द्र श्रीनिवासन एवं शीला देवी श्रीनिवासन; 12 हरलेव।

गेट के दोनों किनारों पर खड़े विशाल चीड़ के वृक्ष दो द्वारपाल लग रहे थे। गमलों के झुण्ड में तरह-तरह के पौधे लहलहा रहे थे। नीना का घर अगर अच्छा था तो उसके माता-पिता का घर शानदार। नि:सन्देह नीना के माता-पिता धनाढ्य थे। खुद का व्यापार, फिर भारतीय बचत करना भी जानते हैं।

नीना के माता-पिता 1966 में भारत से डेनमार्क आकर बस गये थे। उसके पिता डॉक्टर रामचन्द्र श्रीनिवासन कोपनहेगन यूनिवर्सिटी में गणित के प्रोफेसर थे। माँ, शीला देवी ने भी इंडियन गारमेंट व ज्वैलरी का व्यापार शुरू किया था। पहले शीला देवी ने एक बुटीक खोली थी, फिर वह व्यापार वाल्किंग स्ट्रीट के चुनिंदा स्थान पर एक बड़े से शोरूम में तब्दील हो गया था। रामचन्द्र भी अपनी पत्नी की मदद किया करते

थे, और अपने रिटायर्मेंट के बाद वे पूर्णतया पत्नी के साथ व्यापार में संलग्न हो गये थे।

वह शोरूम, मानसून, आज भी वाल्किंग स्ट्रीट पर मौजूद है, मगर उसका मालिक बदल गया है।

नीना 1968 में कोपनहेगन में जन्मी अपने माता-पिता की अकेली सन्तान थी। कुछ-कुछ नीना ने मुझे अपनी बीती ज़िन्दगी के बारे में बताया, कुछ-कुछ मैंने स्वयं अन्दाज़ा लगा लिया। जब वह बीस साल की कैम्ब्रिज यूनिवर्सिटी की छात्रा थी तो गर्भवती हो गयी थी, एक डेनिश बॉयफ्रेंड ओलिवर से, जिससे वह कुछ माह पूर्व ही मिली थी। नीना के माता-पिता ने नीना को हमेशा एक महंगे इंटरनेशनल स्कूल में पढ़ाया था। स्कूल की पढ़ाई के बाद उसे इंग्लैंड, कैम्ब्रिज यूनिवर्सिटी भेजा था। भारतीय माता-पिता के नियम-अनुशासन से निकल नीना कैम्ब्रिज में आकर पूरी तरह स्वच्छन्द हो गयी। इस अचानक मिली आज़ादी को वह समझ नहीं पायी। वह सिगरेट व शराब पीने लगी। कैम्ब्रिज में अभी थर्ड-इयर में ही थी तो ओलिवर एंडरसन जोकि अपने मास्टर कोर्स के लिए आया था, से उसकी मुलाक़ात हुई, और सात-आठ माह की डेंटिंग के उपरांत, अपने फाइनल-इयर के दौरान नीना ओलिवर से गर्भवती हो गयी। नीना के माता-पिता को तब पता चला जब गर्भ पाँचवे महीने में पहुँच गया। ओलिवर, जोकि नीना से चार वर्ष बड़ा था, ने उनकी लड़की को गर्भवती कर दिया था। उसकी खैर इसी में थी कि वह चुपचाप उससे शादी कर ले। वरना... ! खैर ओलिवर एक शरीफ आदमी था, जो उसने नीना के माता-पिता के दबाव डालने पर शादी कर ली, नहीं तो वह मुकर भी सकता था।

मगर जबरन शादी क्या टिकती है! दाम्पत्य शुरू होने से पहले ही दरक गया। पहली बच्ची के एक साल की होने और दूसरी बच्ची के गर्भ में आते ही ओलिवर और नीना सेपरेट हो गये, और जब तक दूसरी बच्ची का जन्म हुआ, माता-पिता तलाकशुदा। नीना मात्र पच्चीस साल की थी। नीना की जीवन-कथा सुनकर मैं उससे बोला, ''जो कुछ होता है, अच्छे के लिए होता है। अगर तुम ओलिवर से जुदा नहीं हुई होतीं, तो मैं तुम्हारे साथ कभी नहीं होता।''

एक गहरी झिझक के साथ मैंने उनके घर में प्रवेश किया। अपने कलेजे की धड़धड़ाहट मैं स्पष्ट महसूस कर रहा था। श्रीनिवासन निवास सुन्दर-सुखदायक,एक परम्परागत निवास लगा। घर की सजावट में भारतीयता का पुट स्पष्ट झलक रहा था। जिस सजावट ने मेरा ध्यान सबसे अधिक खींचा,कांसे की मूर्तियाँ जगह-जगह विराजमान। मुझे पता चला कि वे हिन्दू देवी-देवताओं की मूर्तियाँ थीं। नीना ने मुझे हर मूर्ति के पास ले जा कर उनसे परिचित करवाया था—दीवार पर गणेश की प्रतिमा है। स्टूल पर गरुड़ भगवान विराजे हुए हैं। लक्ष्मी व गौरा लाल चौकी पर खड़े हैं।

''ये सारी मूर्तियाँ भारत से आयी हैं—पानी के जहाज़ से,'' उसने बताया।

नीना के पिता डॉक्टर रामचन्द्र श्रीनिवासन, एक गहरे साँवले रंग के इन्सान थे, नीली शर्ट व काली पैन्ट के साथ लाल टाई लगाए कुछ दबंग से लग रहे थे। नीना की माँ अपने पति से अपेक्षाकृत कम सांवली थी, अपने भारतीय लिबास साड़ी में थी, माथे पर बिन्दी, गले में मंगलसूत्र। मुझे लगा, वे दोनों मेरे स्वागत के लिए तैयार हुए थे। एक बात और मैंने गौर की—ऊपर से तो दोनों बने-ठने थे मगर नीचे पैर नंगे, बिना चप्पलों के। घर के अन्दर नंगे पैर रहना शायद इनकी संस्कृति में है।

मैं भी अपने जूते उतारने लगा कि उन्होंने मुझे रोक दिया। मुझसे बोले, ''तुम्हें अपने जूते उतारने की ज़रूरत नहीं।''

नीना ने मुझे अपने माता-पिता से औपचारिक तौर पर मिलवाया। मैंने हाथ जोड़कर उन्हें आदरपूर्वक अभिवादन किया। दोनों बड़ी उत्कंठा से मेरे इन्तज़ार में बैठे थे। बड़ी गर्मजोशी से उन्होंने मेरा स्वागत किया। नीना की माँ की आँखें मुझसे हट ही नहीं रही थीं। प्रसन्नचित्त भाव से वह मुझे निहार रही थीं। मुझे महसूस हुआ कि वह मुझे पसन्द कर रही हैं। मुझे राहत मिली। अगर प्रेमिका की माँ ने तुम्हें पसन्द कर लिया तो काफ़ी अटकलें टल गयीं।

मेरे दिल की धड़धड़ाहट कम हुई। बार-बार नीना की माँ अदृश्य हो रही थी, किचन में शायद कुछ पका रही हो—तीखे इंडियन स्नैक्स, मिर्ची डाल कर। वाह!

किचन से अपने गीले हाथ पोंछते हुए वह यकायक मेरे सम्मुख आई, और भावुक स्वर में बोली, ''हमें बहुत खुशी है कि नीना को कोई मिल गया। नहीं तो कब से अकेली रह रही थी बेचारी...।''

मैं भी तो कभी से तन्हा रह रहा था। कहते हैं जो अकेले रहते हैं वे धीरे-धीरे अपने अकेलेपन के आदी हो जाते हैं। मगर मैं नहीं हो पाया था, बल्कि थक सा गया था। नीना को पाकर मैं बेहद खुश था। नृत्य प्रस्तुतिकरण के बाद जिस तरह से वह अपनी कुर्सी से उछल कर मेरी तरफ़ बढ़ी थी, मुझे लगा था जैसे भगवान ने उसे मेरे पास भेजा है।

नीना के माता-पिता से मिलना कुल मिलाकर मुझे अच्छा लगा। सम्भ्रांत व सुसंस्कृत लोग। सादगीपूर्ण जीवनशैली, वात्सल्यपूर्ण व्यवहार। ऐसे पारंपरिक माता-पिता की कन्या इतनी आधुनिक कैसे हो गयी! मुझे अचरज हो रहा था।

''नीना बता रही थी कि तुम्हारी परदादी इंडियन थी,'' शीला देवी बोली।

''दरअसल मेरी ग्रेट-ग्रेट-ग्रैंडमाँ इंडियन थीं।''

''अच्छा... कैसे मुलाक़ात हुई उनकी तुम्हारे परदादा से? कहाँ स्कॉटलैंड, और कहाँ इंडिया...उस ज़माने में...'' शीला देवी ने उत्सुकता से पूछा।

"हाँ..." मैं साँस भरते हुए बोला, "मेरे ग्रेट-ग्रेट-ग्रैंडपा शिप कैप्टन थे। इंडिया जाते थे चायपत्ती लाने। वहाँ से अपने लिये लड़की भी ले आये...." कहते हुए मैं हँस पड़ा। नीना भी खिलखिला पड़ी। उसके माता-पिता सिर्फ़ मुस्कुराये।

"मैं तो फिर भी इतना इंडियन नहीं लगता, लेकिन मेरी बहन एकदम इंडियन लगती है। उसका रंग तेज़ धूप में ऐसा ही हो जाता है जैसा कि आपका है," मैं शीला देवी की तरफ़ इशारा करते हुए बोला। "मेरी दोनों जुड़वाँ बेटियों में से एक तो यूरोपियन रंग-रूप की है, और दूसरी के इंडियन की तरह काले बाल व गेंहुआ रंग है। कइयों ने तो मेरी पूर्व पत्नी से मज़ाक भी किया कि कहीं वह एक साथ दो आदमियों के साथ तो नहीं सो रही थी...।"

नीना तो हँसी मगर उसके माता-पिता मौन बने रहे। उनकी भाव-भंगिमा से मुझे महसूस हुआ कि मैं उनके साथ ऐसा मज़ाक नहीं कर सकता। वे गम्भीर लोग हैं।

"इसका मतलब तुम विशुद्ध स्कॉटिश नहीं हो। तुम्हारा स्कॉटिश खून बहुत पहले ही घुल चुका है," डॉ. रामचन्द्र सहसा बोले।

"शाही खून बह रहा है मेरी नसों में—मेरी परदादी राजकुमारी थीं," मैं फख्र से बोला।

श्रीनिवासन परिवार मुझे अविश्वसनीय नज़रों से देखने लगा।

"मैं अपनी शेखी नहीं बघार रहा। मेरी परदादी वाकई उच्च वर्ग, राजघराने की थी," मैं गर्व से श्रीनिवासन परिवार से बोला।

"तो अंग्रेज़ी सल्तनत ने केवल हमारे देश में हुकूमत ही नहीं की, हमारी राजकुमारियों का हरण भी किया," रामचन्द्र श्रीनिवासन यकायक बोले, आधा वाक्य अंग्रेज़ी में व आधा अपनी भाषा में। मैं पूरा-पूरा समझा नहीं। मगर मैंने देखा कि नीना व शीला देवी दोनों उन्हें एकदम से डाँटने लगी थीं।

"अप्पा !" नीना ने कुपित होते हुए अपने पिता को टोका।

"क्या बे-सिर-पैर की बात करते हो? पॉल से ऐसी बातें करने का क्या औचित्य?" शीला देवी अपने पति से बोली।

मैं चकराया सा उन सभी को देख रहा था कि रामचन्द्र श्रीनिवासन ने मुझसे चुटकी ली, "तो तुम्हारी रगों में राजसी खून बह रहा है, बरखुरदार !"

"हाँ..." मैं खुश होते हुए बोला। "मेरी बुआ ने रिसर्च की कि हमारी फैमिली की जड़ें कहाँ तक जाती हैं। उन्होंने पता लगाया कि परदादी मराठा समुदाय की थी —कूली मराठा राजघराने की, मुंबई की थी। राजकुमारी विद्या पाटिल था उनका नाम। एल्गिन में एक चर्च में उनकी शादी के रिकॉर्ड भी मौजूद हैं।"

"बहुत खूब!" डॉक्टर श्रीनिवासन बोले।

"अगर आप अपना इतिहास जानते हैं तो भविष्य की तरफ़ बढ़ने में सहूलियत होती है..." एक अर्थपूर्ण दृष्टि नीना पर फेंकते हुए मैं बोला। वह मुस्कुरा रही थी।

"बिलकुल सही फरमाया, जेंटलमैन! तुम्हारे परिवार के इतिहास में हमारा हिन्दुस्तान समाया हुआ है...।" कहते हुए रामचन्द्र एकाएक उठे और कमरे के एक कोने में सजे बार की तरफ़ बढ़े। केबिनेट से व्हिस्की की एक बोतल उठाई। मेरी तरफ़ देखते हुए बोले, "1992 की है। एक सही अवसर की तलाश कर रहा था। आज तुमसे मिलकर बेहद खुशी हुई," कहते हुए डॉक्टर श्रीनिवासन ने बोतल खोल दी। सफेद फेन बोतल से उछल पड़ा।

दो काँच के गिलासों में व्हिस्की उड़ेलकर उन्होंने एक पेग मेरी तरफ़ बढ़ाया।

"चियर्स !"

"आई एम सॉरी! मैं एल्कोहल नहीं लेता," मैं उनसे बोला।

"तुम पीते नहीं हो?" रामचन्द्र ने गहरा आश्चर्य व्यक्त किया। "शराब दुनिया का सबसे व्यापक व लोकप्रिय पेय है। शिकारियों से लेकर सत्ता में बैठे लोग इसे पीते हैं। दुनिया की सभी संस्कृतियों में इसका उत्पादन व खपत है। पानी व चाय के बाद शराब का ही नम्बर आता है। और फिर स्कॉट्स तो शराब के लिए मशहूर हैं। तुम कैसे स्कॉट्समैन हो, भई?"

"अप्पा, चुप हो जाओ..." नीना ने अपने पिता को टोका।

"बिलकुल सही फरमाया आपने," मैंने कहा, "मैं बेहद सीधा-सादा हूँ।"

"क्या लोगे, बेटा?" नीना की माँ शीला देवी ने मुझसे प्रेमपूर्वक पूछा।

"मैं शराब के अलावा सब कुछ पी लेता हूँ," मैं बोला।

"कॉफ़ी?" नीना की माँ शीला देवी ने तत्काल मुझसे पूछा।

"हाँ कॉफ़ी ठीक है।"

थोड़ी देर में शीला देवी ने कॉफ़ी के साथ मुझे स्नैक्स परोसे,जो उन्होंने घर में बनाये थे। मुझे पीने की तो नहीं मगर सभी कुछ खाने की आदत थी। सो मैंने दक्षिण भारतीय शैली की कॉफ़ी के साथ दक्षिण भारतीय स्नैक्स का भरपूर आनन्द लिया। डॉक्टर श्रीनिवासन अपना जाम पीते गये।

थोड़ी देर में जाम के सुरूर में डॉक्टर श्रीनिवासन ने उगला—"नीना ने हमारी भारतीय लीक से बहुत कुछ अलग किया है। मगर उसने बहुत सारे बॉयफ्रेंड्स नहीं बनाये। तुम उसके दूसरे ब्यॉयफ्रेंड हो। वह तैंतीस की है, तैंतीस साल में दो ब्वॉयफ्रेंड्स कोई बहुत ज़्यादा नहीं हैं। और वह डेनिश है, इंडियन नहीं है। वह यूरोपियन है—ई.यू. (यूरोपियन यूनियन) सिटीजन है। हम उससे भारतीय तौर-तरीकों पर चलने की उम्मीद नहीं कर सकते।"

मैं तल्खी से मुस्कुराते हुए सोचने लगा, यूरोपियन लड़कियाँ भी ऐसा नहीं करतीं कि पाँच-छह माह के रिलेशनशिप में, कॉलेज लाइफ के दौरान ही गर्भवती हो जाओ। नीना ने अपनी भारतीय परम्पराओं की पूरी खिल्ली उड़ायी है। उसकी माँ शीला देवी जो अपने परम्परागत भारतीय लिबास में रहती है। साड़ी पहने, माथे पर बिन्दी, गले में मंगलसूत्र। और नीना...। खैर... जो गुल उनकी बेटी ने खिलाये थे, उसकी कसक रामचन्द्र श्रीनिवासन के दिल में अभी भी थी, इतने सालों बाद भी, यह मुझे महसूस हुआ।

मगर मुझे नीना की पिछली ज़िन्दगी से क्या मतलब! मेरी अपनी ज़िन्दगी कौन सी दूध की धुली है...।

रामचन्द्र व शीला देवी से दूसरी मुलाक़ात पर उन्होंने मुझसे मेरी अब तक की ज़िन्दगी के बारे में पूछताछ की। पूर्व पत्नी से कब तलाक हुआ? कितना मैं अपने बच्चों से मिलता हूँ? बच्चों की परवरिश में मेरी भूमिका क्या है?

सौन्द्रा से पहले व बाद में मिली औरतों व उनके साथ चले तुच्छ, अल्पकालिक सम्बन्धों के विषय में बताना मैंने आवश्यक नहीं समझा, सो मैंने सिर्फ़ सौन्द्रा का ही ज़िक्र किया कि वह मुझे लन्दन जाती एक ट्रेन में मिली थी, हमने शादी की। विवाहोपरांत तीन साल का हमारा साथ रहा, जिस अवधि में हमारी जुड़वाँ बेटियाँ लूसी व ग्रेसी का जन्म हुआ। मुझसे तलाक के बाद सौन्द्रा ने पुनर्विवाह कर लिया था, जिससे उसका एक तीन वर्षीय पुत्र है।

"तो तुम्हारी बेटियाँ अपनी माँ व सौतेले पिता के साथ रहती हैं?" रामचन्द्र ने पूछा।

मैंने सहमति में गर्दन हिलाई। "पर वे मेरे पास आती रहती हैं। अपने स्कूल की हर छुट्टी में वे मेरे पास आती हैं। मैं उनके साथ काफ़ी समय बिताता हूँ।"

"मगर जब तुम नीना से शादी के बाद यहाँ कोपनहेगन आ जाओगे तो तुम अपनी बेटियों से भौगोलिक तौर पर काफ़ी दूर हो जाओगे। अपनी बच्चियों से उतना नहीं मिल पाओगे...।"

मुझे रामचन्द्र से ऐसे सीधे प्रश्नों की आशा नहीं थी। और सच बात यह थी कि अभी तक मैंने इस विषय पर कुछ सोचा भी नहीं था।

"क्या तुम व नीना एक-दूसरे को लेकर वाकई सीरियस हो?" वे एकाएक हमसे पूछने लगे। "यह एक बहुत बड़ा फैसला है। तुम दोनों को सोच-समझ कर करना चाहिए।"

"हाँ, मैं सीरियस हूँ," नीना मेरी तरफ़ देखते हुए तुरन्त बोली।

"मैं भी सीरियस हूँ," मैंने भी जोड़ा।

"तब तुम्हें कुछ पहलुओं पर मनन करना पड़ेगा...जैसे तुम दोनों अलग-अलग कौम के हो। तुम्हारी शैक्षिक उपाधियों व करियर में भी कोई समानता नहीं है। नीना इंजीनियर है, और पॉल, तुम...।"

"एक मामूली स्कूल अध्यापक," मैंने तल्खी से उनका वाक्य पूरा किया।

नीना असहज हो गयी। मगर डॉक्टर रामचन्द्र ने मेरी बात को सहजता से लेते हुए हम दोनों से सामान्य स्वर में पूछा, "इससे तुम्हारे रिश्तों पर असर तो नहीं पड़ेगा?"

मैं कुछ कहता कि नीना बोल पड़ी, "नहीं, बिल्कुल भी नहीं पड़ेगा। मैं पॉल के साथ बहुत ही सहज महसूस करती हूँ। मुझे पॉल का साथ अत्यन्त खुशी देता है।"

मैं मुस्कुराया। मैं सीधे नीना से बोला, "मुझे भी तुम्हारे साथ रहना बहुत अच्छा लगता है, नीना।"

"तथास्तु !" डॉक्टर रामचन्द्र के मुख से उभरा।

कुछ पलों के लिए एक चुप्पी छा गयी। एक लम्बी साँस भरते हुए डॉक्टर रामचन्द्र मुझसे बोले, "नीना का घर हमेशा एक सिंगल-पेरेन्ट-होम रहा। हम उसकी भरसक मदद करते हैं, मगर सच्चाई यह है कि वह अकेले ही अपने बच्चों की परवरिश कर रही है। पाश्चात्य देशों में सिंगल-पेरेन्ट-होम शब्दावली बहुत प्रचलित है। मगर हमारे भारत में ऐसे घरों को टूटे हुए घर कहते हैं। एक टूटे हुए घर की ज़िम्मेदारी लेना बहुत बड़ी बात है। क्या तुम इसके लिए तैयार हो, बरखुरदार?"

मैंने नीना की तरफ़ देखा। वह बिलकुल खामोश हो गयी थी। मायूसी के भाव उसके चेहरे पर छा गये थे।

इंडियन पेरेंट्स! मैं और नीना यहाँ बीस-बाईस साल के कल के छोकरे नहीं, उम्रदार, दो-दो बच्चों के माता-पिता हैं। मुझे थोड़ा अजीब लगा, डॉ. श्रीनिवासन मुझसे ऐसी बातें कर रहे हैं। मगर मुझे उनके कथन में दम नज़र आया। वाकई, अगर मैं नीना को अपनाऊँ तो मुझे उसकी बेटियों को भी अपनाना पड़ेगा।

मैंने उन्हें आश्वासन दिया, "मैं करीना व जोहाना को लूसी व ग्रेसी की तरह प्यार करूँगा। उनके लिए एक अच्छा पिता बनूँगा।"

"बात यह नहीं है कि तुम नीना की बेटियों को अपनाते हो या नहीं, बात यह है कि वे तुम्हें अपनाती हैं या नहीं..." रामचन्द्र बोले।

मैं सिहर गया।

एक टूर गाइड होने की वजह से मेरी चलने और बोलने की अच्छी-खासी आदत है। पाँच घंटे में मैं बीस किमी. के करीब चल चुका हूँ। बेलरूप पहुँच गया हूँ। ग्यारह

बज रहे हैं। खूब धूप खिली है, सूरज अपनी पूरी प्रखरता में चमक रहा है। मुझे अच्छी-खासी भूख लग आयी है। बिना आहार के तीर्थ नहीं।

मैंने देखा एक खुले विस्तृत मैदान में लोग पिकनिक मना रहें हैं। धूप सेक रहे हैं। मैं मैदान के बीचोंबीच हरी घास में बैठ गया। महीन मलमल सी हरी घास पर बैठना इतना सुखद लगा, जैसे जन्नत मिल गयी हो। बैग से अपना पिकनिक तौलिया निकाल कर मैंने सामने फैलाया। सेंडविच, फल, जूस व पानी की बोतल तौलिये पर पसरा कर मैंने भी अपनी पिकनिक सजाई। अपने सामने बिखरे भोज्य पदार्थों को तनिक निहारा, फिर एक-एक कर खाने लगा। भोजन का एक-एक कण मुझे प्रिय लगा। वाकई भोजन के आनन्द के लिए भूख का होना ज़रूरी है। थोड़ा ही खाकर मैं स्फूर्ति महसूस करने लगा। उत्सुकता से मैंने चारों तरफ़ दृष्टि दौड़ाई—दुनिया कितनी बहुरंगी है ! मैदान एक चिड़ियाघर लग रहा है। कितने रंग-रूप के लोग... कितने पहनावे के लोग... दुनिया भर से मनुष्य जातियों का जमावड़ा...। एक तरफ़ एक इस्लामी परिवार पिकनिक कर रहा है। सिर से पैर तक बुर्काधारी औरतें ग्रिल में गोश्त भून रही हैं। मर्द ग्लासों में गुलाबी रंग का कुछ शरबत जैसा उड़ेल रहे हैं। उनके गोरे-सलोने बच्चे पास में खेल रहे हैं। कुछ यूरोपीय युगल मैदान में अधनंगे लेटे हुए हैं, ज़माने की उन्हें कोई फ़िक्र नहीं। उनकी धवल, चिकनी त्वचा सूर्य किरणों को परावर्तित कर रही है। तो मैदान के दूसरे छोर में काले अफ्रीकन अपनी ही मस्ती कर रहे हैं। लगता है वे कुछ जश्न मना रहे हैं—किसी का जन्मदिन या अपना कोई विशेष उत्सव... अफ्रीकन संगीत बज रहा है। मेरे कानों में बस जुम्मा... जुम्मा ही सुनाई पड़ रहा है।

मैं अपने आस-पास बैठे इन्सानों को हाथ हिला कर अभिवादन करने लगा, उनसे यूँही गुफ्तगू करने लगा—डाइलिग वेयर—सुहावना मौसम !

लोग मेरी हाँ में हाँ मिलाने लगे। कुछ अपनी कहने लगे, कुछ मेरी सुनने लगे। इतने में एक झल्ला सा बूढ़ा लड़खड़ाते हुए मेरी तरफ़ बढ़ा, और मुझसे कुछ कहने लगा। मैंने उसे निहारा—उलझे हुए खिचड़ी पके बाल, कपड़े ऊलजलूल और शराब की बू। ढंग से वह खड़ा भी नहीं हो पा रहा है। मुझसे वह क्या कह रहा है, मेरे पल्ले नहीं पड़ रहा।

"क्या कह रहे हो, भाई?"

"येल्पे माई—मेरी मदद करो।"

"क्या चाहिए?" मैंने पूछा।

"याई इय सुल्टन—मैं भूखा हूँ।"

मैंने उससे पूछा कि वह क्या कोई काम-धंधा नहीं करता। वह बोला—यमलूस (बेघर) हूँ।

"सरकार कुछ मदद करती होगी?" मैंने पूछा।

"लिट्ट - बहुत कम।"

मैंने गौर किया कि वह लोगों के फेंके हुए केन भी एक थैले में इकठ्ठा कर रहा है, शायद बेच कर कुछ पैसे कमाने के लिए, जिससे वह और शराब पी सके। मुझे वह बूढ़ा मासूम लगने लगा। अत्यधिक दयनीय स्थिति होने के बावजूद उसके व्यक्तित्व में कुछ ऐसा था कि मुझे महसूस हुआ, एक समय में वह अवश्य एक समझदार, मानसिक व शारीरिक रूप से पूर्णतया स्वस्थ बन्दा रहा होगा। पता नहीं ज़िन्दगी की क्या परिस्थितियाँ थीं जो वह सिरफिरा हो गया। कई लोग अपनी ज़िन्दगी सँभाल नहीं पाते। क्या से क्या बन जाते हैं...।

मैंने अपना दूसरा सेंडविच उसे दे दिया।

उसने सेंडविच मेरे हाथों से ले तो लिया मगर वह संतुष्ट नहीं हुआ। मेरे सामने पसारा अपना हाथ उसने हटाया नहीं।

मैंने उसे अपनी जूस की बोतल भी दे दी।

वह फिर भी सन्तुष्ट नहीं हुआ। अपना हाथ पसारे वह कह रहा है—"पैंगे... पैंगे...।"

मुझे मालूम है कि अगर मैं उसे पैसे दूँगा तो वह और पियेगा। दान वहीं करना चाहिए जहाँ वह सार्थक हो। जहाँ दान का सही उपयोग न हो वहाँ दान नहीं करना चाहिए।

मगर मैं उसकी मदद करना चाहता हूँ। उसके उधड़े, गंदे स्वेटर पर मेरी नज़र अटकी है, और मुझे अपनी जैकेट के अन्दर अपना नया स्वेटर चुभने लगा है। मैंने उससे स्पष्ट कहा—"देखो भई, मैं तुम्हें पैसे, रोकड़ा तो बिलकुल नहीं दूँगा, मगर अगर तुम्हें यह स्वेटर चाहिए तो मैं यह दे सकता हूँ।" कहते हुए मैंने अपनी जैकेट के बटन खोल कर अपना स्वेटर उसे दिखाया। उसने पल भर के लिए कुछ सोचा, फिर हामी भर दी। मैंने उसे अपना स्वेटर उतार कर दे दिया। उसने उलट-पलट कर स्वेटर को देखा-परखा, फिर अपना स्वेटर उतार कर मेरा दिया स्वेटर पहन लिया।

नीले रंग के नये स्वेटर में वह चमकने लगा। "अरे तुम तो इस स्वेटर में स्मार्ट लगने लगे हो," मैंने उससे चुटकी ली। बूढ़ा खुश हो हँसने लगा। फिर वह उदासी से कुछ बुदबुदाने लगा। उसके करीब सरक कर मैंने ध्यानपूर्वक उसकी बात सुनी। "मैं एक्टर था...।"

"वाकई?"

अपनी शर्ट की जेब में हाथ घुसेड़ कर उसने एक पुलिंदा बाहर निकाला, और पुलिंदे से एक-एक फोटो बाहर निकाल कर मेरी तरफ़ बढ़ाता गया। मैं अचरज से

उसकी फोटो को निहारता गया। फोटो में वह जवान दिख रहा था, और एक मंझा हुआ स्टेज कलाकार था। सारी फोटो स्टेज पर अभिनय करते हुए की थी—कई तरह के किरदार निभाते हुए। मैंने उसकी तरफ़ देखा—कितना भिन्न था उसका यह रूप उन तस्वीरों के रूप से!

मैंने परिहास किया, "तुम अभी भी एक एक्टर हो भई, ज़रा अपना हुलिया ठीक कर लो। दारू पीना बन्द कर दो। कुछ काम-धंधा करो।"

वह मुस्कुराने लगा।

मैं भी मुस्कुराया। मैंने उसे शुभकामनाएँ दीं। फिर उठ कर मैंने अपना बैग कंधे पर चढ़ाया और पार्क में बैठे लोगों को टाटा कहते हुए, नक्शे में अपना मार्ग देखते हुए अपने गन्तव्य की ओर चल पड़ा...। हेलू लुइया!

क्रिसमस—नई ज़िन्दगी की शुरुआत

लूसी व ग्रेसी एक वर्ष क्रिसमस अपनी माँ के साथ मनाती थीं तो दूसरे वर्ष मेरे संग। उस साल उनकी बारी मेरे साथ क्रिसमस मनाने की थी। हम सब मेरे माता-पिता के घर ग्लासगो में इकट्ठा हुए थे। इस क्रिसमस का विशेष आकर्षण यह था कि नीना डेनमार्क से हमारे पास क्रिसमस मनाने ग्लासगो आ रही थी, मैंने ही उसको आमंत्रित किया था।

क्रिसमस के लिए योजना एक सप्ताह पहले ही शुरू हो गयी थी। घर की साफ़-सफाई, उपहारों की खरीदारी और भोजन का आयोजन। लूसी-ग्रेसी अपने क्रिसमस उपहार की सूचियों को लिखने में व्यस्त थीं और हम बड़े उपहार व अन्य सामान खरीदने में।

एक सजीव सदाबहार शंकुवृक्ष को 'क्रिसमस-ट्री' के रूप में घर के ड्राइंगरूम में प्रतिष्ठापित किया। मैंने, लूसी व ग्रेसी ने मिल कर वृक्ष को सजाया, रंग-बिरंगी बत्तियाँ उस पर डालीं। सजा-धजा आलोकित पेड़ मनमोहक लगने लगा। उसके शीर्ष पर चमकता तारा—बेथलहम के सितारों का प्रतिनिधि मन में कई भाव जगाता।

माँ पेड़ को हर्ष से निहारते हुए बोली, ''क्रिसमस ट्री जितना अधिक सजता है, परिवार का उतना ही अधिक गौरव बढ़ता है।''

नीना के आने से पहले हमने क्रिसमस की सारी तैयारी कर ली। दरवाज़ों पर 'क्रिसमस आगमन मालाएँ' लटका दीं। उपहार खरीद कर व पैक करके क्रिसमस पेड़ के नीचे बिखरा दिये। घर की सुकूनभरी गर्माहट में पेड़ अपनी ताज़ी खुशबू बिखेर रहा था, जो अति प्रिय लग रही थी।

लूसी व ग्रेसी ने घर में जगह-जगह स्टॉकिंग्स—ऊनी मोजे टांग दिये थे, इस प्रत्याशा से कि सांता क्लॉज़ आकर इन्हें उपहारों से भरेंगे। बच्चे जब छोटे होते हैं तो उन्हें पता नहीं रहता कि उनके माँ-बाप छुप कर उनके लिए स्टॉकिंग्स को उपहारों से भरते हैं। जब उन्हें इसका भान होता है कि कोई सांता क्लॉज़ नहीं है तो वे निराशा से भर जाते हैं।

क्रिसमस की पूर्व संध्या, पच्चीस तारीख अत्यधिक व्यस्त थी। सुबह हम चर्च

गये। बचपन से मैं इस चर्च में आ रहा हूँ। छत से लगी ईसा मसीह की करुणामयी तस्वीर देख कर मुझे लगता कि वे दयावान ऊपर से हम सभी को निहार रहे हैं।

सारी सर्विस ईसा-जन्मोत्सव पर केन्द्रित रही। यीशुमसीह के जन्म की झांकी। बेबी यीशु, सेंट निकोलस, सांता क्लॉज़ और फादर क्रिसमस की कथाएँ—कैसे ईसा का बलिदान, क्रास बन गिरजा पर चढ़ा। क्रिसमस गीत-संगीत, वृन्दगान, केक, जूस...। हर कोई उन्मुक्त व खुश।

चर्च से आकर मैं, लूसी व ग्रेसी माँ के साथ रसोई में लग गये—एक पारंपरिक क्रिसमस भोज पकाने के लिए। स्टार्टर में हमने स्कॉच शोरबा व स्मोक्ड सैलमन (मछली) बनाया। मेन कोर्स में भुनी टर्की, भुना आलू, प्याज भराई, शिप्पोलाता सॉस, गाजर, अंकुरित फलियाँ व बेकन रोल, और डेजर्ट में क्रिसमस हलवा, कस्टर्ड और ताज़ी क्रीम।

लूसी व ग्रेसी ने एक गिलास में दूध भर कर कीमा पाई के साथ सांता क्लॉज़ के लिए बाहर आँगन में रख दिया। अँधेरे आकाश से अपने बेपहियों की गाड़ी में आते लाल नाक वाले हिरन रूडोल्फ के लिए गाजर बाहर छोड़ दिये (यह मात्र एक परम्परा है, जिसका हम निष्ठापूर्वक पालन करते हैं, जबकि कोई सांता दूध पीने नहीं आता, कोई हिरन आकाश से उतर कर गाजर खाने नहीं आता। सुबह हमें दूध व गाजर ज्यों के त्यों पड़े मिलते हैं—ठंडे, बर्फ व कोहरे की परत से ढके हुए)। मोमबत्तियाँ हमने नीना के आगमन के लिए छोड़ी हुई थीं कि जब वह आएगी तब उन्हें जलाएँगे।

पूर्णिमा की रात मुझे उल्लास और मस्ती से भर देती है, फिर उस दिन तो शिशिर पूर्णिमा की रात थी। उन्मद, खिलखिलाती और पूरे जग को अपने आँचल में समेटे उमड़ी पड़ती सी। सर्दी वातावरण को और भी उन्मादित कर रही थी।

नीना को लेने मैं ग्लासगो एयरपोर्ट गया। जब तक हम घर पहुँचे ठंड से ठिठुर गये थे। वह पहली बार मेरे परिवार से मिल रही थी। माँ उसे देखते ही बोली, "यह कौन लड़की है, भई ! लूसी व ग्रेसी क्या तुम्हारी सहेली है?"

वह खिलखिला उठी। "यू हेव मेड माय डे!" वह हँसी थामते हुए माँ से बोली। मैं उसे मंत्रमुग्ध देखता रहा—सुन्दर छवि, सशक्त व्यक्तित्व। वाकई में वह एक महिला, दो बच्चों की माँ नहीं, एक लड़की जैसी लग रही थी, बाईस-तेईस साल की। एक-एक करके वह सभी के गले लगी। माँ से तुरन्त पूछा, "किचन कहाँ है? मैं किचन में आपकी मदद करना चाहूँगी।"

माँ को उसका यह शिष्टाचार बेहद पसन्द आया।

सबसे मिल-मिला कर वह सोफे पर बैठ गयी। हमने उसके सम्मान में मोमबत्तियाँ जलाईं। "वेलकम होम नीना !" मैंने उसे चियर्स किया। "रोशनी कर दी

तुमने आ के हमारे गरीबखाने में...।'' उसने मुस्कुराते हुए हम सभी को धन्यवाद कहा। पिताजी सांता क्लॉज़ के वेश में थे, अपने बैग से छोटे-छोटे उपहार निकाल कर हम सभी को दे रहे थे, जो लूसी व ग्रेसी को सर्वाधिक उत्साहित कर रहे थे।

मेरी नज़र रह-रह कर नीना के बैग पर जम रही थी, जो चमकदार गिफ्ट पैकेट्स से भरा था। उसने उपहार पेड़ के नीचे नहीं रखे, बल्कि बैग अपने पास ही, अपने से चिपका कर रखा हुआ था। पिताजी के सांता क्लॉज़ के अभिनय के बाद वह अपने बैग से उपहार निकालने लगी। बहुत सलीके से उसने हरेक उपहार पैक किया था।

''सबसे पहले बच्चों को...'' कहते हुए उसने लूसी व ग्रेसी को उनके गिफ्ट बॉक्स पकड़ाये। उनके लिए गुलाबी व हरे रंग के स्वेटर थे।

''फिर बड़े व आदरणीय लोग...'' कहते हुए उसने मेरी माँ और पिताजी की तरफ़ गिफ्ट के पैकेट बढ़ाये। माँ के लिए चांदी के कुंडल थे और पिताजी के लिए मफलर। फिर उसने मुस्कुराते हुए मेरी तरफ़ गिफ्ट पैकेट बढ़ाया। मेरे लिये नैकटाई थी। अन्त में एक बड़ा सा पैकेट निकाल कर बोली, ''यह गिफ्ट घर के लिए है।''

मेरी माँ की तरफ़ उसने वह उपहार बढ़ा दिया। माँ ने उत्सुकता से उपहार खोला—परी दूत गैब्रियल की गहरे लाल रंग की धातु मूर्ति।

माँ बोली, ''यह तो बड़े मौके का उपहार है। परी दूत गैब्रियल ने मदर मैरी को सन्देश भेजा था कि उसके गर्भ में भगवान जीसस है।'' लूसी व ग्रेसी से माँ बोली, ''पेड़ के ऊपर यह मूर्ति लगाओ।''

लूसी ने तुरन्त पेड़ के ऊपर से सितारा निकाल कर परी दूत गैब्रियल की मूर्ति रख दी।

हम सभी नीना के प्रति कृतज्ञ हो गये। हम सभी ने उसे अपना आभार प्रकट किया।

पेड़ की परिक्रमा करते हुए हमने क्रिसमस गीत गाये। क्रिसमस खेल खेले, खाना खाया। तदुपरांत उपहारों का आदान-प्रदान हुआ। सभी ने अराजक उन्माद से अपने-अपने उपहार खोले। अपने गिफ्ट्स देख कर अचम्भित हुए, हँसे-खिलखिलाए। नीना इतना अधिक हम सबसे घुल-मिल गयी कि ऐसा लगा जैसे वह हमें वर्षों से जानती है।

''करीना व जोहाना तो शायद अपने पिता के साथ क्रिसमस मना रही होंगी,'' मैंने जब नीना से उसकी बेटियों के बारे में पूछा तो उसका हँसता चेहरा एकाएक उदास हो गया। मायूस स्वर में बोली, ''नहीं, वे दोनों अपने नाना-नानी के साथ हैं। डेनमार्क में हमारे एक पारिवारिक मित्र हैं—सीमा आंटी और सुधीर अंकल। उनका बेटा आदित्य मेरा बहुत अच्छा दोस्त है। वे हर साल अपने घर क्रिसमस का आयोजन करते हैं। मैं जब छोटी थी तो अपने अम्मा-अप्पा के साथ हर साल उनके घर क्रिसमस मनाने जाती

थी। अब तो हर साल उनके घर जाना नहीं हो पाता। पर इस बार करीना, जोहाना अम्मा-अप्पा के साथ उनके घर क्रिसमस मनाने गयी हैं।''

एक-दो बार मैं नीना के साथ बाहर ठंडे लॉन में भी गया। उसने सिगरेट सुलगा कर सिगरेट के कुछ कश लिये और मैं उसके साथ यूँ ही खड़ा रहा। मुझे उसकी आवश्यकताओं का ध्यान था। इसलिए महँगी वाइन भी मैंने खरीद ली थी। चार साल पहले जब मेरा अल्सर का ऑपरेशन हुआ था, तब से मैंने मादक द्रव लेने छोड़ दिये थे। माँ-पिताजी ने भी शराब पीना अब बहुत कम कर दिया था। लूसी-ग्रेसी तो बच्चियाँ थीं। सो वाइन सिर्फ़ नीना की वजह से ही खरीदी गयी थी। मगर उसने देखा कि हममें से कोई वाइन नहीं पी रहा तो उसने भी नहीं पी।

आधी रात तक क्रिसमस का आयोजन चलता रहा। फिर मैं नीना को ऊपरी मंज़िल पर गेस्टरूम में छोड़ने गया। कमरे में एकांत पा मैंने उसे अपनी बाँहों में समेट लिया। ''ओह पॉल ! तुमसे मिलने के दिन गिन रही थी...'' वह मुझसे लिपटते हुए भावुक स्वर में बोली। ''कब खत्म होगी यह दूरी... ?''

दूसरे दिन, छब्बीस तारीख को लंच के बाद नीना चली गयी। उसके जाने के बाद भी सारी बातें उसी को लेकर होती रहीं। ''सुन्दर, शिष्ट, विनम्र व संस्कारशील लड़की,'' माँ नीना को विशेषणों से लादती रही। अन्त में यह भी जोड़ दिया, ''उसका सांवला रंग उसकी गलती नहीं है। सृष्टि ने मनुष्यों का निर्माण ऐसे ही किया—किसी को काला बनाया, किसी को गोरा बनाया...।''

''अगर पॉल खुश तो हम भी खुश,'' पिताजी बोले।

मैंने लूसी व ग्रेसी से पूछा, ''तुम्हें कैसी लगी नीना ?''

''आपको पसन्द है तो हमें भी पसन्द है,'' लूसी निर्लिप्त भाव से बोली।

''हमें इस बात की खुशी है कि हमारे पापा को कोई लड़की पसन्द तो आई,'' ग्रेसी हँसते हुए बोली, तो हम सभी हँस पड़े। माँ ने सुझाया, ''पॉल, अब अगला कदम... तुम्हें व नीना को एक साथ रहना शुरू कर देना चाहिए। यह 'दूरवर्ती प्रेम' बहुत हो गया।'' और उस क्रिसमस में एक तरह से यह तय हो गया कि अब मुझे व नीना को एक छत तले रह कर सहजीवन व्यतीत करना चाहिए।

किन्तु प्रश्न उठा—कौन अपना देश छोड़ेगा ? मेरे व नीना के बीच पसरा हुआ उत्तरी सागर कौन पार करेगा ? कौन अपनी नौकरी छोड़ेगा ? कौन अपने परिवार से दूर जायेगा ? नीना कोपनहेगन में एक प्रतिष्ठित कम्पनी में एक अच्छी नौकरी पर थी—एयर प्रोडेक्ट पीएलसी में मशीनरी प्रबंधक और मैं एडिनबर्ग के एक स्कूल में अध्यापक। नीना की बच्चियाँ व माता-पिता डेनमार्क में थे। इधर मेरा पूरा कुनबा—माँ, भाई-बहन व बेटियाँ सब स्कॉटलैंड में रहते थे। मेरी बेटियाँ भले ही अपनी माँ

के साथ रहा करती थीं मगर मेरे पास आया-जाया करती थीं।

मुझे लूसी व ग्रेसी से दूर किसी दूसरे मुल्क में जाकर रहना सुहा नहीं रहा था। मगर साथ ही अपनी ज़िन्दगी का भी प्रश्न था। मैं बयालीस का हो गया था। ताउम्र अकेले नहीं रहना चाहता था। एक दीर्घ प्रतीक्षा के उपरान्त कोई मनोनुकूल व्यक्ति मिला था। मेरी दस वर्षीया बेटियाँ, लूसी व ग्रेसी मुझसे बोलीं, ''पापा आप हमारी चिन्ता मत करो। आप कोपनहेगन चले जाओ। मम्मी ने तो दूसरी शादी कर ली। मगर आप अभी तक अकेले हो तो हमें अच्छा नहीं लगता। हमें खुशी है कि आपको भी एक गर्लफ्रेंड मिल गयी। हम आपसे मिलने कोपनहेगन आया करेंगे।''

अपनी बेटियों की अपने प्रति इस संवेदना से मेरा दिल पसीज गया। मैंने उन्हें चूम लिया।

''आजकल दूरियाँ रह ही कितनी गयी हैं! दुनिया सिकुड़ रही है। लूसी व ग्रेसी अपनी स्कूल की छुट्टियों में कोपनहेगन हमारे पास आकर रह लेंगी,'' नीना भी मुझसे बोली।

सो काफ़ी कशमकश व सोच-विचार के बाद मैंने अपना जॉब, अपना परिवार व देश छोड़ा। एडिनबर्ग में अपनी व्यवस्थित ज़िन्दगी को त्याग, उम्र के इस पड़ाव में अपने परिवार से दूर, सागर पार नीना के पास कोपनहेगन आ गया।

तास्त्रुप आ गया। बारह किमी. मैं और चल चुका हूँ, यानी तीन घंटे और। बेलरूप से तास्त्रुप के बीच मैंने कहीं भी विश्राम नहीं किया। लगातार चल रहा हूँ। यह क्षेत्र पैदल यात्रा और साइकिल सवारी के लिए सुन्दर पगडंडियों की एक व्यवस्थित प्रणाली प्रदान करता है। सो यहाँ से गुज़रते हुए अद्भुत आनन्द का अनुभव हो रहा है। भरपूर प्राकृतिक सौन्दर्य, सामने फैला विस्तृत परिदृश्य, हरियाली, कहीं-कहीं छोटे-छोटे झरनों का धीमा प्रवाह। सूर्य अभी भी आकाश में विराजमान। जय हो!

पुनर्विवाह

नई धरती, नया परिवेश, नये रिश्ते, नये अनुभव, नये एहसास और नई चुनौतियाँ...। नीना के संग सहजीवन की चाहत में मैं सब-कुछ अपना जमा-जमाया, बँधा-बँधाया संसार छोड़ कर एक अनिश्चित भविष्य में कूद गया था।

बहरहाल एक इयू सिटीजन होने की वजह से एक यूरोपीय देश से दूसरे यूरोपीय देश में विस्थापन में कोई कानूनी व आप्रावासन से जुड़ी अड़चनें नहीं आयीं। सौभाग्य से डेनमार्क में एक इंटरनेशनल स्कूल में मुझे अध्यापक की नौकरी भी तत्काल मिल गयी। और तो और मुझे कोपनहेगन में अपना एक स्कॉटिश डांस ग्रुप भी मिल गया। इसके पचास सदस्य थे, और मुझे मिलाकर सिर्फ़ तीन नर्तक ही स्कॉटिश थे, बाकी सब डेनिश थे। हम नियमित रूप से एक जिमनेजियम स्कूल में अपनी डांस प्रेक्टिस के लिए मिलते थे। क्रिसमस, ईस्टर आदि पर्वों में किसी कम्पनी, फर्म या संगठन द्वारा आयोजित कार्यक्रमों में हम स्कॉटिश-कंट्री-डांसिंग का प्रदर्शन करते थे। इससे मेरी कोई खास आमदनी तो नहीं होती थी, हम पेशेवर नर्तक भी नहीं थे, जो कुछ अधिक अपेक्षा रखे। मगर यह मुझे जोश व स्फूर्ति से भर देता था। नृत्य मेरी एक हॉबी है जो मुझे हौसला देती है।

अपना इंटरनेशनल स्कूल मुझे बेहद पसन्द आता था—छात्र व अध्यापक मिलाकर सत्तर से अधिक देशों की राष्ट्रीयता का समन्वय था स्कूल में। भिन्न-भिन्न राष्ट्रीयता व संस्कृति के लोगों के साथ उठना-बैठना, काम करना, काफ़ी कुछ दुनिया-जहान के बारे में सीखने-समझने को मिल रहा था। ईद, दीवाली, क्रिसमस, चाइनीज़ न्यू इयर, पर्शियन न्यू इयर आदि दुनिया भर में मनाएँ जाने वाले पर्व-त्यौहार का हमें पता चलता रहता। यह भी कहूँगा, नीना का घर भी सुव्यवस्थित के साथ-साथ बहुत आरामदायक आवास था। इससे अधिक एक मर्द को और क्या चाहिए?

मेरे दिल की खाली जगह धीरे-धीरे भरने लगी। नीना को पाकर जीवन में एक सम्पूर्णता सी महसूस होने लगी। जो बात मुझे नीना में सर्वाधिक पसन्द आयी थी—उसका स्वतंत्र, पक्के इरादों वाला और महत्त्वाकांक्षी व्यक्तित्व। वह एक मजबूत इच्छाशक्ति वाली महिला थी।

कुछ दिनों बाद एक शाम, पार्क के बैंच में बैठे हुए, नीना का हाथ पकड़ कर मैंने प्रेमपूर्वक उसके सम्मुख शादी का प्रस्ताव रखा। वह बोली, ''नेकी और पूछ-पूछ!'' मैं नीना के साथ विवाहसूत्र में बँध कर अपने रिश्ते को एक स्थायित्व देना चाहता था, अस्थिरता नहीं चाहता था। सौन्द्रा के बाद अपने लिए एक जीवनसंगिनी तलाशने में मैंने क्या नहीं किया था—पब, क्लब व डेटिंग वेबसाइट्स...में अकेली, तन्हा औरतों को तलाशना...। कोई ढंग की नार मिल ही नहीं रही थी।

झूठ नहीं बोलूँगा। दो औरतों से मेरे सम्बन्ध चले थे। एक स्कॉटिश थी व दूसरी ब्रिटिश। स्कॉटिश महिला (माफ़ करना, नाम भूल गया मैं उसका) ने आधे-अधूरे मन से मेरे साथ नौ माह डेटिंग की, फिर पीछे हट ली। बस इधर-उधर, चंद घड़ियों के लिए ही वह मुझसे मिलती थी। उसका मेरी ज़िन्दगी में आने व जाने का आभास ही नहीं हुआ। मगर ब्रिटिश महिला (उसका नाम ऐना था) तो मेरे पास एडिनबर्ग आकर पूरे पन्द्रह दिन रही थी। सब कुछ हमारे बीच अच्छा चला था। उसके भी दो बच्चे थे, मेरे भी। मैंने सोचा था, हमारे बीच बात बन जायेगी। वह मेरी संगिनी बन जायेगी। मगर उसने वापस अपने शहर बर्मिंघम जाकर बस एक संक्षिप्त ईमेल मुझे लिख दी, बिना किसी सम्बोधन के—मैं नहीं समझती कि हमारा रिश्ता आगे बढ़ सकता है। जो कुछ हमारे बीच है, उसे यहीं खतम करो।

शुभारम्भ से पहले ही उसने इतिश्री कर दी।

बहरहाल अब फिर से मेरी शादी हो रही थी। मैं वैवाहिक जीवन की दूसरी पारी खेलने जा रहा था, एक भिन्न मैदान में, एक दूसरे खिलाड़ी के साथ।

''अच्छा हम शादी कैसे करेंगे?'' नीना ने मुझसे पूछा।

''तुम बताओ कैसे करना चाहती हो,'' मैंने उसकी इच्छा जाननी चाही।

''मेरी पहली शादी बड़ी जल्दबाजी में हुई थी। बहुत ही बेरंग तरीके से, कोर्टहाउस में। अम्मा-अप्पा ने कोई उत्साह नहीं दिखाया था क्योंकि मैं उस वक्त गर्भवती थी, और वे इस बात से बहुत परेशान थे। उनके अनुसार मैंने परिवार पर कलंक लगाया...'' नीना डूबे हुए स्वर में बोली।

''तो तुम इस बार धूम-धमाका चाहती हो?'' मैंने उससे पूछा।

वह मुस्कुराते हुए बोली, ''हाँ।''

''हनीमून के लिए कहाँ जायेंगे?''

''हनीमून! इंडिया जायेंगे,'' मैं बोला।

''इतने सारे देशों में तुम्हें इंडिया ही सूझा?'' वह हैरत से बोली।

''हाँ, मैं भारत कभी गया नहीं, वहाँ जाना चाहता हूँ।''

वह मनन करते हुए बोली, ''ठीक है। मैं भी कई सालों से भारत नहीं गयी।

हम भारत में अपना हनीमून मनाएँगे। कौन से शहर?''

''मुम्बई!''

''मुम्बई?''

''हाँ।''

मैं सहसा स्वयं को जवान समझने लगा।

शादी के लिए मैंने अपने लिए नई पारंपरिक पोशाक बनवाई। किल्ट बनवाने मैं बकायदा स्कॉटलैंड गया। नीना के लिए मैंने एक हीरे की अंगूठी व एक खूबसूरत वेडिंग ड्रेस खरीदी। अपने पूरे परिवार को मैंने अपनी शादी में कोपनहेगन आमंत्रित किया।

सुबह शादी का कार्यक्रम नीना के माता-पिता के घर में सम्पन्न हुआ। शादी दक्षिण भारतीय रीति-रिवाज से हुई। नीना ने साड़ी पहनी और मैंने शेरवानी। नीना के माता-पिता ने मेरे लिये, यहाँ तक कि मेरे दोनों भाई विलियम और एल्बर्ट के लिए भी शेरवानी का इन्तज़ाम किया। हम तीनों भाई शेरवानी पहने, विवाह का एक अलग ही आकर्षण लग रहे थे। सब मेहमान हमें उत्सुकता से निहार रहे थे।

हर संस्कृति में विवाह की कुछ न कुछ विशिष्ट रस्में होती हैं। मुझे उनका विवाह अनुष्ठान व पंडित द्वारा उच्चारित संस्कृत श्लोकों के अर्थ बिलकुल भी समझ में नहीं आये। बस शादी की एक ही रस्म मुझे समझ में आयी और निराली भी लगी। नीना अपने पिता की गोदी में बैठी, और मुझे पीछे से उसके गले में मंगलसूत्र पहनाने को कहा गया। जब मैंने नीना को मंगलसूत्र पहना दिया तो हमें पति-पत्नी घोषित कर दिया गया।

मेरे दोनों भाई पूछने लगे—''क्या पॉल अपनी पत्नी को किस कर सकता है?''

रामचन्द्र किंकर्तव्यविमूढ़ हो गये, उन्हें समझ में नहीं आया कि क्या कहें, बोले, ''नॉट इन पब्लिक—पब्लिक में नहीं।''

मेरे भाइयों की पत्नियाँ रामचन्द्र से कहने लगीं, ''शाम को जब हमारी परम्परा अनुरूप शादी होगी तो पॉल को सभी के सामने अपनी वाइफ को किस करना ही पड़ेगा...।''

शाम को चर्च के हरे-भरे उपवन में सूर्य की गुनगुनी धूप में, प्रीस्ट के सामने, नीना सफेद गाउन पहने दुल्हन के वेश में और मैं किल्ट-धारी दूल्हा बन के सबके सामने पति-पत्नी बनते जा रहे थे। प्रेम का प्रतीक अंगूठियों का आदान-प्रदान हुआ। इसके उपरांत पादरी ने मुझे अपनी पत्नी को किस करने को कहा।

मेरे दोनों भाई और उनकी पत्नियाँ मुझे उकसाने लगे, ''पॉल किस योर वाइफ...। पॉल किस योर वाइफ...।''

मैंने चारों तरफ़ देखा... नीना के माता-पिता... उनके कुछ भारतीय मित्र... सब मुझे एकटक ताक रहे थे। मैं शरमा गया। मैं उन सभी के सम्मुख नीना को चूम नहीं सका।

नीना ने ही मेरा चुम्मा लिया। तालियों की गड़गड़ाहट हुई। मेरे भाई विलियम ने अपनी स्कॉटिश परम्परा का अनुसरण करते हुए जयकार किया। और हम भारतीय व यूरोपीय, दोनों पद्धतियों द्वारा विवाहसूत्र में बंध गये।

औपचारिक चर्च समारोह के बाद कारवाँ 'बेंक्वेट हॉल' की तरफ़ बढ़ा जहाँ गीत-संगीत और डिनर पार्टी का आयोजन था। नीना के चाचा का लड़का नवीन हॉलैंड से आया हुआ था। वह समारोह का संयोजक था। वह बोला—"शादी ज़िन्दगी का एक अहम फैसला है, सिर्फ़ एक जश्न नहीं। आज दो विविध संस्कृतियों का अनुपम संगम हुआ है—स्कॉटिश और इंडियन। और यह स्कॉटिश और इंडियन संगम स्कॉट परिवार में पहले भी हुआ है, जब उनकी परदादी विद्या पाटिल अट्ठारहवीं सदी के मध्य में उनके दादा गेविन स्कॉट से विवाहसूत्र में बँधी थी। आज वही सुन्दर इतिहास अपने को दोहरा रहा है।"

मैंने देखा, नवीन की इस बात पर नीना के परिवार से अधिक मेरे परिवार ने ताली बजाई।

मेरे स्कॉटिश डांस ग्रुप ने अपनी पारम्परिक पोशाक में हाईलैंड डांस प्रस्तुत किया। चारों बेटियाँ, करीना, जोहाना, लूसी व ग्रेसी ने मिलकर बॉलीवुड गीतों के रीमिक्स में एक डांस प्रस्तुत किया जोकि शादी का मुख्य आकर्षण रहा। कई लोग अपनी कुर्सियों से उछल कर उनके साथ थिरकने लगे। स्कॉटिश हाईलैंड व बॉलीवुड रीमिक्स ने अच्छा समा बाँध दिया। कोई गीतों के सुर नहीं जानता था, बस गीतों के लय व ताल पर थिरक रहे थे। नृत्य के बाद संयोजक नवीन ने विभिन्न संस्कृतियों की स्वतंत्रता और परस्पर निर्भरता पर टिप्पणी की—"हमारी संस्कृतियाँ अगर अपने आप में स्वतंत्र हैं तो एक-दूसरे पर आश्रित भी हैं, और विविध संस्कृतियों का समन्वय बेजोड़ है, स्कॉटिश और इंडियन—हुर्रा-हुर्रा-हुर्रा!"

हुर्रा-हुर्रा-हुर्रा! अतिथियों ने नाद किया।

मैंने चारों तरफ़ देखा। मेरा हृदय खुशी से उछल रहा था। मैं डेनमार्क के एक विस्तृत सुन्दर स्थल पर नीना, जो अब मेरी धर्मपत्नी थी, के साथ था। मैं बेहद खुश था, चाहे आगे कुछ भी मेरे नसीब में हो, मुझे परवाह नहीं।

रोसकिल्डे काउंटी—मैंने बोर्ड में पढ़ा। मैं रोसकिल्डे काउंटी पहुँच गया हूँ। छब्बीस

किमी. का रास्ता और तय हो गया। तास्त्रुप भी मैंने पार कर लिया। चलते हुए भी मुझे चौदह घंटे हो गये हैं। शाम के सात बज चुके हैं। अभी छप्पन किमी. के करीब और चलना है। ओह...।

मैंने महसूस किया कि जैसे-जैसे दिन ढल रहा है, अधेड़ व बूढ़े नज़र आने कम होने लगे हैं और अब चारों तरफ़ जवान लोगों का तांता नज़र आ रहा है। शनिवार... सप्ताहांत की शाम जवानों की होती है। रोसकिल्डे काउंटी पर बड़ी हलचल मची है। कहीं संगीत बज रहा है। कोई रेस्तराँ में खा-पी रहा है, कोई सैर कर रहा है। जीवंत वातावरण...। मैं भी एक रेस्तराँ में घुस गया। दोपहर में जो सेंडविच मैंने खाया था, कभी का पच चुका है। दूसरा सेंडविच मैं उस बूढ़े को दे चुका था। मुझे कस कर भूख लग आयी है। पैर भी बुरी तरह थकने लगे हैं। इन्हें थोड़ा विश्राम चाहिए।

मैंने किनारे की जगह चुनी, जहाँ सोफे लगे हैं। नीचे जब बैठा तो पैरों को वाकई में बहुत आराम मिला। मैंने पैर ऊपर चढ़ा लिये, पालथी मारकर इत्मीनान से बैठ गया। अपने लिये फलाफल व चाय-लात्ते ऑर्डर किया। एक सेंडविच आगे के रास्ते के लिए बँधवा लिया, क्योंकि मुझे मालूम है कि रोसकिल्डे के बाद कोई रेस्तराँ मिलना मुश्किल होगा। शहर यहाँ लगभग खतम हो जाता है।

मेरे ठीक सामने जवान लड़के-लड़कियों का एक झुंड जमा हुआ है, लूसी-ग्रेसी की उम्र का। खूब हँसी-मज़ाक चल रहा है, हो-हल्ला मचा रखा है उन्होंने। आज के नौजवान पुराने ज़माने के नौजवानों से इतना भिन्न हैं—व्यावहारिक, मुद्दे की बात करने वाले, कोई बनावटीपन नहीं, किसी का लिहाज़-मुखमुलाजहा करना ना उनकी फितरत है और ना ही बाध्यता।

ज़माना करवट बदलता रहेगा। जो हमारे पूर्वजों के लिए सच था, वह हमारे लिये नहीं हो सकता, और जो हमारे लिये सच है वह हमारे बच्चों पर लागू नहीं हो सकता। मेरी पीढ़ी में माता-पिता को यह भय रहता था कि कहीं उनका बेटा शादी से पहले किसी लड़की को गर्भवती ना कर दे। आजकल के माता-पिता यह भय खाते हैं कि उनका बेटा एक लड़की से ही इश्क करे, किसी लड़के से नहीं। मेरा सहयोगी एन्ड्रियाज कहता है, जहाँ तक उसका बेटा किसी लड़की से इश्कबाजी कर रहा है उसे फ़िक्र नहीं।

अक्सर मेरी अपनी बेटियों व नीना की बेटियों से ठन जाती है। मैं उनसे कहता हूँ—उनकी पीढ़ी गूगल-सर्च व 'कॉपी-पेस्ट' वाली पीढ़ी है। व्यक्तिवाद और भौतिकवाद का ज़माना है। वे प्रतियोगिता पर विश्वास रखती हैं, जबकि पुरानी पीढ़ी सहयोग पर भरोसा करती थी।

मोबाइल्स, कंप्यूटर, इंटरनेट, स्काईप, फेसबुक, आईफ़ोन, स्मार्ट फ़ोन, कितने

आधुनिक उपकरणों का मैंने अविष्कार होते देखा। तकनीकी क्रान्ति ने संचार व्यवस्था को कितना अधिक तीव्र व कुशल कर दिया। मेरे समय में पोस्टकार्ड, कलम, पैन या फिर क्रेडल वाले पुराने फ़ोन जिनसे एक छोटे भौगोलिक क्षेत्र तक ही बात हो पाती थी, होते थे। दूर नगरों में रह रहे अपने सगे-सम्बन्धी व घनिष्ठ मित्रों से सम्पर्क बनाये रखने के लिए हमें पत्रों का सहारा लेना पड़ता था। एक-एक महीना लग जाता था अपने किसी खत का जवाब पाने में। पोस्टमैन का बेसब्री से इन्तज़ार किया करते थे। डाकिये पर निबन्ध लिखा करते थे—पत्रवाहक।

आजकल सब कुछ तत्काल हाज़िर। मेरे स्कूल के छात्रों को जब बोर्ड से नोट्स लेने हों तो खटाक से अपने मोबाइल से बोर्ड की एक तस्वीर खींच लेते हैं। मैं जब पढ़ाते हुए क्लास का चक्कर लगाता हूँ तो देख कर मुझे बेहद खेद होता है कि कुछ बच्चे अपनी नोटबुक में एक शब्द तक नहीं लिख रहे। ना उनके पास कोई नोटबुक है और ना ही हाथों में कोई पैन। मैं जब उनसे पूछता है कि वे नोट्स क्यों नहीं ले रहे, तो वे अपने हाथ में थमे छोटे से इलेक्ट्रोनिक उपकरण की तरफ़ इशारा करते हुए कहते है—इसमें हैं। वे झट से अपनी उँगलियों के स्पर्श से स्क्रीन को थोड़ा चौड़ा करते हुए, उसे फैलाते हुए मुझे दिखाते हैं कि नोट्स इसमें कैद हैं। मगर मैं अपनी कमज़ोर आँखों से कुछ पढ़ नहीं पाता, इतने लघु अक्षर...।

मैं अक्सर अचरज करता हूँ कि यह नई पीढ़ी किस दिशा की ओर अग्रसर हो रही है। प्रश्न यह नहीं है कि जग व जीवन बदल रहा है, क्या स्वरूप यह धारण कर रहा है, यह है सवाल।

मेरी बेटियाँ—लूसी व ग्रेसी देखते-देखते चौबीस साल की हो गयीं। आज तक उन्होंने मुझे ऐसे किसी युवक से नहीं मिलवाया जो मेरा सम्भावित दामाद हो सकता है। उनसे पूछता हूँ कि शादी का क्या विचार है, तो बोलती हैं—"पापा अभी ऐसा कोई मिला ही नहीं...।"

"तो कब मिलेगा?"

"मिल जाएगा... जल्दी क्या है?"

उन्हें जल्दी नहीं है, मगर मुझे है। जब ज़िन्दगी जन्म-दिवस से निर्बाध आगे बढ़ते हुए मृत्यु द्वार के निकट पहुँचने लगती है तो इन्सान चाहता है, सब कुछ उसकी ज़िन्दगी में फटाफट हो जाए। मैं चाहने लगा हूँ कि मेरी बेटियों की शादी पक्की हो और मैं अपनी पारम्पारिक पोशाक किल्ट पहन कर अपनी बेटी का हाथ थाम कर चलूँ और एक सुयोग्य लड़के को थमा कर पिता का दायित्व निभाऊँ। पता नहीं कब आयेगा वह क्षण... ?

मुझे सोफे पर पालथी मार अकेले बैठे देख उन नवयुवकों का ध्यान मेरी ओर

आकृष्ट हो गया। मैंने मित्र भाव से उनकी तरफ़ हाथ हिलाया। उन्होंने भी हिलाया। उनमें एक जोश है, ऊर्जा है। मेरी उनसे बातचीत होने लगी। मैंने उन्हें अपनी यात्रा के विषय में बताया तो वे उत्सुकता से भर गये। वे मुझसे बोले, तीर्थयात्रा एक पुराने ढंग की साहसिक यात्रा है, मगर मैंने उसे आधुनिकता का पुट दे दिया। मैं एक श्रद्धालु नहीं, एक प्रेमी हूँ। वे मेरी फोटो खींचने लगे। मुझे कहने लगे कि मैं आशिकों के लिए मोहब्बत की एक मिसाल छोड़ रहा हूँ। वे मेरी गिनती विश्व के ऐतिहासिक प्रेमियों में करने लगे—रोमियो-जूलियट, नेपोलियन-जोशफीन, सलीम-अनारकली व लैला-मजनू।

एक लड़की अपने बगल में बैठे एक युवक, जोकि सम्भवत: उसका ब्यॉयफ्रेंड है, से पूछने लगी, ''ऑस्कर, तुम भी मेरे लिये ऐसा कुछ कर सकते हो?''

उस युवक को कोई जवाब नहीं सूझा। असमंजस में मेरी तरफ़ इशारा करते हुए बोला, ''पर इनकी प्रेमिका तो मर गयी है...। तुम तो अभी ज़िन्दा हो...।''

सभी खिलखिला पड़े।

एक युवा मुझसे बोला—वह डीआर-टू टीवी चैनल का रिपोर्टर है। उसके मीडिया से अच्छे सम्पर्क हैं। वह मेरा इंटरव्यू लेना चाहेगा। आनन-फानन में उस युवक ने मेरा इंटरव्यू भी ले लिया। अपनी यात्रा का जो मैंने नक्शा खींचा है—पॉल की तीर्थयात्रा—उसकी भी तस्वीर ले ली, विभिन्न कोणों से, शीर्षक को हाइलाइट करते हुए।

मैं रेस्तराँ से उठकर अपना रास्ता फिर से नापने लगा। उन युवक-युवतियों ने हाथ उठा कर मुझे चीयर्स-अप किया। शुभकामना? दी—हैप्पी पिल्ग्रिमेज! उन्होंने मुझे एक नवीन उत्साह से भर दिया। संध्या की बेला मुझे सुहावनी लगने लगी।

हनीमून

मुझे सबसे पहले उस दिन पता चला था कि हमारी अनुवांशिकी डोर भारत से जुड़ी है, जिस दिन जूलिया पैदा हुई थी। तब मैं आठ साल का था। ''बहन पैदा हुई है,'' पिताजी मुझसे बोले थे।

''बहन!'' मैं विशेष उद्‌गारों से भर गया। दो भाइयों के बाद बहन का आना मुझे बहुत अच्छा लगा। मैं पिताजी के साथ नर्सिंगहोम गया जूलिया को देखने।

नन्ही सी जूलिया, जो चंद घंटे पूर्व ही पैदा हुई थी, पालने में सो रही थी। उसके चटक काले बाल देख मैं आश्चर्य से भर गया। जब जूलिया ने अपनी नन्ही-नन्ही आँखें खोलीं तो दो काले बटनों की तरह उसकी आँखें चमकीं। विलियम और एल्बर्ट की नीली आँखें थी। मेरे बाद जूलिया गहरी भूरी आँखों वाली पैदा हुई थी। उसका रंग मुझसे भी अधिक दबा हुआ था। बार-बार मैं उसके मुलायम काले बालों पर अपने हाथ फेर रहा था।

''पॉल,'' पिताजी बोले। ''तुम्हारे व तुम्हारी बहन के काले बाल व गहरी भूरी आँखें पता है क्यों हैं?''

मैंने अस्वीकृति में गर्दन हिलाई।

''तुम्हारी ग्रेट-ग्रेटग्रैंडमदर इंडियन थी।''

उस दिन पिताजी ने मुझे पहली बार अपने परिवार का इतिहास बताया।

''हम बहन-भाइयों के जन्म के समय मेरे माता-पिता पर्थ में रहते थे, मगर हम मूलतः एबरडीन से थे। हमारे परदादा गेविन स्कॉट समुद्री कप्तान थे और ब्रिटिश उपनिवेशी देशों में चाय व्यापार मार्गों पर जलयात्राएँ करते थे।

स्कॉटलैंड के एक उत्तरी शहर एबरडीन में शिपयार्ड (पोत प्रांगण) से उन्होंने अपनी ज़िन्दगी शुरू की थी। वे क्लिपर नौकायन जहाज़ बनाते थे। उन्होंने व उनके दल ने मिलकर जहाज़ के लिए एक विशेष एबरडीन क्लिपर धनुष बनाया था जिसने जहाज़ की गति में चमत्कारी रूप से वृद्धि की। मेरे परदादा द्वारा निर्मित एबरडीन थर्मोपायले 1864 में बनाया गया उस समय का एक ऐसा समग्र क्लिपर जहाज़ था जिसने गति के सभी रिकॉर्ड तोड़ दिये थे। यह वाणिज्य के क्षेत्र में एक अदभुत खोज

थी जो 'एबरडीन रेखा' के रूप में जानी गयी। ये तीव्रगामी क्लिपर, जिन्हें 'चाय जहाज़' भी कहा जाता था, चीन, भारत और आसपास के देशों का दौरा करते थे और ज़्यादातर चाय व्यापार मार्गों पर चायपत्ती के लिये रवाना होते थे। चाय के अलावा ये रेशम, मसाले व अफीम भी ढोते थे। हालाँकि अफीम का आयात-निर्यात औषधीय प्रयोजनों के मकसद से होता था, लेकिन इंडिया, चीन और इंग्लैंड में अफीम का जमकर दुरुपयोग भी होता था।

एक बिल्डर्स यार्ड के माध्यम से काम करते हुए मेरे परदादा पहले जहाज़ के चालक दल के सदस्य बने, और तरक्की करते हुए अंततः एक जहाज़ के कप्तान बन गये। पारिवारिक सूत्र बताते हैं कि जब वे जहाज़ के कप्तान थे, अपनी एक भारत यात्रा के दौरान बम्बई/मुम्बई से वे अपने लिये एक दुल्हन भी ले आये।

सदियाँ गुज़र गयीं, लोग मर-खप गये, सिर्फ़ कथाएँ ही रह गयीं...। पिताजी की बात सुन कर मैं, आठ वर्ष का बालक हैरत से भर गया। अक्सर मैं अपने घर में टँगी क्लिपर जहाज़ की पेंटिंग को निहारा करता। मेरे परदादा जहाज़ बनाते थे! समुद्री जलयात्राएँ करते थे! मुझे अपने परदादा साहसी व रोमांचकारी लगे। मेरे लिये वे एक आदर्श बन गये।

पिताजी ने बताया कि हमारी परदादी एक उच्च वर्गीय भारतीय घराने की राजकुमारी थी। हालाँकि यह हमारे परिवार का एक किस्सा था कि हम राजसी घराने से हैं, इस कथा की पुष्टि मेरी शोधकर्ता बुआ के शोध से हुई। स्कॉटलैंड के उत्तरी-पूर्व में एल्गिन एक पुराना शहर है, और गिरजाघरों की वजह से प्रसिद्ध है। एल्गिन नगर के एक चर्च में बुआ को मेरे परदादा व परदादी के विवाह के रिकोर्ड मिले—'एक स्कॉट्समैन ने एक भारतीय दुल्हन से विवाह रचाया।' मेरे परदादा-परदादी की बेटी हमेशा एल्गिन में रही, उनके पश्चात उनकी बेटी, उनके पश्चात उनकी बेटी, यानी मेरी बुआ भी एल्गिन में रही।

अपने अनुवांशिक क्रम के इस अंश की जानकारी हमें पीढ़ी दर पीढ़ी पितृपक्ष से मिलती गयी। मुझे अपने पिता से पता चला कि हमारी परदादी भारतीय थी। मेरे पिता को यह जानकारी अपने पिता से मिली, और दादाजी को अपने पिता से। मेरी बुआ की शोध से हम अनुमान लगा सकते हैं कि परदादा व परदादी की शादी 1850 के दशक में हुई। क्लिपर जहाज़ों के इतिहास से भी इस तारीख की पुष्टि होती है।

भारत मेरे लिए एक ज़बरदस्त आकर्षण बन गया। ग्लासगो में जब रहता था तो वहाँ एक कला छात्र के रूप में मैंने बौद्ध धर्म का अध्ययन किया, और भारतीय

वास्तुकला और लघु चित्रों का मैंने अपने चित्र कला तराशने में स्रोत के रूप में उपयोग किया। मैंने अद्वैत वेदांत, उपनिषद, गीता और तिब्बती थोडोल की पढ़ाई के साथ महायान परम्परा को अपनाया। भारतीय परम्पराओं व भोजन के प्रति मेरा अनुराग हमेशा रहा।

ज़िन्दगी के उस दौरान मैं अक्सर एक भारतीय राजकुमार को सपने में देखा करता था। सपने में वह मेरी परदादी का भाई हुआ करता था। भारत के एक आलीशान अलंकृत भवन के पुस्तकालय की खिड़की पर बैठा वह एक खूबसूरत आवरण वाली एक पुस्तक पढ़ रहा है। खिड़की पर नक्काशीदार संगमरमर जड़ा है, शानदार वातावरण है। मेरी परदादी के परिवार के लोग धनी हैं। बहरहाल स्वप्न कुछ साबित नहीं करते, मगर मेरे सपने का मुझ पर यह प्रभाव पड़ा कि मैं विश्वास करने लगा कि मेरी परदादी वाकई एक ऊँचे घराने की थीं।

मैं 'विश्व एक कुटुंब' (वसुधैव कुटुम्बकम्) में विश्वास रखता हूँ, संस्कृतियों की साझेदारी में और वैश्विक सह समृद्धि की धारणा में विश्वास करता हूँ। आज एक व्यक्ति की नसों में फ्रांसीसी, जर्मन और ब्रिटिश, यानी कई नस्लों के खून का मिश्रण प्रवाहित होना सामान्य बात है। अतीत में, प्रथम व द्वितीय विश्व युद्धों के दौरान ये यूरोपीय देश एक-दूसरे के कट्टर दुश्मन हुआ करते थे। अब विभिन्न प्रकार की जाति-प्रजाति के लोग परस्पर विवाह करके शान्ति-अमन से रह रहे हैं। हमारी तरह की वंशावली एक सेतु की भांति कार्य करती है। और मेरे परदादा ने तो उस सदी में यह कदम उठाया था। अगर मुझे मौका मिले तो मैं भारत जाना चाहूँगा और अपनी वंशावली के बारे में और अधिक गहराई से गौर करूँगा।

और वह मौका आज आ गया था। भारत की धरती पर पैर रखते ही मैं रोमांचित हो गया था। मेरी परदादी का देश...। मेरे पूर्वजों का देश...। अनेक भावों से मैं भर गया। गेटवे-ऑफ-इंडिया पर खड़े होकर मैं मंत्र मुग्ध चारों तरफ़ निहार रहा था। अपने परदादा को दृष्टिगत कर रहा था। अट्ठारहवीं सदी में इस विशाल अरब सागर की लहरों को चीरते हुए वे अपने कारवाँ के साथ क्लिपर में यहाँ आते होंगे।

अपनी परदादी की कल्पना करने लगा—महलों की वह नाज़ुक राजकुमारी क्लिपर को देखने इस बन्दरगाह पर आयी है। मेरे परदादा उसे क्लिपर पर घुमा रहे हैं। वह ब्रिटिश व स्कॉटिश कप्तानों को उत्सुकता से निहार रही है। लाल गेहुँआ रंग, कमर तक लहराते घने बाल, जिन्हें उसने खुला छोड़ा हुआ है, तीखे नैन-नक्श और छरहरे कद वाली मेरी परदादी विलक्षण सुन्दर है। उसकी साड़ी का पल्ला हवा में लहरा रहा है। यौवन का उन्माद उस पर छाया हुआ है। उसके चेहरे पर एक कान्ति है, एक मुस्कान खिली है। कितना सुन्दर व अलग समाँ रहा होगा वह!

साहस कई रूपों में है। वह राजबाला एक रफ-टफ समुद्री जहाज़ के कप्तान के प्रति आकर्षित हो गयी, और उससे इश्क का साहस कर बैठी। उसके साथ उसके क्लिपर में सवार हो अपने उपमहाद्वीप भारत को अलविदा कह उसके द्वीप स्कॉटलैंड चली गयी, हमेशा के लिए। कितने साहसी थे मेरे परदादा-परदादी! सोच कर आश्चर्य से भर जाता हूँ।

कोलाबा, परेल, वर्ली, माहिम, दादर, बांद्रा खूब घूमा। मैं नीना के संग, बीच-बीच में अनेक दिलचस्प राहगीरों से दो-चार बातें करते हुए, बटाटा-वड़ा और पाव-भाजी खाते हुए। समुद्र की गोद में लेटा हुआ यह महानगर सन 1853 में, मेरी परदादी के ज़माने में कैसा रहा होगा...! मैं सोच कर हैरान हो रहा था। नीना मेरी हैरानी देख कर हँस रही थी।

रेल की जनरल बोगी की यात्रा भी मैंने की। सवारियों की मात्रा देख कर मैं दंग रह गया। बांद्रा से चर्च गेट तक के सफर में मेरे पसीने छूट गये। गेटवे-ऑफ-इंडिया मुझे शानदार बन्दरगाह लगा। वहाँ पर एक फूल वाली से महकता गजरा खरीद कर मैंने नीना के बालों में सजा दिया, फिर उसका हाथ पकड़ कर मैं खारे पानी में उतरा। मेरे परदादा भी मेरी परदादी के साथ इसी सागर में उतरे होंगे। समुद्र का जल जल नहीं रहता, अनेक जलधाराओं से जल ग्रहण कर एक शख्सियत बन जाता है जो हज़ारों वर्षों से अपने प्रवाह में जीवन को रूपायित और आलोकित करता आया है। आज मैं उस इतिहास को दोहराने, एक नई भंगिमा देने यहाँ आ गया था।

मैं नीना से बोला—मैं खुशनसीब हूँ जो मैंने तुम्हें पा लिया...।

भगवान एक बहुत बड़ा डिजाइनर है। आमेन...! प्रभु यीशु मसीह का अनुग्रह सदैव तुम्हारी आत्मा के साथ हो, नीना...!

विवाहित ज़िन्दगी

मेरे और नीना के बीच भले ही कई समानताएँ थीं, बुनियादी सच यह था कि मैं स्कॉटिश था और वह इंडियन। जब दो विभिन्न सम्प्रदायों के लोग शादी करते हैं, तो उनके रिश्तों को उनके व्यक्तिगत संबंध ही नहीं, उनके परिवार का नज़रिया और उनके आसपास के समाज का दृष्टिकोण भी प्रभावित करता है। आम तौर पर हनीमून चरण तक सब कुछ ठीक-ठाक चलता है, लेकिन जब हनीमून चरण समाप्त हो, जीवन असली धरातल पर वास्तविक दृष्टि से शुरू होता है, तब युगलों को अपने आपसी मतभेदों व भिन्नता का एहसास होता है। अगर वे एक-दूसरे को स्वीकार करने में सक्षम होते हैं तो ठीक, वरना संघर्ष और समस्याओं का मुख खुल जाता है।

एक तो हम जहाँ भी जाते थे, लोग हमें घूरते थे। एक गोरा यूरोपियन मर्द जब एक साँवली इंडियन औरत के साथ चलता है तो एक अजीब जोड़ी बनाता है। वे अपनी ओर कइयों का ध्यान आकर्षित करते हैं। भारत यात्रा के दौरान यह हमें अधिक महसूस हुआ, क्योंकि वहाँ के लोग अधिक जिज्ञासु होते हैं। हम जहाँ कहीं भी जाते थे, लोग समझते थे नीना मेरी ट्रांसलेटर (अनुवादक) है। जब उन्हें पता चलता था कि वह मेरी पत्नी है तो लोग आश्चर्य से भर जाते थे, जो नीना को अधिक आहत करता था।

फिर भी जितना सम्भव होता, हम भरसक एक-दूसरे का साथ देते। मैं नीना के साथ उसके भारतीय मित्रों के घर गया, उसके भारतीय समुदाय के कार्यक्रमों में भाग लिया। वह खुद बहुत धार्मिक नहीं थी मगर जब कभी वह मुझे किसी मठ-मन्दिर जाने को कहती थी, मैं चला जाता था। वह भी मेरे संग ईसाई संगठनों में जाती। मेरे संग उसने चर्च में कई कार्यक्रमों में भाग लिया। 31 दिसम्बर को नववर्ष के आगमन की खुशी में मनाया जाने वाला विशिष्ट 'स्कॉट्स होग्मने' उत्सव में वह मेरे साथ निष्ठापूर्वक शामिल होती। मेरे स्कॉटिश मित्रों से उसने मित्रता की।

नीना व्यवहारकुशल थी। मेरे घर की एक अच्छी पुत्रवधू बनने की उसने पूरी कोशिश की। मेरे कुटुंबीजनों से उसने अपनी तरफ़ से पूरी अन्तरंगता बढ़ाई, विशेषकर मेरी बहन और बेटियों से उसकी खूब पटी। मेरे संग वह स्कॉटलैंड जाने के लिए हमेशा तैयार रहती। वहाँ मेरी बहन, बेटियों व माता-पिता से बड़ी आत्मीयता से मिलती।

उसने जूलिया को अपने पास कोपनहेगन आमंत्रित भी किया। नीना की जिस दिलेरी से मैं सर्वाधिक प्रभावित हुआ, वह थी—उसने अपने घर के दरवाज़े मेरी बेटियों के लिए हमेशा खुले रखे। बल्कि जब भी लूसी व ग्रेसी मेरे पास कोपनहेगन आतीं, वह उत्साह से भर जाती। बड़ी दिलचस्पी से वह उन्हें शहर घुमाती। वह उन्हें मेरी परियाँ पुकारती—''पॉल की परियाँ।''

उस दिन नीना पोस्ट बॉक्स से एक कार्ड निकाल कर मेरे पास लायी थी। ''पॉल यह तुम्हारे लिए है।''

नीना के घर में मेरे नाम से आया वह पहला पत्र था। मैंने कार्ड खोला।

''क्या है?'' कार्ड में झाँकते हुए उसने उत्सुकता से पूछा।

''निमन्त्रण पत्र है। मेरे भाई ने अपने बेटे की कन्फर्मेशन सेरेमनी में हमें बुलाया है।''

''कन्फर्मेशन सेरेमनी!''

रोमन कैथोलिक में दो विशेष धार्मिक अनुष्ठान हैं—हॉली बैपटिज्म और हॉली कन्फर्मेशन। शैशव काल में बैपटिज्म-बपतिस्मा होता है, जब चर्च में शिशु का जल प्रक्षालन करके उसे ईसाई मत के अधीन किया जाता है। इस धार्मिक कृत्य के समय शिशु का नामकरण भी होता है।

किशोरावस्था में कन्फर्मेशन संस्कार होता है, जब उसे औपचारिक रूप से ईसाई घोषित किया जाता है। वह इतना परिपक्व हो जाता है कि स्वयं ही इसकी पुष्टि करता है कि उसे ईसाई मत स्वीकार्य है और वह प्रभु जीजस के साथ एक मजबूत रिश्ता बनायेगा। हम चारों बहन-भाइयों के ये संस्कार हो रखे हैं।

''मैंने सोचा नहीं था कि विलियम इतना धार्मिक होगा कि ये प्रथाएँ अपने बच्चों की पीढ़ी में भी ले जाएगा। जहाँ तक मैं समझता हूँ लूसी व ग्रेसी का ऐसा कोई संस्कार नहीं हुआ,'' मैं नीना से बोला।

''करीना और जोहाना के हो रखे हैं। मगर सब भारतीय संस्कार—नामकरण, अन्नप्राशन... अम्मा-अप्पा की तरफ़ से हुए,'' वह खोये हुए स्वर में बोली। अगले पल ही वह चहक उठी। ''मैं भी तुम्हारे साथ चलूँगी, स्कॉट।''

''तुम्हें जाने की ज़रूरत नहीं है, नीनू,'' मैं उससे बोला।

''तुम नहीं चाहते कि मैं तुम्हारे साथ चलूँ?'' वह नाराज़ होते हुए बोली।

''नहीं, मेरा मतलब यह नहीं है। मैं तुम्हें ईसाई रूढ़िवादी अनुष्ठानों में भाग लेने के लिए बाध्य नहीं करना चाहता। कहीं तुम वहाँ बोर न हो जाओ...।''

"यह एक पारिवारिक आयोजन है, स्कॉट। बस मैं तुम्हारे साथ जा रही हूँ...।" बड़े उत्साह से वह तैयारी करने लगी।

"क्या पहनूँ?"

"कुछ भी पहन लो...।"

"चर्च में स्कर्ट चलेगी?

"हाँ, स्कर्ट तो यूरोपियन महिलाओं की एक औपचारिक ड्रेस होती है।"

"डेनियल के लिए क्या खरीदें?"

"कुछ भी खरीद लो...।

"क्या उम्र है उसकी?"

"पता नहीं।"

"तुम्हें अपने भतीजे की उम्र नहीं मालूम ?"

मैं कुछ कहता कि पास में बैठी करीना तपाक से बोली, "इन्हें अपने बच्चों की उम्र मालूम है, वही बहुत है।"

उसकी टिप्पणी को मैंने भी नज़रअन्दाज किया और नीना ने भी। खैर करीना ने ही सुझाया, "कार्ड में लिखी होगी उसकी उम्र।"

नीना ने कार्ड खोला। "चौदह साल...हूँ...! चौदह साल के लड़के के लिए क्या खरीदा जा सकता है...?"

मैं खामोश रहा। वह अपनी लड़कियों से पूछने लगी, "करीना-जोहाना, चौदह साल के लड़के को क्या चीज़ें पसन्द आती हैं?"

"पता नहीं," दोनों कंधे उचकाते हुए बोलीं।

एक पल बाद करीना ने फिर छींटा कसा, "ऐसा करो...उसके लिए एक स्कार्फ खरीद लो—गुलाबी रंग का...।" कह कर वह खी-खी हँसने लगी, उसके साथ उसकी छोटी बहन जोहाना भी।

"ऐसा क्यों बक रही हो तुम उसके लिए? तुम तो उसे कभी मिली भी नहीं," नीना ने अपनी बेटी को फटकारा।

"किसी को समझने के लिए मिलना ज़रूरी नहीं, मम्मी," जोहाना बोली। "बड़ा चिकना लगता है वह...।"

"अगर मैं उसकी जगह होती तो अपनी 'कन्फर्मेशन' नहीं, 'नोन-कन्फर्मेशन' सेरेमनी करवाती," करीना बोली।

नीना की बेटियों के व्यवहार से मैं क्षुब्ध हुआ। खैर यह तो शुरुआत थी...।

मैं व नीना डेनियल की कन्फर्मेशन सेरेमनी में स्कॉटलैंड गये। हेमिलटन, जहाँ विलियम मेडिकल प्रेक्टिस करता था, के सेंट जॉन चर्च में आयोजन था। मेरा सारा कुटुंब वहाँ उपस्थित था। उसे डेनियल नाम पिताजी, यानी उसके दादाजी के नाम पर ही दिया गया था। माँ-पिताजी सबसे अधिक खुश दिख रहे थे। ऐसे धार्मिक अनुष्ठान उन्हें बहुत भाते थे। हालाँकि वे कभी प्रकट नहीं करते थे, मगर मैं स्पष्ट महसूस करता था कि वे विलियम को मुझसे अधिक सराहते हैं। विलियम, उनका एक सच्चा क्रिश्चयन बेटा, एक कामयाब डॉक्टर, अपने धर्म व रिवाज़ों की कद्र करने वाला, मुझसे अधिक होनहार बेटा है। सबसे बड़ा पुत्र होते हुए भी मैंने उन्हें कई बार निराश किया है।

विलियम व उसकी पत्नी लॉरा बने-ठने मेहमानों का स्वागत कर रहे थे। हमें देख कर दोनों तुरन्त हमारी तरफ़ बढ़े। स्कॉटिश परंपरानुसार मेरे व नीना के गालों पर चुम्बन अंकित किया। लॉरा नीना को अपने से चिपटाते हुए बोली, ''इंडियन बहू... हमें बहुत खुशी है कि तुम भी आयी हो।''

लॉरा नीना का अक्सर उपहास करती। जब भी उससे मिलती, उसे भींच कर वह अपने गले लगाती। 'इंडियन बहू' पुकार कर उसकी खिल्ली उड़ाती। उसका यह अतिरिक्त स्नेह वास्तविक नहीं लगता था।

माँ-पिताजी भी नीना को देख कर बोले, ''अरे नीना, तुम भी आयी हो...। हमें तुम्हें देख कर विशेष तौर पर खुशी हो रही है।''

''अरे नीना, तुम भी आयी हो...'' यह वाक्य नीना को कइयों से सुनने को मिला।

''यहाँ सब लोग मुझे यह क्यों कह रहे हैं? क्या मुझे यहाँ नहीं होना चाहिए?'' वह मायूसी से मुझसे पूछने लगी।

मैं नीना से क्या कहता? मैंने महसूस किया उस समारोह में एक सिर्फ़ नीना के अलावा सब गोरे थे।

खैर धार्मिक समारोह शुरू हुआ। अतिथियों, जो चर्च के अनुयायी व परस्पर मित्र-सम्बन्धी थे, ने काठ के बेंचों पर अपना स्थान ग्रहण किया। धर्माध्यक्ष मंच पर विराजमान हुए। डेनियल मंच की ओर बढ़ा, अपने माता-पिता के साथ। वह दोनों से लम्बा हो गया था। सूट-बूट व टाई लगाये चौदह वर्षीय डेनियल परिपक्व लग रहा था। गले का टेंटुआ, होंठों के ऊपर हल्की-हल्की मूँछें, बड़ी शालीनता से वह धर्माध्यक्ष के सम्मुख खड़ा था। फादर डेविड अपना हाथ डेनियल के सिर पर रख उसे ईसाइयत की दीक्षा देने लगे, उसका अभिषेक करने लगे। सभी लोग मंत्रमुग्ध निहार रहे थे। मैंने पहली बार महसूस किया कि डेनियल कितना जवान व सजीला हो रहा है।

धार्मिक अनुष्ठान के सम्पन्न होने पर सभी ने डेनियल को बधाई दी। उसे उपहार

पकड़ाये। उसे अपने सीने से लगाया। सेंट जॉन परिषद के अध्यक्ष एबिल एक्सट्रोस ने अतिथियों को बताया कि इस अवसर पर डॉक्टर विलियम व उनकी धर्मपत्नी ने प्रभु ईसा के भवन को दो हज़ार पौंड दान किया है। तालियों की गड़गड़ाहट हुई। एबिल एक्सट्रोस ने मुस्कुराते हुए लोगों को डाइनिंग हॉल की तरफ़ बढ़ने के लिए कहा, जहाँ एक बड़ी पार्टी का आयोजन था। लोग एक दूसरे से मेलमिलाप करने लगे, खाने-पीने लगे। नीना भी सभी से मिलने लगी।

''यह ब्लैक ब्यूटी कौन है?'' मैंने एक औरत को नीना के लिए लॉरा से कहते सुना।

''विलियम के बड़े भाई की बीवी है,'' लॉरा बोली।

''कैसे हुआ यह मिलन ?''

''यह एडिनबर्ग घूमने आयी थी। पॉल इसका टूर गाइड था। दोनों एक दूसरे पर फिदा हो गये,'' लॉरा अपनी आँख मारते हुए बोली।

''इंटरेस्टिंग! इसका मतलब प्रेम कहीं भी पनप सकता है।''

जब हम कोपनहेगन लौटने लगे तो नीना हवाई जहाज़ में बुझे स्वर में मुझसे बोली, ''स्कॉट, तुम मुझे सही सलाह दे रहे थे। वहाँ जाकर मुझे महसूस हुआ कि मुझे वहाँ नहीं जाना चाहिए था...।''

हिन्दू, मुस्लिम, सिख, ईसाई होना ही काफ़ी नहीं है। इन्सान का दायरा इससे कहीं अधिक विस्तृत है। इसका एक करारा जवाब मुझे करीना से मिला था। नीना व उसकी बेटियों को परस्पर अंग्रेज़ी में बात करते देख मुझे आश्चर्य होता था। तमिल भाषा तब सुनाई देती थी जब नाना-नानी घर आते थे या हम उनके घर जाते थे। डेनिश भाषा में उनका वार्तालाप प्लम्बर, बढ़ई या सुपरमार्केट के दुकानदारों तक ही सीमित था। हालाँकि मुझे इससे सुविधा ही थी, फिर भी मैंने उनसे पूछा, ''यह तुम आपस में इंग्लिश में बात क्यों करती हो?''

''तो किसमें करें?'' बड़े रूखे स्वर में करीना ने पूछा।

''तुम्हारी एक विरासत भारतीय है और दूसरी डेनिश है। या तो डेनिश में बात करो या फिर अपनी भारतीय भाषा में,'' मैंने तर्क दिया।

''माँ इंडियन, पिता डेनिश, सौतेला बाप स्कॉटिश... हम दरअसल क्या हैं, हम नहीं जानतीं,'' करीना अपने कंधे उचकाते हुए बोली।

मैं निरुत्तर हो गया। मुझे खामोश देख करीना बोली, ''यूरोपियन होना, इंडियन होना, ब्लैक होना, व्हाईट होना... सब पुराने युग की बातें हैं। हमारी आज की पहचान—

हम पृथ्वी ग्रह के बाशिन्दे हैं।''

बहरहाल नीना के दो घनिष्ठ व विश्वसनीय प्रियजन मुझे बेहद पसन्द आये। उनसे मेरी भी आत्मीयता हुई। एक उसके चाचा का लड़का नवीन, नीना से दो साल छोटा, हॉलैंड में रहता था। एक डच महिला से वह विवाहित था। वह नीना से फ़ोन, ईमेल, वट्स-अप पर हमेशा सम्पर्क में रहता था, और उसके हरेक अवसर पर शामिल होता था। नीना उसे अपना भाई कहती थी।

दूसरा आदित्य था जिसे नीना अपना इंडियन फ्रेंड कहती थी। नीना व आदित्य के माता-पिता एक ही समय में भारत से डेनमार्क आकर बसे थे। नीना व आदित्य का जन्म एक ही वर्ष, एक ही महीने में हुआ था, नीना का चार दिन पहले। नीना ने मुझे अपने परिवार की पुरानी एल्बम दिखाई थी। तस्वीरों में गुज़रा जमाना...। शीला देवी व आदित्य की माँ सीमा जोशी दोनों अपने युवाकाल में...। एक तस्वीर में दोनों प्रेगनेंट हैं...। दूसरी तस्वीर में दोनों ने अपने-अपने बच्चों को गोदी में पकड़ा है, पास में प्राम में रखा है।

नीना व आदित्य एक ही स्कूल में पढ़ते थे, उनके स्कूल की तस्वीरें—कैसे वे अबोध बच्चों से क्रमशः बढ़ते हुए वयस्क हो गये, उम्र के हर दौर की उनकी फोटो थी। जब भी नीना के माता-पिता के घर कोई आयोजन होता, जोशी युगल मुझे वहाँ अवश्य दिखता। वे उनके पुराने मित्र थे। नीना के माता-पिता की तरह अब उनकी भी उम्र ढल गयी थी।

दिन ढलने लगा है...। सूरज से तपती धरती ठंडी होती जा रही है। ठंड अगर इस तरह बढ़ती गयी तो कैसे अपने को ठंड से बचाऊँगा? उस बूढ़े को अपना स्वेटर देना मुझे अखरने लगा। लेकिन ध्यान आता है, बैग में मेरी एक गर्म शॉल है। ठंड अगर ज़्यादा लगे तो शॉल लपेट लूँगा। आमेन, सभी इन्तज़ाम तेरे पास है। बढ़ा चल तू अपने गन्तव्य की ओर...।

आईवीएफ—महँगी व थकाऊ प्रक्रिया

पति-पत्नी के रिश्तों की सार्थकता व वैवाहिक जीवन की पूर्णता सन्तान-सुख में निहित है। बच्चे अपने माता-पिता के आपसी प्रेम के 'साक्षात परिणाम' उनके प्रेम का विस्तार और 'फल' होते हैं। मेरी और नीना की गहरी चाहत थी इस फल की प्राप्ति के लिए। अपने अजन्मे, भावी बच्चे को लेकर हम दोनों की अपनी-अपनी अभिलाषायें थीं। मैं एशियन-यूरोपियन गुणसूत्रों के मिलन वाला एक विशिष्ट बच्चा चाहता था। अपनी परदादी के जीनोम-क्रोमोजोम के प्रभाव को अपनी नई पीढ़ी में और पुख्ता करना चाहता था, और वह बेटा चाहती थी।

"लड़का जन्म से आज़ाद होता है। लड़कियों पर कई प्रतिबन्ध लगे रहते हैं," वह मुझसे बोलती।

माह गुज़रते गये...। उसके गर्भवती होने के कोई संकेत ही नहीं। जब दो वर्ष गुज़र गये तो हमारा माथा ठनका। इतना लंबा समय नहीं लगता प्रेगनेंट होने में। डॉक्टर्स के पास गये, अपनी शारीरिक जाँच-पड़ताल करवाई। मुझे तो क्लीन-चिट मिल गयी, बल्कि डॉक्टर ने मेरा स्पर्म काउंट बहुत अच्छा बताया। किन्तु नीना शक के दायरे में आ गयी। डॉक्टर्स बोले, दो बच्चों के जन्म देने के बाद उसका यह बाँझपन अस्पष्टिकृत है।

हमें यह पता चला कि संतानोत्पत्ति की सहज प्राकृतिक प्रक्रिया का एक विकराल समस्या बन जाना क्या होता है। उन युगलों को कितनी अधिक कुंठा होती होगी, जिन्हें सन्तान सहज प्राप्त नहीं होती!

पहले उसने प्राकृतिक उपचार किये—एक्यूपंक्चर, जड़ी बूटी, खुराक व आहार में परिवर्तन। कुछ दिनों के लिए उसने अपनी प्यारी सिगरेट भी छोड़ दी। इन अनुभवों ने उसे लाभान्वित तो किया, लेकिन उसके गर्भवती होने में ये काम नहीं आये।

जब प्राकृतिक तरह से सफलता नहीं मिली तो हमने कृत्रिम गर्भाधान का सहारा लिया। कई प्रजनन तकनीकियों का प्रयोग हुआ। आईयूआई, आईसीआई असफल रहे, तदुपरान्त आईवीएफ—इन विट्रो फर्टिलाइजेशन की नौबत आई। प्रयोगशाला में अंडे व शुक्राणु का कृत्रिमनिषेचन, तदुपरान्त भ्रूण का गर्भाशय में प्रत्यारोपण...। कुल मिलाकर एक-डेढ़ महीना लगता था इस पूरे प्रक्रम में। हमने शादी के साढ़े तीन साल

बाद पहला आईवीएफ करवाया, फिर दूसरा, फिर तीसरा, और फिर चौथा...।

लेकिन हर बार गर्भाशय भ्रूण को अपने अस्तर में समाविष्ट करने में विफल रहा। मेरा बीज उसके गर्भ में नहीं खिल पाया।

कुल मिलाकर, यह विधि इतनी जटिल व महँगी है, शरीर की हीलहुज्जत होती है, धन व्यय होता है और अन्त में निराशा व कुंठा। मुझे तो अपना वीर्य ही देना पड़ता था मगर नीना का सारा स्त्री-चक्र डगमगा जाता था। नियमित रक्त परीक्षण, दैनिक हॉर्मोन इंजेक्शन, निरन्तर चिकित्सीय निगरानी, शारीरिक और भावनात्मक—दोनों रूपों में यह उपचार महिला को तोड़ देता है। नीना को फिर भी मेरे बच्चे की माँ बनने की ललक थी। कहती थी कि जब करीना व जोहाना पैदा हुए, वह तरुणी थी, अनभिज्ञ थी।

उस दिन हम फर्टिलिटी क्लिनिक से घर आये थे। दूसरा आईवीएफ फेल हो चुका था। घर आकर हम चुपचाप, गमगीन सोफे पर बैठे थे।

''अब और आईवीएफ? नहीं,'' मैंने घोषणा की।

''पॉल...'' उसने मुझे हल्के से पुकारा।

मैंने उसकी तरफ़ देखा।

''करीना को मैंने शादी से पहले ही कन्सीव कर लिया था...।''

''मैं जानता हूँ...।''

''मेरे माता-पिता ने मुझे पूरी प्रेगनेंसी के दौरान एक ज़बर्दस्त अपराधबोध से ग्रसित रखा। वे मुझे कुलटा-कलंकिनी कहते थे। और जोहाना के समय ओलिवर से मेरा तलाक चल रहा था...। दोनों प्रेगनेंसी के दौरान मेरी स्थिति बेहद तनावपूर्ण थी। मैं फिर से मातृत्व का अनुभव लेना चाहती हूँ। तुम्हारे बच्चे की माँ बनना चाहती हूँ। एक बेटा चाहती हूँ...'' वह अधीरता से बोली।

बाकी थी ज़िन्दगी की कई हसरतें, उसमें, जलते-बुझते थे उसकी आँखों में कई ख्वाब।

''क्या गारंटी है बेटा होगा?''

''गारंटी तो किसी भी बात की नहीं है। हम बस चांस ले सकते हैं। चांस न लेने से तो कुछ भी नहीं होगा—न लड़का, न लड़की।''

मैं नहीं चाहता था कि नीना बार-बार स्वयं को आईवीएफ की दर्दनाक प्रक्रिया के अधीन करे। इसलिए मैंने दो आईवीएफ की असफलता के बाद इसके लिए इनकार कर दिया था। मगर वह मानी नहीं, मुझसे ज़िद करती रही। उसकी ज़िद पर हम एक साल बाद फिर फर्टिलिटी क्लिनिक गये, दो असफल आईवीएफ और हुए, और फिर वह चालीस की हो गयी। हम दोनों ने बच्चे की बात करनी बन्द कर दी।

एक बात गौरतलब थी...नीना और मैं बेऔलाद नहीं थे। हम दोनों के दो-दो

बच्चे थे। भगवान व भाग्य ने हमें जो कुछ दिया है, उसी को हम सहेजें-सँजोयें। हमारे बच्चों को भी भाई-बहनों की कमी नहीं थी। उधर लूसी व ग्रेसी का अपनी माँ के दूसरे पति से एक भाई था। और इधर करीना व जोहाना का पिता की दूसरी पत्नी से एक भाई व एक बहन थे। भगवान की अनुपम कृपा से उनके अपने पूरे-आधे, सभी भाई-बहनों से सम्बन्ध अच्छे हैं, सो मैंने और नीना ने अपनी सन्तान की कामना छोड़ दी। 'तेरे बच्चे', 'मेरे बच्चे'! यही हमारे बीच गूँजता रहा। 'हमारे बच्चे'—यह वाक्यांश हमारे बीच नहीं आ पाया।

हा! एक काफ़ी लम्बा समय नीना के साथ अच्छा बीता था...। फिर... बहुत लोग शादी करते हैं मगर क्या वे शादी के साथ आने वाले समायोजन, समझौते, त्याग, बलिदान, संघर्ष, परेशानियों के विषय में सोचते हैं? उनके लिए स्वयं को क्या तैयार करते हैं? हर शादी में कुछ न कुछ मसले होते हैं। दो इन्सान, भले ही एक भाषा बोलते हों, जब वे एक-दूसरे के महत्त्वपूर्ण संकेत नहीं समझते तो गलतफहमियाँ उत्पन्न हो जाती हैं। दो औरतों से मैंने विवाह किया, दो-तीन लुगाइयों से मेरे अस्थाई सम्बन्ध भी चले, अपने अनुभवों से कहता हूँ, पति-पत्नी के लिए एक-दूसरे की भाषा से अधिक एक-दूसरे के भावों व संकेतों को समझना अधिक मायने रखता है।

तर्क-वितर्क, तनाव, दो खामोश समानान्तर ज़िन्दगियाँ...। नीना के साथ यह सब शुरू हो गया। रोज़मर्रा की समस्याएँ विकराल लगने लगीं। वह मुझसे कुढ़ने लगी। जिन वजहों से मैं और नीना करीब आये थे, वही वजहें नीना को मुझसे चिढ़ाने लगी थीं। कितनी अजीबोगरीब बात थी!

स्कूल टीचर... फटीचर कह कर वह मेरी खिल्ली उड़ाती। अपने परिचितों को कहने में झिझकती कि उसका पति एक स्कूल अध्यापक है। वह सब सोच कर मेरा मन आज भी कसैला हो जाता है...। मैं और नीना उसके किसी परिचित के घर गये हुए थे। परिचित ने मुझसे पूछा, कि मैं क्या करता हूँ। मैं जवाब देता कि इससे पहले नीना बोली—जिमनेजियम के लेक्चरार हैं।

मुझे यह गवारा नहीं हुआ। मैं जो हूँ वही बताना चाहता था, सो मैं बोल पड़ा, "मैं जिमनेजियम का नहीं, सेकेंडरी स्कूल का टीचर हूँ।" नीना का चेहरा उतर गया। मैंने सच उगल दिया, इसकी नाराज़गी उसके चेहरे पर कई दिनों तक दर्ज रही।

मेरे अपने समाज में तो एक अध्यापक होना गौरव की बात समझी जाती है। मुझे अपने अध्यापन पेशे पर अत्यधिक गर्व है। ग्यारह से सोलह वर्ष के युवाओं के साथ सार्थक समय बिताना मुझे प्रिय लगता है। ऊर्जावान, शक्ति के पुंज, जिनका तरुण मस्तिष्क हर वक्त कुछ न कुछ अन्वेषण करता रहता है,उनको पढ़ाना एक छोटा काम कैसे हो सकता है! नीना पता नहीं किस समाज का नेतृत्व करती थी!

मेरी उम्र भी वह लोगों से छुपाती थी। "भई यह तुम लोगों को मेरी उम्र पाँच-छह साल घटा कर क्यों बताती हो?" मैंने उससे पूछा था।

"सभी को सब कुछ सच बताने की क्या ज़रूरत है?"

"गलत बताने की क्या ज़रूरत है?" मैं उससे तर्क करता।

"तुम्हारी और मेरी उम्र में बहुत फासला है।"

"यह तो तुम्हें शादी के समय देखना था," मैंने आक्रोश भरी आवाज़ में कहा।

वह मुझे दुलारते हुए बोली, "स्कॉट, तुम अड़तालीस के कहाँ लगते हो? अड़तीस के लगते हो...जिस उम्र के तुम लगते हो, वही जुबान पर आ जाती है।"

मैं निरुत्तर हो जाता।

जब कभी मैं अपनी स्कॉटिश पारंपरिक पोशाक, धारीदार स्कर्ट पहनता तो वह मेरी हँसी उड़ाती। हँसती मेरे ऊपर कस कर। पुरुषों के लिए स्कॉटलैंड की राष्ट्रीय पोशाक वास्तव में आज बहुत अधिक पहनी नहीं जाती, मगर मुझे अपनी पारंपरिक स्कॉटिश हाईलैंड पोशाक पर नाज़ है। मैं समझता हूँ, स्कॉटिश पुरुष परिधान, जिसे दुनिया के लोग अपनी-अपनी भाषा में किल्ट, स्कर्ट या लहंगा कहते हैं, दुनिया में सबसे विशिष्ट पारंपरिक पोशाकों में से है। नृत्य प्रस्तुतिकरण के वक्त तो यह मेरे लिये पहनना अनिवार्य है, विशेष अवसरों पर भी मैं यह पोशाक पहन लेता हूँ।

"यह क्या सबके सामने अपना घाघरा पहन कर नाचने लगते हो! औरत जैसे दिखते हो..." वह मुझे उलाहना देती।

कभी नाक-भौं सिकोड़ कर कहती, "यह बीते ज़माने की ड्रेस है।"

"अतीत की सभी चीज़ें खराब नहीं होतीं," मैं दलील देता।

उसने ही मुझे बताया था कि प्रथम विश्व युद्ध के दौरान जर्मन ने स्कॉटिश सैनिकों को 'नरक की देवियाँ' नाम दिया, क्योंकि स्कॉटिश सैनिक जब खाइयों से किल्ट पहने हुए बाहर निकले तो औरतों जैसे दिख रहे थे।

बाद में वह भी मुझे 'नरक की देवी' कह कर चिढ़ाने लगी।

नरक की देवी ! हूँ...!

न जाने क्या-क्या वह मेरे लिये बकती थी, मेरे सामने ही! कई विशेषण तो मैं समझ ही नहीं पाता था। लोगों से मेरी सही उम्र छुपाती थी और पीठ पीछे मुझे चिढ़ाती थी—बुढ़ऊ...। एक दिन उसने खुद ही मुझे उसका अर्थ समझाया कि बुढ़ऊ...मतलब बूढ़ा जो उम्र की वजह से सिरफिरा हो जाता है।

"तुमसे दस साल पहले पैदा होकर मैंने कोई अपराध तो नहीं किया।"

मैं एक उदासी से मुस्कुराया...। नियति का फेर...। नीना मुझसे दस साल छोटी थी मगर आज उसकी मजार पर मैं फूल चढ़ा रहा हूँ। जीवन इतना अप्रत्याशित होता

है। ज़िन्दगी किसको क्या दे दे मालूम नहीं, कौन सा इम्तिहान कब ले ले पता नहीं।

एक बात और... । जब तुम एक लम्बे अर्से तक अकेले रहते हो तो समझ नहीं पाते कि किसी को तुम प्रेमवश चुन रहे हो या अपने अकेलेपन से त्रस्त होने की वजह से। मुझे महसूस हुआ कि नीना ने एक जुनून में फैसला लिया था। वह अपने अकेलेपन से घबरा गयी थी। उसे कोई चाहिए था। फिर जब मैं उसे जंचा नहीं तो मेरा परित्याग कर दिया। मगर उसने मुझसे अथाह प्रेम किया, इसमें भी मुझे तनिक सन्देह नहीं। कितनी ही बातें हैं जो उसका प्रेम प्रकट करती हैं... ।

जब भी वह कुछ पकाती थी, सबसे पहले मुझे देती थी। देने से पहले खुद चखती थी कि कैसा बना है। अगर स्वाद अच्छा नहीं होता था तो मुझसे कहती थी—"मत खाओ। मैं तुम्हारे लिए फिर से बनाती हूँ।" मैं हँस पड़ता। मुझे उसकी यह अदा बहुत पसन्द आती थी।

जब भी हम बाज़ार जाते, वह औरतों के कपड़ों की दूकान के आगे नहीं, आदमियों की दूकान के आगे रुका करती थी।

"यह तुम मेल क्लॉथ शॉप पर हमेशा क्यों रुका करती हो? हमारा घर तो लड़कियों का घर है.... ।"

"लड़कियों का सामान खरीदते-खरीदते उकता चुकी हूँ। बहुत दिनों बाद ज़िन्दगी में कोई पुरुष आया है..." वह मुझे प्यार से निहारते हुए बोलती।

वह स्टाइलिश थी। ऑनलाइन शॉपिंग से भी मेरे लिए उपहार खरीदा करती थी—जैकेट, शॉर्ट्स, पैंट, शर्ट, कार्डिगन, स्वेटर, घड़ी, वॉलेट... । मैंने उसके लिए उतना नहीं खरीदा जितना उसने मुझे खरीद कर दिया। मगर एक बार मैं अपने स्कूल की तरफ़ से टर्की गया था। वहाँ से उसके लिए शेर की खाल व खरगोश के फर का एक महँगा कोट लाया था। "तुमने तो स्कॉट, एक ही बार में सब चुका दिया..." हर्षमिश्रित आश्चर्य से वह कोट को निहारते हुए बोली थी। कितने दिनों तक वह उसी कोट को पहनती रही, जब तक वह पुराना नहीं हो गया।

यह सब प्रेम ही तो था... । अपना प्रेम साबित करने के लिए उसे कोई अपना हृदय चीर कर थोड़े ही दिखाना था। क्या मैं उससे प्रेम करता था? निःसन्देह! आज भी करता हूँ। मेरा प्यार सच्चा था। उसकी वजह से ही मैं अपना देश छोड़, अपने बंधु-कुटुंबी जनों, अपनी बेटियों से दूर कोपनहेगन आकर बस गया था। नीना के संग उदात्त प्रेम और गहरा विषाद—दोनों का ही मुझे अनुभव हुआ।

कुछ प्रश्न मेरे मन-मस्तिष्क में जब-तब चीत्कार करते हैं। क्यों? क्यों हमारे तकरार हमारे प्यार पर हावी होने लगे? क्यों वह मुझ पर खीजने लगी? क्यों मेरी आदतों पर उसे कोफ़्त होने लगी? मेरी हर हरकत पर उसे झुंझलाहट होती। मेरी बोलने

की आदत थोड़ी ज़्यादा है। वह कुढ़ते हुए कहती—"जिस सवाल का जवाब एक सेकेण्ड में दिया जा सकता है, तुम आधा घंटा क्यों लगाते हो? इतना समझाने की क्या ज़रूरत? पूछने वाला कोई बुद्धू थोड़े ही है।"

"पूछने वाला नहीं, मैं हूँ बुद्धू... मैं हूँ निखट्टू...जिसने तुमसे प्यार किया, शादी की...अपना सब कुछ छोड़कर तुम्हारे पास आ गया..." मैं झल्ला जाता।

वह और कुढ़ जाती। हमारी विवाहित ज़िन्दगी तबाही की तरफ़ बढ़ने लगी...।

गगनमण्डल में सूर्य पश्चिम की ओर बढ़ते हुए अस्त होने के लिए चला गया है। अपनी असंख्य तूलिकाओं से आकाश को नानाविध रंगों से रंगते हुए अदृश्य हो रहा है। क्षण-प्रतिक्षण अँधेरा बढ़ता जा रहा है। रात पूरी पसर जाए, इससे पहले ज़रा इंटरनेट पर आगे का मार्ग देख लेता हूँ। मैं एक गोलघेरे में बने बैंच पर बैठ गया। कंधे पर चढ़ा बैग उतार कर स्वयं को हल्का किया। अपनी जैकेट की जेब से आईफ़ोन निकाला। मन में एक गहरी संतुष्टि समाई हुई है। आज मैं कुछ अनूठा कर रहा हूँ। नीना की पुण्यतिथि पर मन्दिर की पदयात्रा करके पुण्य कमा रहा हूँ, और आशिकों के लिए प्रेम की एक मिसाल छोड़ रहा हूँ। मैं मुस्कुराया।

नक्शे को मैंने पलभर के लिए पढ़ा, फिर आईफ़ोन पर गूगल क्लिक कर आगे का मार्ग देखने लगा। कोई छह-सात मिनट लगे होंगे मुझे गूगल में रास्ता देखने-समझने में। उठा तो देखा बगल से बैग नदारद है। मैं हतप्रभ! मैंने इधर-उधर देखा, बैग कहीं भी नहीं। कहाँ गया मेरा बैग? कहाँ गया...? पास में एक युवती नज़र आयी।

"आपने कहीं काले रंग का एक शोल्डर बैग देखा?" मैंने उससे पूछा।

उसने इन्कार में गर्दन हिलाई।

"मुझे मेरा बैग नहीं दिख रहा। काले रंग का था," मैं हताशा से बोला। चार-पाँच लोग और मेरे इर्द-गिर्द इकठ्ठे हो गये। मैं सभी को बताने लगा, "मैं यहाँ पर बैठा हुआ था—इस जगह। फ़ोन पर आगे का रास्ता देख रहा था। पाँच-सात मिनट ही लगे होंगे...। बैग मेरे बगल में था...।"

"लगता है आप जब अपने आईफ़ोन पर तल्लीन थे, कोई आपका बैग चुरा ले गया..." एक नौजवान मेरी बात काटते हुए बोला।

"कैसे कोई मेरी बगल से मेरा बैग चुरा सकता है?" मैं हैरानी से बोला।

"आजकल दुनिया में कोई भी जगह सुरक्षित नहीं है। डेनमार्क भी बहुत असुरक्षित हो रहा है। आपको चौकन्ना रहना चाहिए था," युवती बोली।

हे भगवान! मेरे तीर्थ का साथी, मेरा बैग गायब हो गया। मेरे बैग में मेरा सब

कुछ था... । मैंने अपना वालेट भी बैग में डाल दिया था कि लम्बी पदयात्रा में अपनी जेबें हल्की रखूँ। वालेट में दो हज़ार क्रोनर थे, मेरे क्रेडिट कार्ड थे, मेरा ड्राइविंग लाइसेंस। मैं याद करने लगा, और क्या-क्या मेरे बैग में था...। खाने-पीने की चीज़ें, दवाएँ, टार्च, शॉल। मेरे आईफ़ोन का चार्जर, मेरे घर की चाबियाँ, मेरी बरसाती, जो मैंने रेस्टोरेंट से अपने लिये सैंडविच बँधवाया था...। सबसे महत्त्वपूर्ण चीज़ मेरी शेरवानी ड्रेस जो मैं भारत से अपने लिये खरीद कर लाया था—खादी सिल्क का कुरता-पायजामा और मफलर। नीना ने ही खरीदवाई थी यह पोशाक मुझे। मैंने सोचा था उसकी पुण्यतिथि पर वही ड्रेस मैं पहनूँगा। मैं व्याकुल सा हो गया।

"आप पुलिस में रिपोर्ट लिखवा दीजिये," एक नौजवान मुझे बोला। "पुलिस स्टेशन यहाँ से बस पाँच मिनट की दूरी पर है।"

"सबसे पहले आप अपने क्रेडिट कार्ड ब्लॉक करवाइए," दूसरे ने मुझे सलाह दी।

मैंने अपना सिर पकड़ लिया। मुझे किसी पर नहीं, अपने पर क्रोध आ रहा है। मैं इतना लापरवाह हो रहा हूँ। किसी ने मेरी बगल से मेरा बैग खिसका लिया और मुझे भान तक नहीं हुआ। नीना भी मुझ पर नाराज़ हो जाती थी कि मैं हर वक्त अपने आईफ़ोन व इंटरनेट पर उलझा रहता हूँ। मेरे आसपास क्या हो रहा, मुझे सुध नहीं रहती।

हम बार्सिलोना (स्पेन) घूमने गये थे...। हॉप-ऑन व हॉप-ऑफ बस से हम सिटी टूर ले रहे थे। मैं अपने आईफ़ोन पर इंटरनेट लगा बार्सिलोना के अन्य टूरिस्ट आकर्षण की खोज कर रहा था और फोटो भी खींच रहा था। नीना मेरे बगल में खामोश बैठी थी। शायद मेरा सारा ध्यान फोटोग्राफी और आईफ़ोन पर ही केन्द्रित हो गया था। वह नाराज़ होकर बीच में ही बस से उतर कर होटल लौट आयी थी, मुझे भी उसके पीछे-पीछे आना पड़ा। होटल के कमरे में आकर वह रोने लगी। "यह भी घूमना हुआ...? सारा ध्यान तुम्हारा अपने मोबाइल या नक्शों में ही लगा रहता है। कोई तुम्हारे साथ है, इसका तुम्हें ध्यान ही नहीं रहता।"

मुझे उसका गुस्सा समझ में नहीं आ रहा था। वह चिल्लाती रही, मैं चुपचाप सुनता रहा। रात में हम एक ही बिस्तर पर विपरीत दिशाओं में अपने सिर किये मूक लेटे रहे। मैंने उसे रात में उठकर गोली खाते भी देखा—शायद नींद की दवाई ली होगी, कभी-कभी वह खाती थी, जब उसे नींद नहीं आती थी। मगर मैं नि:शब्द, निर्विकार रहा।

थोड़ी देर में वह बड़बड़ाई, "मैं तुम्हें नहीं समझती, तुम मुझे नहीं समझते। लेट् अस सेपरेट!" मैं कुछ बोला नहीं मगर उसका वाक्य मेरे दिमाग में बजता रहा—लेट् अस सेपरेट।

दूसरे दिन वह बहुत देर तक बिस्तर से उठी नहीं, मुँह ढाँपे लेटी रही। मैं उसके उठने का इन्तज़ार करता रहा। मैं नहा-धो लिया, चाय भी पी ली। वह उठ ही नहीं रही। अन्ततः मैं उसे मनाते हुए उठाने लगा। उससे मज़ाक करने लगा, "अब इस उम्र में मैं कहाँ जाऊँ? कौन मिलेगा मुझे इस बुढ़ापे में... ? नीना गुस्सा थूको और उठो...।"

वह उठ कर मुझसे लिपटते हुए बोली, "अगर यही बात तुम कल शाम कह देते तो रात बेकार नहीं होती...।"

मैंने पुलिस स्टेशन जाकर रिपोर्ट दर्ज की। पुलिस के दस सवाल—आपने चोर को देखा? बैग में क्या-क्या था? चीज़ों की कीमत क्या रही होगी? अगर दो हज़ार क्रोनर से अधिक कुछ गँवाया होगा तभी केस बनेगा।

"हम कोशिश करेंगे, मगर चोर का मिलना बहुत ही मुश्किल है। रोमानिया, पोलैंड, मेकेडोनिया वगैरह पूर्वी यूरोपीय देशों के चोरों का यहाँ एक गिरोह है। बड़े नियोजित ढंग से ये चोरी करते हैं। अपने मुल्कों से ये लड़के किसी तरह यहाँ पहुँच जाते हैं। नौकरियाँ तो इन्हें मिलती नहीं, चोरी करने लगते हैं।" पुलिस ने जब यह बताया तो न जाने क्यों मन में एक तसल्ली मिली कि भले ही चोर के पास सही, किसी ज़रूरतमन्द के पास मेरा बैग गया है। वह चोरी करने के बजाय मुझसे माँग लेता। बेचारा!

खैर मैं अब खाली हाथ था। मेरे पास कुछ भी नहीं था, सिर्फ़ आईफ़ोन और नक्शे के। कल कैसे मैं वापस कोपनहेगन लौटूँगा? मैंने अपनी जेबें टटोलीं। कुछ सिक्के मिल गये। किस्मत से ऊपर की जेब में दो सौ क्रोनर का एक नोट भी मिल गया, कभी मैंने वहाँ डाला होगा। मगर इतनी मुद्रा शायद घर लौटने के लिए पर्याप्त नहीं होंगी। सहसा मुझे ध्यान आया कि कोपनहेगन से कई लोग कल मन्दिर कार से पहुँचेंगे। किसी न किसी से लिफ्ट मिल ही जायेगी...।

चोर के प्रति हमदर्दी होने के बावजूद मैं निराश था, मगर अपनी निराशा को अपने ऊपर हावी नहीं होने देना चाहता था, और समय से मन्दिर पहुँच जाना चाहता था। लोगों से बातचीत व पुलिस रिपोर्ट लिखवाने में वैसे ही काफ़ी समय गँवा चुका था। मैं मन्दिर का रास्ता नापने लगा। थोड़ी दूर पर मुझे एक कियोस्क नज़र आई— नमस्ते मुम्बई! पानी की बोतल खरीद लेता हूँ, आगे काम आएगी, सोचते हुए मैं कियोस्क में घुस गया। एक हिन्दुस्तानी रंग-रूप का व्यक्ति काउन्टर पर बैठा है।

"पानी की एक बोतल कितने की है, भाई?"

"ग्यारह क्रोनर की।"

मैं अपनी जेब से सिक्के निकाल कर गिनते हुए दुकानदार को थमाने लगा। "माफ़ करना। छोटे सिक्के पकड़ा रहा हूँ। मेरा बैग चोरी हो गया है," मैं दुखी भाव से बोला।

वह मेरे प्रति सहानुभूति से भर गया। "कहाँ पर?"

"यहाँ से एक फर्लांग की दूरी पर जो गोलघेरा है, मैं वहाँ एक बेंच पर बैठा था, अपने आईफ़ोन से अपने आगे का रास्ता तलाश रहा था कि किसी ने मेरी बगल से मेरा बैग खिसका लिया। डेनमार्क भी इतना असुरक्षित देश हो गया।"

"लोग भारत और पाकिस्तान के चोरों को बदनाम करते हैं। मगर यूरोप के चोर-उच्चके तो बड़े उस्ताद हैं," दुकानदार बोला। "वे इतने मंझे हुए हैं कि लोगों की आँखों के सामने से ही उनकी चीज़ें सरका लेते हैं और पता भी नहीं चलता। मुझे आपसे पानी के पैसे नहीं चाहिए," वह मुझे सिक्के लौटाते हुए बोला।

मेरे बहुत आग्रह पर भी उसने मुझसे पानी के पैसे नहीं लिये। उसका यह भाव मेरे दिल को छू गया। दुकानदार को शुक्रिया अदा कर मैंने अपना रास्ता पकड़ा।

घड़ी में समय देखा। रात्रि के ग्यारह बज चुके हैं। मुझे सुबह ग्यारह बजे से पहले हर हाल में मन्दिर पहुँचना है। और असली परीक्षा अब शुरू हुई है। शहर की चहल-पहल खत्म, सूर्य अस्त,पथ अपरिचित, अंधकार, रास्ता सुनसान, और मैं निहत्था...।

हेलूलुइया! हेलूलुइया!

टूटा हुआ घर

''सिंगल-पेरेन्ट-होम...। पश्चिमी देशों में यह शब्दावली बहुत प्रचलित है। मगर हमारे भारत में ऐसे घरों को टूटे हुए घर कहते हैं। एक टूटे हुए घर की ज़िम्मेदारी लेना बहुत बड़ी बात है। क्या तुम इसके लिए तैयार हो, बरखुरदार?'' डॉक्टर रामचन्द्र का कथन अक्सर मुझे याद आ जाता। नीना के घर दो-चार दिन एक मेहमान बन कर रहना अलग बात थी। ऊपरी तौर पर सब बहुत अच्छा लगता था। दो सुन्दर बेटियाँ, सामर्थ्यवान माँ, साधनसम्पन नाना-नानी, समर्पित नैनी...। मगर जब मैंने वहाँ स्थाई तौर पर रहना शुरू किया तो उसके परिवार का परिदृश्य, घर की गतिशीलता मुझे समझ में आई। उसके घर के कमज़ोर पक्षों का मुझे पता चला, और मुझे लगा नीना का घर वाकई एक टूटा हुआ घर है, जिसका मैं एक हिस्सा बनने आ गया था।

कैसे मैंने सब कुछ इतना सरल समझ लिया था! मैंने सोचा था, करीना और जोहाना ऐसी ही बालिकाएँ होंगी जैसी लूसी व ग्रेसी हैं। मगर वे लूसी व ग्रेसी से बहुत अलग थीं। यूरोपीय व भारतीय गुणसूत्रों के समन्वय से दोनों बहुत रूपवान थीं, अपनी माँ से कहीं अधिक, किन्तु उनके व्यवहार, व्यक्तित्व व प्रवृत्तियों में मुझे बहुत ऐब नज़र आते थे। मानसिक रूप से वे अस्त-व्यस्त लगती थीं।

बात-बात पर चीखना-चिल्लाना, ज़ोर-ज़बरदस्ती अपनी बातें मनवाना। उद्दंड, हठी लड़कियाँ, हर वक्त अपनी स्वतंत्रता पर ज़ोर देना, अपनी माँगें रखना। चहकती-खिलखिलाती तो लूसी व ग्रेसी भी हैं, किन्तु उनकी हँसी व खिलखिलाहट में जहाँ सरसता होती है, वहीं करीना व जोहाना के चहकने-खिलखिलाने में कोलाहल। मुझे उनका रवैया आक्रामक व विद्रोही लगता था,व्यवहार अभद्रतापूर्ण। अगर ज़रा सी मन की ना हो तो गुस्से से अपनी आँखें तरेरतीं, फूँकारतीं। उनके घर नैनी भी बदलती रहती थी। लड़कियों का मिज़ाज देख कर कोई भी चार-छह महीने से अधिक टिकती नहीं थी।

जोहाना दिन भर ऐसा व्यवहार करेगी जैसे वह बहुत सयानी है, उसे किसी के मार्गदर्शन या सलाह की ज़रूरत नहीं। अपनी माँ का वह कोई भी कहना नहीं मानेगी। मगर रोज़ रात में अपनी माँ से कहेगी कि वह उसके साथ सोये, जब तक उसे नींद

नहीं आ जाती। रात में जब कभी उसकी नींद उचट जायेगी तो अपने कमरे से चिल्लायेगी—"मम्मी नींद नहीं आ रही, मेरे पास आओ।" नीना चुपचाप मेरे बगल से उठकर जोहाना के कमरे में चली जायेगी। मैं यह देख कर हैरान था कि नीना इतनी शान्त कैसे रहती है। उस वक्त मुझे जोहाना की चिल्लाहट शेर की दहाड़ लगती और नीना का चुपचाप मेरे बगल से उठकर उसके पास जाना एक मेमने की मिमियाहट लगती थी। मुझे अचरज होता कि नीना, इतनी रौबीली औरत अपनी बेटी के आगे क्यों पस्त हो जाती है। क्यों वह अपनी बेटी की यह धौंसपट्टी सहती है? क्या सभी माताएँ ऐसी होती हैं!

मुझे याद आता है...। लूसी व ग्रेसी अपनी गर्मियों की छुट्टियों में कोपनहेगन आयी हुई थीं...। घर में चार लड़कियाँ...घर भरा-भरा लगता था। उस दिन हमारा शाम को टिवोली गार्डन जाने का कार्यक्रम था। हमने बालिकाओं से वादा किया था कि हम उन्हें टिवोली गार्डन घुमाने ले जायेंगे। मगर सुबह मुझे व नीना को अपने किसी परिचित से मिलने जाना पड़ा, वह ओस्लो से आया हुआ था, और उसने अपने सभी पुराने मित्रों को मिलने के लिए एक रेस्तराँ में बुलाया हुआ था। हमने लड़कियों से कहा कि हम एक-डेढ़ घंटे में लौट आयेंगे, वे तैयार रहें।

मगर हमें वहाँ देरी हो गयी। एक-डेढ़ घंटे की बजाय तीन-चार घंटे लग गये। लूसी व ग्रेसी ने तो वस्तुस्थिति को समझते हुए कुछ नहीं कहा, बल्कि हमारे विलम्ब को उन्होंने बहुत ही सामान्य लिया। उन्हें यह समझ थी कि बड़ों की भी अपनी कुछ आवश्यकताएँ व प्राथमिकताएँ होती हैं। कई सामाजिक इकरारनामे उन्हें निभाने पड़ते हैं। मगर करीना और जोहाना...क्या कहूँ? बेहद नाराज़ हो गयीं। अपना मुँह फुला लिया। मुझसे व नीना से बातचीत उन्होंने बन्द कर दी। टिवोली गार्डन जाने के लिया साफ़ मना कर दिया, कि अब वे कहीं नहीं जायेंगी। ताना मारने लगीं, "बस अपने आप मौज-मस्ती करो, हम बच्चों को भुला दो...।"

मैं और नीना उन्हें मनाते रहे कि हमारे पास अभी भी काफ़ी वक्त है, टिवोली गार्डन रात के दस बजे बन्द होता है, हम वहाँ जा सकते हैं, घूम सकते हैं। लूसी व ग्रेसी ने भी उन्हें मनाया, मगर दोनों लड़कियाँ टस से मस नहीं हुईं। बल्कि उनसे आग्रह करना, बर्र के छत्ते में हाथ डालने जैसा था। लूसी व ग्रेसी भी मायूस हो गयी। पूरा दिन चौपट हो गया। मुझे उन लड़कियों की हरकतों में बेहद अपरिपक्वता नज़र आई। हैरत तब अधिक हुई जब नीना ने उन्हें डाँटने के बजाय उन्हें 'सॉरी' कहा।

मेरे मानदंड अलग हैं। बच्चों की उचित बात पर प्राण हाज़िर हैं। अनुचित बात को अंधे होकर मान लेने को मैं बुद्धिमता का परिचायक नहीं मानता। मेरे अनुसार किशोरों के किसी भी उजड्ड व्यवहार को शह नहीं देनी चाहिए। अगर वे गलत आचरण

करते हैं, तो उन्हें एक अर्थपूर्ण सजा अवश्य मिलनी चाहिए। उन्हें यह अहसास करवाने की आवश्यकता है—हे...अपने को लाटसाहब न समझो। सब कुछ तुम्हें तश्तरी में परोस कर नहीं मिलेगा। सब कुछ तुम्हारी मर्जी से नहीं चलेगा। तुम कोई विशेष या विलक्षण नहीं हो। तुम्हारे माता-पिता तुम्हारे सेवक नहीं हैं। भावनात्मक ब्लैकमेल करने की ज़रूरत नहीं। हो क्या तुम? दसवीं पास भी नहीं! दो पैसे कमाने का हुनर नहीं! यह तेवर किस बात के? अनुशासन में रहो, तहजीब से बात करो। अगर अनुशासनहीनता करोगे तो दंड मिलेगा।

करीना के साथ किशोरावस्था का वह चरण अस्थायी रहा। जहाँ वह सत्रह-अठारह की हुई वह समझदार हो गयी। अपनी ज़िन्दगी को लेकर सजग हो गयी। आज के युग में कोई नवयुवती अगर अपनी ज़िन्दगी के सभी अनिवार्य कार्य सही समय, सही प्रकार व सही क्रम में कर ले तो मैं समझता हूँ वह काबिले तारीफ़ है। करीना ने अपनी ज़िन्दगी के सभी कार्य समय पर व समुचित ढंग से सम्पन्न किये। पढ़ाई, कैरियर, शादी और बच्चा...। सब सटीक समय पर, सही क्रम में, इसलिए मन ही मन मैं उसका कायल रहा। फिर बारहवीं के बाद वह पढ़ने के लिए लंदन चली गयी थी। पढ़ाई पूरी करने के बाद वहीं नौकरी करने लगी। संयोग से उसे वहाँ एक डेनिश ब्यॉयफ्रेंड भी मिल गया था। सो अधिकतर वह घर से दूर रही तो मुझसे उसका सामीप्य भी कम रहा, और मनमुटाव भी उससे कम रहा।

समस्या हमेशा जोहाना रही। मेरी समझ में आज भी वह एक समस्या है। शुरू से ही वह गर्म मिज़ाज, थी, बल्कि मैं कहूँगा अशिष्ट थी। अक्सर उसके स्कूल से शिकायत आती कि वह अपना होमवर्क नहीं करती। स्कूल में बद्तमीजी करती है। अध्यापकों को जवाब देती है। घर में भी उसके आने का कोई निश्चित समय नहीं था। नीना उसे कुछ भी नहीं कहती थी, उल्टा अगर मैं कुछ कहता तो वह मुझसे रूठ जाती। जोहाना का बचाव करने लगती।

देर रात तक उठे रहना। मोबाइल, आईपेड, किन्डल वगैरह में लगे रहना। एक दिन जोहाना स्टडी में कंप्यूटर पर काम कर रही थी। कंप्यूटर ऐसे ही खुला छोड़ कर चली गयी। मैं लेपटॉप बन्द करने लगा कि ठहर गया। मेरा एक सहयोगी अपने अनुभवों से कहता था कि किशोर आयु के बच्चों पर पूरा-पूरा भरोसा नहीं करना चाहिए। उनकी डायरी, कॉपी-किताबें, स्कूल बैग, ईमेल्स सब जांचते रहना चाहिए। वे किन से मिलते हैं, कौन उनके यार-दोस्त हैं, किन्हें वे फ़ोन करते हैं, सबका हिसाब रखना चाहिए। मैं कंप्यूटर स्क्रीन पर पढ़ने लगा। जोहाना अपनी किसी सहेली से फेसबुक पर चैटिंग कर रही थी।

सहेली—मेरी सौतेली माँ ऑफिस से घर आते ही मुझ पर और मेरे भाई

पर चिल्लाती है...।

जोहाना—क्यों?

सहेली—पता नहीं। हमसे नफरत करती है वह। हमें वह ज़रा भी नहीं सुहाती।

जोहाना—मुझे भी अपना सौतेला बाप पसन्द नहीं। बहुत स्वार्थी है वह। मेरी कमियाँ ढूँढता रहता है। मुझसे तो सीधे कुछ नहीं कहता। मगर मेरे पीठ-पीछे मेरी माँ से मेरी शिकायत करता है।

सहेली का सुझाव—अगर स्टेप डैड अच्छा नहीं लगता तो अपने डैड के पास रहने चली जाओ।

जोहाना—कैसे चली जाऊँ? मैं नहीं तय कर सकती। फिर अपने डैड के साथ मैं कभी नहीं रही। उनका अपना एक अलग परिवार है...। पर मैं उन्हें फ़ोन करती रहती हूँ। फेस टाइम व स्काइप पर भी बात करती रहती हूँ...।

मैं भौचक्का रह गया। जोहाना मेरे बारे में ऐसा लिख रही है...। मैं तो जोहाना को अपनी बच्ची की तरह प्यार करता हूँ। यहाँ तक कि जब लोग मुझसे पूछते हैं कि मेरे कितने बच्चे हैं, मैं अपने चार बच्चे बताता हूँ। अपने स्कूल में मैंने सभी को कह रखा है कि मेरी चार बेटियाँ हैं।

हाँ, उनकी गलत हरकतों पर उन्हें टोकना मैं अपना फर्ज समझता हूँ। बच्चों को स्वतन्त्रता देने से पहले उन्हें सही मूल्य देने ज़रूरी हैं, ताकि वे सही राह चुन सकें। मैंने जोहाना की बातों पर गूढ़ मनन किया। दूसरे दृष्टिकोण से सोचा। शायद जोहाना ठीक ही कह रही है, मुझे उसके पीठ-पीछे नीना से उसकी शिकायत या बुराई करने के बजाय उससे सीधे बात करनी चाहिए। अगर मैं करीना व जोहाना को अपनी सन्तान समझता हूँ तो उनसे सीधे बात करूँ, उनकी माँ के ज़रिये नहीं।

जब भी मुझे जोहाना की कोई बात अखरती, नीना से कहने की बजाय मैं सीधे उसे टोकने लगा। मगर स्थिति इससे और बिगड़ती गयी। उस दिन जोहाना बहुत देर से घर लौटी थी। नीना तो सोने चली गयी थी। मैं लिविंगरूम में बैठा उसके घर लौटने की प्रतीक्षा कर रहा था। मैंने उसे कई बार फ़ोन भी किया कि वह कहाँ है। क्या मैं उसे लेने आ जाऊँ? मगर हर बार फ़ोन बन्द। क्या हैं ये आजकल के बच्चे...? बताते भी नहीं कि आधी रात तक कहाँ नदारद हैं।

जोहाना पूरे बारह बजे घर लौटी। मुझे लिविंगरूम में बैठे देख ठिठकी। "आप अभी तक सोये नहीं?" मुझसे पूछा।

"तुम्हारा इन्तज़ार कर रहा हूँ। पाँच बार फ़ोन भी किया, मगर फ़ोन लगा नहीं।"

"ओह मेरे मोबाइल की बैटरी खत्म हो गयी थी, और आपको मेरा इन्तज़ार करने की ज़रूरत नहीं। मैं मम्मी को बता कर गयी थी कि कहाँ जा रही हूँ और कब

तक घर लौटूँगी।''

जिस अन्दाज़ में उसने मुझे यह कहा, मुझे खला, मगर मैं खामोश रहा। वह फटाफट सीढ़ियाँ चढ़ कर अपने कमरे में चली गयी।

मुझे उसके लक्षण, उसकी चाल-ढाल ठीक नहीं लग रहे थे। कहीं यह लड़की किन्हीं गलत राहों में तो नहीं जा रही। मुझे चिन्ता थी। आज वह जिस हालत में घर लौटी है, मुझे शक है कि वह किसी गलत स्थान से होकर आ रही है...।

रह-रह कर मैं उसके कमरे की तरफ़ देखता रहा, बिजली निरन्तर जल रही थी। मैंने सोचा था, वह अपने कमरे में जाकर कपड़े बदल कर सो जायेगी। मगर उसके कमरे में जलती बत्ती को देख कर लग रहा था कि वह अभी तक जाग रही है। वह सो क्यों नहीं रही? अभी तक लाईट जला कर क्या कर रही है। रात का एक बज चुका है। कल सुबह उसे स्कूल भी जाना है। उसके स्कूल से वैसे ही शिकायत आ चुकी है कि पहले पीरियड में वह क्लास में सोती रहती है।

सोचते हुए मैं उसके कमरे तक गया। हल्के से दरवाज़ा खोल कर देखा—बिस्तर पर अधलेटे हुए वह फ़ोन पर किसी के साथ बात कर रही थी। उसने अपने कपड़े तक नहीं बदले थे।

मुझे गुस्सा आ गया। ये बच्चे पहले घर देर से लौटते हैं, फिर अपने फ़ोन पर लग जाते हैं...। किस दिशा की ओर जा रहे हैं ये...?

''सो क्यों नहीं रही? कल क्या स्कूल नहीं जाना?'' मैंने पूछा।

उसने गर्दन उठाकर मेरी तरफ़ देखा। एक सपाट जवाब—''नींद नहीं आ रही है...।''

''बन्द करो फ़ोन, और सो जाओ। नींद अपने आप आ जायेगी,'' मैं उस पर गुर्राया।

उसने मेरी बात को ज़रा भी तवज्जो नहीं दी। फ़ोन पर लगी रही।

''जोहाना, अगर तुमने फ़ोन बन्द नहीं किया तो मैं इसे जब्त कर लूँगा।''

उसे मेरी चेतावनी का कुछ फर्क नहीं पड़ा। मेरे आदेश का उसने सरासर उल्लंघन किया।

मैंने उसके हाथ से फ़ोन छीनने के लिए अपने हाथ बढ़ाये कि वह अपनी सहेली से बोली, ''तारा, मैं तुमसे बाद में बात करती हूँ।''

फिर मेरी तरफ़ हिकारत से देखते हुए आदेशात्मक स्वर में बोली, ''मेरे कमरे से बाहर निकलो। देख नहीं रहे मैं किसी से बात कर रही हूँ...।''

''अच्छा! यह लो...।'' मैंने उसके हाथों से फ़ोन खींच लिया। वह बौखला गयी। मुझ पर कस कर चिल्लाई—''मेरा फ़ोन मुझे वापस दो। यह मेरी प्रॉपर्टी है। आपको

कोई हक नहीं है किसी की पर्सनल चीज़ लेने का... ।''

''जब बच्चे आसानी से मिली सहूलियतों का गलत उपयोग करने लग जाते हैं तो अभिभावकों को कंट्रोल करना पड़ता है... ।''

''मैं कोई मिसयूज नहीं कर रही हूँ... । ज़रूरी बात कर रही हूँ।''

''वह मैं देख रहा हूँ... । मुझसे कह रही थी कि फ़ोन की बेटरी खत्म हो गयी। अब कहाँ से एकदम से फ़ोन चार्ज हो गया ?''

''यह वह फ़ोन नहीं है। यह दूसरा फ़ोन है। यहाँ मेरे कमरे की दराज में रखा हुआ था। वह फ़ोन देखो यह है—डेड है।''

हमारी तेज़ बहस से नीना जाग कर जोहाना के कमरे तक आ गयी थी। मैंने पलट कर उसे देखा। कुछ कहने को होने लगा कि जोहाना एकदम से बोल पड़ी—''मम्मी मुझे नींद नहीं आ रही थी। मैं अपनी फ्रेंड तारा से बात कर रही थी। उससे कल के होमवर्क व क्लासेस के बारे में पूछ रही थी और इन्होंने मेरे कमरे में आकर मेरे हाथों से मेरा फ़ोन खींच लिया, साथ में अपने नाखूनों से मेरे हाथ भी खरोंच दिये... । तारा पर भी कितना खराब इम्प्रेशन पड़ा होगा...'' कहते हुए वह अपने हाथ मसलते हुए रो पड़ी।

मैं हतप्रभ... । लड़की ने एकदम अलग तरह से बात की प्रस्तुति कर मुझे मुजरिम करार दिया। मुझे कठघरे में ला कर खड़ा कर दिया। नीना ने तुरन्त आगे बढ़ कर अपनी बेटी को अपने सीने से लगा लिया। जोहाना अपनी माँ से लिपट कर हिचकियाँ ले लेकर रोने लगी।

मैं कुछ कहने लगा तो नीना हाथ उठाते हुए मुझसे सख्त शब्दों में बोली—''तुम अपने कमरे में चलो, मैं आती हूँ... ।''

मैं खामोश जोहाना के कमरे से निकल अपने कमरे की ओर बढ़ गया। चुपचाप बिस्तर पर बैठ कर नीना का इन्तज़ार करने लगा। मैं स्तब्ध था। आधे घंटे उपरान्त नीना जब कमरे में लौटी तो मैंने पूछा, ''कैसी है जोहाना ?''

''ठीक है अब... ।''

मैं अपनी सफाई में कुछ कहने लगा तो नीना बोली, ''पॉल मैं नहीं जानती कि गलती किसकी है, मगर मैं देख रहीं हूँ, तुम्हारी जोहाना से बिलकुल नहीं निभ रही... ।''

''मेरी जोहाना से नहीं निभ रही... ! यह तुम मुझ पर कैसा इल्ज़ाम लगा रही हो ? वह लड़की हर वक्त बदतमीज़ी से बात किया करती है। न उसे कुछ अदब है, ना ही बड़ों का कोई लिहाज़ है... ।''

''पॉल, एक बात तुम कान खोल कर सुन लो—अगर मुझे तुम्हें व जोहाना में से किसी एक को चुनना पड़े तो मैं जोहाना को चुनूँगी। मेरे लिये मेरे बच्चे सर्वोपरि हैं।''

"तुम्हें वह सब क्यों नहीं दिख रहा जो मुझे दिख रहा है?" मैंने तल्खी से नीना से पूछा। "कुछ दिनों से जोहाना का रवैया मुझे बिलकुल भी ठीक नहीं लग रहा...वह आज पता नहीं कहाँ से होकर घर लौटी है...।"

"मैं सब जानती हूँ...। मैं उसकी माँ हूँ, पॉल! समझने की कोशिश करो... जोहाना का बाल्यकाल एक सामान्य बच्चों के बाल्यकाल की तरह नहीं बीता...। हमें उससे अलग तरीके से, प्यार से पेश आना चाहिए।"

"उसे सिर्फ़ प्यार की नहीं, अनुशासन, ज़िम्मेदारियों की भी आवश्यकता है। उसे कर्तव्यों का एहसास करवाओ। शिष्टाचार सिखाओ, उस पर कुछ ज़िम्मेदारियाँ डालो। अगर कोई चुनौती ही नहीं होगी तो बच्चे सीखेंगे कहाँ से ?"

"मैं तो भूल ही जाती हूँ कि तुम एक अध्यापक हो। तुम्हें उपदेश देने की आदत है," वह अट्टहास करते हुए बोली।

मैं खामोश हो गया। नीना की बेटियों के मामलों में मैंने अपना दखल कम कर दिया। मगर जब नीना जोहाना के लिए एक पर्सनल कम्प्यूटर खरीदने लगी तो मैंने अपनी खामोशी फिर तोड़ी। मैंने उसे बहुत मना किया कि अभी जोहाना सिर्फ़ चौदह साल की है, इतनी जल्दी उसे पर्सनल कम्प्यूटर मत थमाओ। लड़की इसकी एडिक्ट हो जायेगी। और फिर वही हुआ...।

जोहाना को कंप्यूटर का हद से अधिक उपयोग करते देख मैंने उसके कंप्यूटर में के-9 वेब सुरक्षा डाल कर इंटरनेट पर 'पैरेंटल कंट्रोल' लगा दिया। दस बजे के बाद जोहाना की ऑनलाइन गतिविधियाँ बन्द, खतरनाक साइटों को ब्लॉक और ऑनलाइन बदमाशी से उसकी रक्षा।

"यह इंटरनेट काम क्यों नहीं कर रहा ?" वह इतनी बैचेन हो गयी, उस शाम जब उसने अपने लैपटॉप पर इंटरनेट के लिए लॉग-इन किया और स्क्रीन पर आया— नो सर्विस। विचलित, तिलमिलाती हुई सी वह अपना लैपटॉप थामे-थामे मेरे व नीना के कमरे में आई। मुझे इंटरनेट में काम करते देख वह और बौखला गयी। "अरे आप इंटरनेट पर हो, इसका मतलब इंटरनेट काम कर रहा है," वह हैरान हो बोली।

मैं मुस्कुराने लगा। वह और हैरत में। "यह क्या हो रहा है इस घर में, मुझे बताओ," वह चीखी।

नीना ने उसे बता दिया कि मैंने उसके कंप्यूटर पर 'पैरेंटल कंट्रोल' लगाया है। तब क्या था...। वह पागलों जैसे रोने लगी। जैसे कोई तीखे दर्द से बिलबिला जाता है, वैसे तिलमिला गयी। क्या नहीं बका उस छोकरी ने मुझे...। मेरी तरफ़ खूँखार नज़रों से देखते हुए पूछने लगी, "आप इतने कठोर क्यों हो? आप एक स्कूल-टीचर हो, इसका मतलब यह नहीं कि आप हमारे घर में भी अपने स्कूल का अनुशासन

बना कर रखोगे... ।''

जिस लहज़े में उसने 'हमारा' कहा मुझे खटक गया। इसमें मुझे यह बोध हुआ कि यह घर नीना व उसकी बेटियों का है और मैं वहाँ एक गैर हूँ। 'बात यह नहीं है कि तुम उन्हें अपनाते हो, बात यह है कि वे तुम्हें अपनाती हैं कि नहीं... ' रामचन्द्र के प्रश्न, मेरे कानों में गूँजने लगे। उन्हें नीना के घर की समूची स्थिति का भान था, तभी तो उन्होंने मुझसे ऐसे प्रश्न किये थे।

''पॉल, हटा दो पैरेंटल कंट्रोल' उसके कंप्यूटर से,'' नीना मुझसे आग्रह करने लगी, अपनी बेटी को कुछ कहने के बजाय वह हर बार मुझे ही समझाती थी। हार कर मुझे उसके कंप्यूटर से पैरेंटल कंट्रोल हटाना पड़ा।

एक स्कूल अध्यापक होने के कारण, बच्चों के रंग-ढंग, चाल-चलन मैं बखूबी पढ़ लेता था। आखिर अपनी ज़िन्दगी का इतना अधिक समय मैं बच्चों के साथ बिताता था। मुझे पूरा आभास था, जोहाना सही दिशा की तरफ़ नहीं जा रही और अगर उसे अभी नहीं रोका गया तो बाद में बहुत देर हो जायेगी। मगर मेरी स्थिति घर में बहुत नाजुक थी। मैं सौतेला बाप था। न तो मेरे पास कोई कानूनी हक थे, न ये कन्याएँ मुझे कुछ समझ रही थीं। फिर उनका जैविक पिता भी बीच-बीच में अपनी दखलंदाजी कर, अपनी बेटियों की ज़िन्दगी में अपनी उपस्थिति का भान करवाता था। इस पर भी मैं आँखों देखी मक्खी नहीं निगल सकता था।

मुझे शक पहले से ही था, वह पीती है। मैं उसे दो-तीन बार अपनी माँ के सिगरेट के डिब्बे से सिगरेट चुराते हुए देख चुका था। फिर जब एक दिन मैंने उसे सिगरेट सुलगाते हुए अपनी आँखों से देख लिया तो मुझसे नहीं रहा गया। मैंने सिगरेट उसके मुँह से बाहर खींची, और उसे कस कर डाँट दिया—''खबरदार... ! जो इसे फिर कभी सुलगाया और मुँह के अन्दर डाला।''

वह बिफर पड़ी, ''आप क्यों मुझे डाँटते-फटकारते हो। आप मेरे पापा नहीं हो।'' और फिर ''फक्क यू...'' कह कर तेज़ी से घर से भाग गयी।

मैं निहायत चकित रह गया। इतनी भद्दी गाली! 'फक्क यू!' इतना अभद्र व्यवहार! मैंने इन लड़कियों को पाला है। इनका असली बाप उनके जन्मदिन पर भी नहीं आता। मुझे अच्छी तरह याद है... । सन 2008 की गर्मियों में हम चारों—नीना, करीना, जोहाना व मैं अमेरिका घूमने गये थे। जोहाना तब तेरह साल की रही होगी। उस रात जब हम बोस्टन में थे तो जोहाना को अपेंडिक्स का दर्द शुरू हो गया। रात भर वह उल्टियाँ करती रही, पेटदर्द से तड़पती रही। उसे बोस्टन चिल्ड्रन हॉस्पिटल में भर्ती करना पड़ा। ऑपरेशन के बाद मैंने नीना व करीना को सोने भेज दिया, और मैं रात भर जोहाना के बगल में बैठा उसकी देखभाल करता रहा। दूसरी सुबह नर्स ने

मेरी प्रशंसा में कहा भी—"व्हाट ए डेडिकेटेड डैड!" ओलिवर को हमने उसके ऑपरेशन की खबर दी थी, मगर एक रूखी ईमेल उसकी आयी थी कि वह नहीं आ सकता।

बहरहाल उस दिन जोहाना से बहस के बाद ओलिवर का मुझे फ़ोन आया। मुझे चेतावनी दी—मैं उसकी बेटियों करीना व जोहाना से न उलझा करूँ।

मैं और भी हक्का-बक्का रह गया। ओलिवर को कैसे मालूम? जोहाना ने ही अपने बाप से मेरी चुगली की होगी।

"देखो, मैं कोई गैर नहीं हूँ। उनकी माँ का पति हूँ। इस घर में वे मेरी ज़िम्मेदारी हैं। यह मेरा दायित्व है कि मैं उन्हें सही शिक्षा दूँ। गलत राह पर चलने से उन्हें रोकूँ," मैंने ओलिवर से कहा।

"तुम्हारी भावनाएँ नेक हैं। इरादे बुलंद हैं। बस तुम्हें यह नहीं मालूम कि बच्चों की परेशानियों से कैसे निपटना चाहिये। तुम्हें उनके साथ सही सलूक करना नहीं आता।"

"तो तुम मुझे यह सिखाओगे?" मैंने तल्खी से पूछा।

"मेरी समझ से तुम अपने बच्चों के साथ कभी रहे नहीं। बच्चों के साथ दो-तीन हफ्तों के लिए किसी खूबसूरत रिज़ॉर्ट में छुट्टियाँ बिताना अलग बात है, उन्हें पालना अलग बात है। तुम नहीं जानते कि बच्चे कैसे पाले जाते हैं। जवान हो रहे बच्चों से कैसा बर्ताव करना चाहिये...।"

"यह मुझे कम से कम तुमसे सीखने की ज़रूरत नहीं है," मैं बोला और फ़ोन काट दिया। मैं क्रोध से भर गया था।

'अगर मुझे जोहाना और तुममें से एक को चुनना पड़े तो मैं जोहाना को चुनूँगी,' कई बार नीना मुझे बोल चुकी थी। उसने मुझ पर यह आरोप भी लगाया कि मैं उसकी बेटी के प्रति संवेदनशील नहीं हूँ। हर समय उसे टोकता रहता हूँ, डाँटता-फटकारता हूँ। उसे प्यार नहीं करता। एक पिता की तरह उसके नाज-नखरे नहीं उठाता।

"अरे बच्चों को सिगरेट पीने से वही तो टोकेगा, जो खुद सिगरेट नहीं पीता। जो खुद ही सिगरेट के धुएँ का व्यसनी है वह बच्चों को क्या शिक्षा देगा?" मेरे गहरे कटाक्ष से नीना तिलमिला गयी।

अभी भी मुझे उसका चेहरा याद है... कैसा विकृत हो गया था—स्याह। बोली कुछ नहीं थी, खामोश रही। उस दिन के बाद से उसने घर में सभी के सामने सिगरेट पीना बन्द कर दिया था। मगर वह चोरी-छिपे पीती थी। उसके मुख से सिगरेट के धुएँ की महक आनी बन्द नहीं हुई थी। एक दिन जब वह बड़ी देर तक मुझे घर में नज़र नहीं आयी तो मैं बाहर लॉन में गया।

वह अपनी वाटिका में कत्सुरा पेड़ के नीचे आराम से बैठे हुए, तने का टेक लिये सिगरेट पी रही थी। यह हार्डवुड पेड़ उसके बगीचे का सबसे प्यारा पेड़ था और उसे बहुत प्रिय था। मुझसे बोली थी, जब वह यह घर खरीदने आयी थी तो यह पेड़ एक खास वजह थी जो उसने इस घर को पसन्द किया। पुराने मकानमालिक ने उसे घर दिखाते हुए इस पेड़ की महत्ता बताई थी कि यह जापान का मूल निवासी है और ठंडे या शीतोष्ण, किसी भी जलवायु में उग सकता है। कत्सुरा नाम भी जापानी है।

उसके गार्डन में चार-पाँच पेड़ रोपे हुए थे, किन्तु यह कत्सुरा थोड़ा हट कर रोपा हुआ था—सभी से अलग, एकाकी खड़ा, नीले अम्बर को छूते हुए। नीना पेड़ का आलिंगन लेती, उसकी हिफाजत करती, उसके तने पर बैठ कर विश्राम करती। मैंने एक पेड़ से इतना लगाव रखने वाला इन्सान पहले कभी नहीं देखा था।

"नीना..." मैंने उसे आवाज़ दी। "यहाँ इतनी रात में बैठे हुए क्या कर रही हो?"

मुझे देखते ही उसने फटाफट अपनी सिगरेट ज़मीन पर रगड़ कर बुझाई, और उठ कर खड़ी हो गयी।

"बस कुछ नहीं, ऐसे ही ठंडी हवा में...।"

"अच्छा... ठंडी हवा में गर्म सिगरेट के सुट्टे लिये जा रहे हैं..." मैंने उसे ताना मारा।

उसके चेहरे पर अपराध बोध आ गया। "क्यों यह जहरीला धुँआ निगल कर अपनी उम्र कम कर रही हो...?"

"ज़्यादा जी कर करना क्या?" वह हौले से बोली।

"अपने अक्खड़ माता-पिता से कहो यह जाकर...अपनी नखरीली बेटियों से कहो यह जाकर...कि मुझे ज़्यादा नहीं जीना...।" मुझे बेहद गुस्सा आ गया।

क्या है जीवन! मनुष्य को जीवन से हज़ारों अपेक्षाएँ, कामनाएँ, लिप्साएँ, तृष्णाएँ आदि रहती हैं। जीवन के संघर्ष ने असंतोष का ऐसा वातावरण निर्मित किया है जिसमें आज के अधिकांश व्यक्ति चाहे वे पृथ्वी में कहीं भी जीवन निर्वाह कर रहे हैं, निराशा और कुंठा से भर रहे हैं। एक विचित्र छटपटाहट है सभी के भीतर। नैराश्य और अनास्था के अंधकारमय वातावरण में आस्था की डोर थामे मैं जीवन में स्नेह, आशा, शान्ति, सहानुभूति और आनन्द की मुरली टेरते हुए मन्दिर की तीर्थयात्रा पर निकला हूँ। आज जीवन संघर्ष में विजय पाने का एक मार्ग तय करना चाहता हूँ। हेलूलुइया!

गैर ज़िम्मेदाराना पूर्व पति

यदि आप एक ऐसी औरत से शादी करते हैं, जो पहले शादीशुदा थी और पूर्व पति से उसके बच्चे भी हैं, तो पत्नी का पूर्व पति आपके जीवन में ज़रूर दखलंदाजी करेगा। हालाँकि, ओलिवर ने अपना दूसरा परिवार बसा लिया था। अपने पूर्व परिवार से उसे कोई विशेष सरोकार नहीं रह गया था, फिर भी परिवार में उसका कोई प्रभाव नहीं है, यह नहीं कहा जा सकता था।

ओलिवर के बारे में मैं काफ़ी कुछ पहले ही सुन चुका था। उससे प्रत्यक्ष तौर पर पहली बार मैं करीना के अठारहवें जन्मदिन पर मिला था। वह चालीस वर्ष पार कर चुका था, जवानी में कैसा रहा होगा, मैं इसका अनुमान लगा रहा था। नीना ने मुझे बताया था कि ओलिवर उसका पहला प्यार था। अभी तो उसके सिर के बाल उड़ रहे थे, तोंद बाहर निकल रही थी। वह इतना सफेद लगता था कि जब किसी सफेद दीवार के आगे खड़ा होता तो दीवार के रंग से उसके चेहरे का भी रंग मेल खा जाता था। कोई रंगत ही नहीं चेहरे पर। मेरा मन करता था कि उससे पूछूँ कि क्या वह सिर्फ़ सफेद मैदे की डबलरोटी ही खाता है, फल-सब्जियाँ नहीं खाता। नीना गहरे सांवले रंग की थी। एक यूरोपियन व इंडियन के त्वचा-रंगों में स्पष्ट भिन्नता होती है, मगर उन दोनों के रंगों में तो ज़बरदस्त विरोध था। कैसे वे एक दूसरे के प्रति आकर्षित हुए?

वह भी नीना की तरह कैंब्रिज का था, इसलिए प्रतिभाशाली तो रहा ही होगा। मगर मुझे वह एक चुस्त-फुर्तीला नहीं, वरन बेडौल, बदरंग, एक ढीला-ढाला इन्सान लगता था। शायद जवानी में खूबसूरत रहा होगा, कुछ फुर्ती रही होगी इसके बदन में, जब नीना उसकी तरफ़ आकर्षित हुई होगी।

नीना ने एक बहुत बड़ा पार्टी हॉल बुक करवाया था,अपनी बेटी करीना के जन्मदिन के आयोजन के लिए। मुझसे भावुक स्वर में बोली, ''वयस्कता हासिल होने पर बच्चों की ज़िन्दगी से माता-पिता का प्रभुत्व हट जाता है। कानूनी व वैधानिक तौर पर वे परिपक्व व स्वतंत्र हो जाते हैं। उन्हें अपने दस्तावेज़ों पर माता-पिता के हस्ताक्षर की आवश्यकता नहीं पड़ती। वे बालिग हैं, अपने जीवन के अहम फैसले

लेने के लिए माता-पिता की अनुमति की आवश्यकता नहीं। इसलिए डेनिश, समाज में माता-पिता अपने बच्चों का अट्ठारहवाँ जन्मदिन बड़ी गर्मजोशी से मनाते हैं—हमने तुम्हें पाल-पोस लिया। अब तुम आज़ाद हो, पनपने-खिलने के लिए... ।''

करीना के स्कूल की पूरी क्लास, नीना व उसके माता-पिता के डेनिश व इंडियन मित्र मिलाकर अस्सी-नब्बे के करीब लोग थे। नीना को अपने माता-पिता का आर्थिक, शारीरिक व भावनात्मक, हर रूप में पूरा-पूरा सहयोग था। मुझे लगता था, जो कुछ नीना की ज़िन्दगी ने सहेजा-समेटा हुआ है वह उसके माता-पिता के कारण है।

मैं, करीना का सौतेला बाप भी अपनी तरफ़ से पूरी तरह लगा हुआ था। केक का ऑर्डर, हॉल बुकिंग, हॉल की सजावट, केटरिंग वगैरह का इन्तज़ाम करने में मैं नीना की तत्परता से मदद कर रहा था। इसके अतिरिक्त नीना ने मुझे एक वीडियो फिल्म बनाने का भी ज़िम्मा सौंप दिया। करीना की जन्म से लेकर अट्ठारह वर्ष तक की तस्वीरों को इकठ्ठा करके एक फिल्म बनाना, जोकि मेहमानों को प्रोजेक्टर से स्क्रीन पर दिखानी थी। मुझे बहुत समय व बड़ी मेहनत लगी वह वीडियो फिल्म बनाने में। अपने स्कूल के आई.टी. टेक्नीशियन की भी मदद लेनी पड़ी। खैर फिल्म बन गयी, अन्य सारे इन्तज़ाम भी हो गये थे।

ओलिवर अपने दो छोटे बच्चों (दूसरी पत्नी से जन्मे) को लेकर जन्मदिन समारोह में ठीक मौके पर पधारा। उसके दोनों बच्चे अबोध बालक थे और अचम्भित से टुकुर-टुकुर इधर-उधर निहार रहे थे। समारोह में स्पीच का भी कार्यक्रम था। सबसे पहले करीना का एक दोस्त स्पीच देने माइक के पीछे खड़ा हुआ। ''करीना को फुटबाल खेलना बहुत पसन्द है। वह भी अनुपयुक्त जगहों पर। हम फुटबॉल की वजह से ही मिले थे, जब एक दिन उसने स्कूल की लाइब्रेरी में फुटबॉल खेलते हुए मेरे चेहरे पर दे मारी।''

सब लोग हँस पड़े। दोस्त अपनी आँख पर हाथ रखते हुए बोला, ''आज भी उस फुटबॉल की मार की वजह से मेरी दायीं आँख फड़कती है। खैर वह अपनी फुटबॉल लेने मेरे पास आई। वह बहुत शर्मिंदा थी। उसने मुझसे माफ़ी माँगी—सॉरी! पर उसने मुझ पर फुटबॉल मार कर बहुत अच्छा किया, फुटबाल की वह मार हमें करीब लायी।''

अन्तिम व्यक्ति ओलिवर जब खड़ा हुआ, सभी लोग अपनी कुर्सियों पर थोड़ा सजग होकर बैठ गये। ध्यान लगा कर एक पिता को सुनने लगे। एक सन्नाटा सा छा गया। वह स्पीच देने में माहिर था। बड़ी भावनात्मक स्पीच दी उसने।

''देवियो और सज्जनो! सबसे पहले मैं आप सभी को मेरी बेटी के जन्मदिन की पार्टी में आने के लिए शुक्रिया अदा करता हूँ। एक सप्ताह पहले करीना मेरे पास

आयी थी और मुझसे पूछा, ''पापा मेरे अट्ठारहवें जन्मदिन पर एक छोटी सी स्पीच देना चाहोगे।''

''उस समय मैंने प्यार से कहा—''ठीक है, पर मैं अन्दर तक हिल गया। मुझे अपनी बढ़ती उम्र का तकाज़ा हुआ। मुझे अपनी बेटी के लिए पार्टी का आयोजन करना चाहिए था। मगर हर बार उसकी माँ मुझसे जीत जाती है...।''

''मैं नीना और पॉल को भी धन्यवाद देना चाहता हूँ जो मेरी बेटियों की इतनी अच्छी परवरिश कर रहे हैं। नीना एक महान माँ हैं। मुझे यह देख कर बड़ा हर्ष व गर्व होता है कि करीना और जोहाना, दोनों सुन्दर, परिपक्व व प्रतिभाशाली लड़कियाँ हैं। उनका व्यक्तित्व इतना निखरा हुआ है... जीवन में अट्ठारहवाँ साल एक मील का पत्थर है। मुझे वह दिन याद आता है, जब करीना बेटा, तुम पैदा हुई थीं और मैंने तुम्हें अस्पताल में पहली बार देखा था। उस सुन्दर, छोटे और कमज़ोर शिशु से तुम एक मजबूत और स्वतंत्र स्त्री के रूप में विकसित हो गयी हो। आज तुम हमारे सम्मुख एक सुन्दर व प्रतिभाशाली तरुणी बन कर खड़ी हो, जो कभी-कभी अपनी हरकतों से हमें चिन्तित भी कर देती है...।''

सब लोग ताली बजाते हुए हँस पड़े। ओलिवर हर्ष से फूला न समाया। लोगों की हँसी थमने के बाद ओलिवर फिर आरम्भ हुआ, ''मुझसे अधिक तुम्हारे जीवन में तुम्हारी माँ का योगदान रहा है। मुझे अपनी ज़िन्दगी में अगर कुछ अफ़सोस है, वह यह कि मुझे अपनी बेटियों को पालने का अवसर नहीं मिल पाया। मगर मैं हर हाल में तुम्हारा पिता हूँ, इस तथ्य को कोई नकार नहीं सकता। माता-पिता का प्यार किसी पैमाने में नहीं मापा जाता। मैं तुम्हें तुम्हारे उज्ज्वल भविष्य के लिए अपना आशीर्वाद व शुभकामनाएँ देता हूँ। तुम हमेशा खुश रहो, प्रगति के पथ पर अग्रसर रहो, और सफलता की बुलंदियों पर पहुँचो। मैं उम्मीद करता हूँ, एक दिन तुम्हारे बच्चे तुम्हें इतनी ही खुशी देंगे जितनी तुमने हमें दी है...।''

करीना तीर की तरह ओलिवर की तरफ़ भागी और सभी के सम्मुख उसने अपने जन्मदाता पिता को चूम लिया। ओलिवर अपनी डबडबाई आँखें पोंछने लगा।

''ऊँ...।'' कइयों के मुख से सिसकी उभरी।

नाटकबाज! मैं मन ही मन बोला। कुछ बातों का तो मैं चश्मदीद गवाह हूँ...। बच्चों के स्कूल के महत्त्वपूर्ण दिवसों की हमेशा उसे सूचना दी जाती है, वह हमेशा कोई ना कोई बहाना बना कर टाल देता है। बच्चों को कभी कोई उपहार भी नहीं देता। उनकी स्कूल फ़ीस व खर्चों से उसे कोई मतलब नहीं। एक बार नीना ने कोर्ट के जरिये उस पर उनकी स्कूल फ़ीस देने का दबाव डाला तो चार महीने तक बच्चों की फ़ीस नहीं गयी। अन्त में, जब स्कूल से एक करारा नोटिस आया तो हार कर नीना को ही

उनकी स्कूल फ़ीस जमा करनी पड़ी।

चिल्ड्रन हॉस्पिटल, बोस्टन में जब जोहाना का अपेंडिक्स का ऑपरेशन हुआ था और वह ओलिवर के लिए 'डैडी' 'डैडी' पुकारने लगी थी तो ओलिवर को मैंने खुद फ़ोन कर सूचित किया था। बड़ा रूखा जवाब दिया उसने—'मेरे पास न इतने पैसे हैं और न समय है कि मैं बोस्टन आ सकूँ। तुम इतने सारे लोग हो तो वहाँ उसे देखने के लिए...। मेरे वहाँ आने की क्या ज़रूरत है...।'

अब यहाँ ओलिवर अपने भाषण द्वारा यह जतलाना चाह रहा है कि वह कितना असहाय था, मजबूर था...। ड्रामेबाज...अपनी बेटियों के लिए कुछ ना करके भी उसने सभी की सहानुभूति बटोर ली, अपनी बेटियों की भी।

ओलिवर के भाषण के बाद जब मुझे उससे बात करने का मौका मिला तो मैं उससे बोल ही पड़ा, "तुम एक बहुत अच्छे कलाकार हो...।"

"क्या मतलब?" वह बोला।

"तुमने बड़ी खूबी से अपनी विवशताएँ जतलाईं।"

ओलिवर तल्खी से मेरी तरफ़ देखते हुए बोला, "आर यू नॉट सैलिंग द सेम बोट?— क्या तुम भी उसी नाव में सवार नहीं हो जिसमें मैं हूँ...?"

सौन्द्रा और मेरी नहीं निभी और हम अलग हो गये, यह एक अलग बात है, मगर मैंने नैतिकता कभी नहीं छोड़ी। लूसी व ग्रेसी का पूरा खर्चा मैं हर माह सौन्द्रा के बैंक अकांउट में निष्ठापूर्वक जमा करता रहा। जितना सम्भव होता है लूसी व ग्रेसी के साथ समय बिताता हूँ। उन क्षणों को अधिकतम आनन्ददायक बनाने की कोशिश करता हूँ। मेरे और सौन्द्रा के सम्बन्ध विच्छेद के पश्चात जो कुछ भी श्रेष्ठ उन परिस्थितियों में हो सकता था, मैंने करने की भरसक कोशिश की।

मैंने करीना व जोहाना को कभी अपने पिता के पास जाकर रहते हुए नहीं देखा, जैसे लूसी व ग्रेसी मेरे पास नियमित रूप से आकर रहा करती हैं। मैं ओलिवर की तरह अपनी ज़िम्मेदारियों से भागा नहीं। सो उसमें और मुझमें बहुत अन्तर था।

मैं उससे कहना चाहता था—'ओलिवर तुझमें और मुझमें बहुत फर्क है। तू अपनी तुलना मुझसे मत कर...।'

मगर नीना की नज़र हम दोनों पर पड़ी। हम दोनों को एक साथ देख वह सशंकित हो गयी। तुरन्त हमारे पास आई। यह पढ़ने की कोशिश करने लगी कि हम क्या बात कर रहे हैं। हम दोनों ही खामोश हो गये थे।

"आप दोनों यहाँ क्या कर रहे हो? चलो खाना खाने, खाना लग गया है," वह हमसे बोली।

ओलिवर मेरे कंधे पर हाथ रख कर बोला, "मैं आपसे उसी व्यवहार की अपेक्षा

करूँगा जो आप अपनी पूर्व पत्नी के पति से करते हो।'' फिर वह नीना के साथ हो लिया। मैं मन मसोस कर दोनों को एक साथ जाते हुए देखता रहा।

नीना गर्दन मोड़ कर मुझसे परेशान मुखमुद्रा में बोली, ''ये यहाँ एक मेहमान हैं...।''

''हाँ-हाँ, पूरा ध्यान रखो अपने मेहमान का...'' मैं कुढ़े स्वर में बोला।

ओलिवर व मैं भले ही एक ही नाव में सवार थे पर हमारी पतवारें अलग-अलग थीं, मेरी पतवार नाव खे रही थी और उसकी पतवार नाव को हिचकोले दे देकर डुबो रही थी।

ओस्तेद आ गया है। मुझे मालूम है यहाँ ताज़े पानी का एक झरना है। मेरा गला सूख गया है, और मेरी बोतल, जो मुझे नमस्ते मुंबई के कियोस्क वाले ने मुफ्त में दी थी, खाली हो चुकी है। नक्शे को मैंने पढ़ने की कोशिश की कि झरना किस दिशा में होगा। मैं दायीं तरफ़ मुड़ गया और चंद डग भरते ही मुझे झरने की सनसनाहट सुनाई पड़ने लग गयी। मैं झरने के करीब गया। भरपूर पानी पीया—गटागट। पाषाण खंडों से प्रवाहित होते झरने का जल बेहद निर्मल लगा—तृप्तिदायक। ठंडे पानी के छींटे मैंने अपने मुख पर मारे। अपनी बाँहें धोयीं, अपनी बोतल पानी से भरी, और चल पड़ा...। हेलूलुइया!

मानसून

शीला देवी, जैसे दो ज़िन्दगियाँ थीं—एक घर की व एक शोरूम की। शोरूम में वह सभी तरह की पोशाकें पहनती थी—जींस, शर्ट, पेंट, ब्लेज़र। घर पहुँच कर पाश्चात्य पोशाक उतार कर अपने भारतीय लिबास, साड़ी में आ जाती। शोरूम में अंग्रेज़ी व डेनिश बोलती थी, घर में तमिल। शोरूम में मैडम थी। उनके मातहत काम कर रहे कर्मचारी उन्हें मैडम पुकारते थे। घर आकर वह एक निहायत ही साधारण गृहिणी बन जाती। 'नीना की अम्मा', रामचन्द्र पत्नी को पुकारा करते, और वे उन्हें पुकारतीं—'नीना के अप्पा।'

एक बात मैंने महसूस की कि शीला देवी व डॉक्टर रामचन्द्र एक-दूसरे से हमेशा बड़े अदब से बात किया करते थे। एक-दूसरे के साथ वे बहुत खुश लगते थे, चाहे घर में हों या शोरूम में। पति-पत्नी के बीच बड़ा अन्तरंग और सौहार्दपूर्ण रिश्ता था। उनके घर का वातावरण भी अत्यंत परिमार्जित था। जब कभी मेरा डॉक्टर रामचन्द्र के साथ बैठना होता, धर्म, दर्शन, अध्यात्म व देश से सम्बन्धित कोई न कोई प्रसंग छिड़ जाता। वे इन सबकी अनूठी व्याख्या करते। धर्म को हमारी रोज़मर्रा की ज़िन्दगी से जोड़ देते। साधारण बातों की भी असाधारण व्याख्या करने लगते। मेरी उनसे बहस भी हो जाती, मगर स्वस्थ बहस, जिसमें मुझे भी आनन्द आता और उन्हें भी।

उनके हाथ में जाम और मेरे हाथ में कोक, बीच में स्नैक्स—कुछ सूखे, कुछ गीले।

मुझे डॉक्टर रामचन्द्र से काफ़ी कुछ सीखने को मिला। वे अनुभवों से भरे थे, उनके भीतर कितने ही जीवन समाये हुए थे। मैं उन्हें ध्यानपूर्वक सुनता। उन्हें भी शायद कोई सुनने वाला मिल गया था। मुक्त हृदय से वे मुझे अपना अर्जित ज्ञान बाँटते। मुझसे कहते—"पति-पत्नी को जीवनपर्यन्त एक साथ प्रेम नहीं, प्रतिज्ञा रखती है। वचनबद्धता, कटिबद्धता, एक-दूसरे का ताउम्र साथ निभाने की शपथ उन्हें एक साथ रखती है। हम हिन्दुस्तानी तलाक की कभी नहीं सोचते, भले ही कत्ल की सोच लें।"

एक प्रश्न जो बचपन से मेरे मनमस्तिष्क में मंडरा रहा था—भगवान आखिर क्या हैं—इसका जवाब भी मुझे उन्हीं से मिला। उन्होंने मुझे बताया, "सभी धर्म भगवान

के अस्तित्व को बहुत सीमित करके रखते हैं, जबकि भगवान का अस्तित्व बहुत विस्तृत व गहन है। भगवान किसी स्वर्ग लोक या पाताल लोक के सिंहासन पर नहीं बैठे हैं, किसी शेषनाग पर नहीं चढ़े हैं, किसी कमल पर नहीं विराजे हैं, और ना ही किसी सूली से लटके हुए हैं। जीजस, मोहम्मद अथवा राम नाम तक ही भगवान सीमित नहीं हैं। जगन्नाथ असीमित है। सब जगह, हर जड़ या चेतन वस्तु में विद्यमान हैं। हर प्राणी के अन्दर देव है। हमें सिर्फ़ अपने हृदय के भीतर झाँकना है ईश्वर को पाने के लिए।''

बस एक कमज़ोरी थी डॉक्टर रामचन्द्र में। उन्हें पीने की लत थी। कभी-कभी वे बहुत पी जाते थे—ठर्रा चढ़ा कर मस्त हो, नशे के सुरूर में अपने परिवार की पोलपट्टी खोलने लगते जो शीला देवी व नीना को बैचेन कर देता था। मुझे उनकी बातों से पता चला कि उनकी माँ अभी जीवित हैं—नब्बे वर्षीया, भारत में उनके छोटे भाई के साथ रहती हैं। छोटा भाई हर हफ्ते उन्हें फ़ोन पर सुनाने लगा है कि वे सालों से माँ को अकेला देख रहा है, और वे विदेश में ठाट-बाट से बैठे हैं। माँ क्या उनकी नहीं हैं!

रामचन्द्र मायूसी से मुझसे कहते, ''मैं क्या करूँ, पॉल? यहाँ कारोबार, परिवार छोड़ कर कैसे माँ को देखने भारत चला जाऊँ? क्या करें, अब तो लोग भारत में भी इतना अधिक जीने लगे हैं...और तुम्हारे देशों की तरह हमारे देशों में ओल्ड-ऐज-होम का भी प्रावधान नहीं है...।''

मेरे और नीना के असफल आईवीएफ़ पर टिप्पणी करते—''यह आजकल की पीढ़ी को बच्चे पैदा करना इतना मुश्किल क्यों हो रहा है? तुम्हें यह चिन्ता कि गर्भ क्यों नहीं ठहर रहा और हमारी सारी जवानी इसी फिक्र में गुज़री कहीं गर्भ न ठहर जाए...।'' उन्होंने मुझे यहाँ तक बताया कि शीला देवी ने नीना के बाद अपने चार गर्भपात करवाए।

''मगर अब पछतावा होता है...'' वे अफ़सोस प्रकट करते हुए बोले, ''क्या करें पॉल... जब हम जवान होते हैं, हममें फुर्ती और ताकत होती है। हम सोचते हैं कि हम ज़िन्दगी भर ऐसे ही रहेंगे। हमें बच्चों की तब इतनी अहमियत महसूस नहीं होती। लेकिन समय बड़ी जल्दी खिसक जाता है। अब लगता है कि अगर हमारे दो-तीन बच्चे और होते तो अच्छा रहता...।''

मैं उन्हें याद दिलाता, मैं और नीना नि:सन्तान नहीं हैं।

''मगर तुम्हारी इस शादी से तो नहीं है कोई सन्तान!''

मैंने गौर किया कि परिवार की पोलपट्टी खोलते वक्त वे अक्सर उन्हीं बातों का ज़िक्र करते थे जो उन्हें सर्वाधिक विचलित करती थीं। ''क्या बताऊँ तुम्हें, पॉल...नीना जब बिनब्याही ही प्रेगनेंट हो गयी थी, क्या गुजरी हम पर...कलेजे में आरी

चल गयी। पाँच महीने का गर्भ था, गिरवा भी नहीं सकते थे। ओलिवर से ही हमने ज़िद की...। वह शादी के लिए मान तो गया मगर वह शादी के लिए तैयार नहीं था...।''

वे अफ़सोस प्रकट करते, ''वह हमारी एक बहुत बड़ी गलती थी...। नीना तो यूरोप की लड़की थी...। यहाँ के समाज में बगैर विवाह के बच्चा कलंक नहीं होता। राष्ट्रीय केन्द्र के स्वास्थ्य सांख्यिकी द्वारा किये गये एक सर्वे के मुताबिक, दस में से छह बच्चों के जन्म यूरोप में अविवाहित माताओं के होते हैं। अगर इसी दर से अविवाहित माताओं के बच्चे होते रहे तो 2016 तक अधिकांश बच्चों के माता-पिता बगैर शादीशुदा होंगे?''

माँ-बेटी मिलकर उन्हें डपटने लग जातीं—''चुप ! चुप हो जाओ, अपने कमरे में जाओ...। उठो यहाँ से...। बहुत बोलते हो—बेसिर-पैर की बातें...। बकबक करते हो...।'' माँ-बेटी उन्हें उनके कमरे की तरफ़ धकेलने लगतीं। पत्नी व बेटी की डाँट खाते हुए डॉक्टर रामचन्द्र मुझे बहुत मासूम लगते। मगर अपने कमरे में जाते-जाते वे अन्त में कह जाते—''पॉल, सब कुछ दो शब्दों में टिका है—'परवाह' और 'फ़र्क।' अगर तुम किसी बात की परवाह नहीं करते तो कुछ फ़र्क नहीं पड़ता। तुम यूरोपियन लोगों ने—'लोग क्या कहेंगे'—इसकी परवाह करना छोड़ दिया, इसलिए तुम्हें कोई फ़र्क नहीं पड़ता। हम हिन्दुस्तानी अभी भी इस फ़िक्र में जीते हैं—लोग क्या कहेंगे?''

मुझे उनमें रूढ़िवादिता व पोंगापंथी भी नज़र आती थी...। जैसे कोई महत्त्वपूर्ण कामकाज करना हो, नया माल खरीदना हो, कोई यात्रा करनी हो, यहाँ तक कि दाँत तुड़वाना हो—तो ज्योतिष से विचार-विमर्श करके कोई पावन तिथि व शुभ समय निर्धारित करते थे—कहते थे मुहूर्त। डॉक्टर रामचन्द्र ने मुझे यह भी बताया कि शीला देवी से उनका रिश्ता उनके कुल के पुरोहित ने करवाया था और वे अरेंज्ड मैरिज को सबसे अच्छी मैरिज मानते हैं। अरेंज्ड मैरिज में प्यार शादी के दस सालों बाद पनपता है और लव मैरिज में प्यार शादी के सिर्फ़ दस सालों तक रहता है। उन्होंने मुझे यह भी बताया कि भारत में अनेक धर्म, अनेक जातियाँ, अनेक भाषाएँ व अनेक परम्पराएँ हैं। उनमें समानता व विरोधाभास भी हैं। अंग्रेज़ों को सिर्फ़ अपने शासन व शोषण से मतलब था, इसलिए उन्होंने सभी को छूट दे रखी थी। किन्तु आज भारतीय संस्कृति कई संस्कृतियों के समन्वय के रूप में उभर रही है...। उन्होंने ही मुझे समुद्र मंथन की कथा सुनाई थी। अंक 108 की महत्ता बताई थी। 'मुहूर्त, 'उपवास', 'वास्तुशास्त्र', 'तथास्तु', 'जय हो' कितनी शब्दावली मैंने उनके परिवार से सीखी।

डेनमार्क के अपने प्रारंभिक वर्षों में शीला देवी ने नोरपोर्ट स्टेशन पर डी.एस.बी. की एक कियोस्क में सेल्सगर्ल का काम किया था। तब वह एक नवविवाहित, नवयुवती रही होगीं। कुछ अनुभव बटोर कर उन्होंने अपनी एक छोटी सी बुटीक खोली

थी, जो धीरे-धीरे फैलती हुई एक आलीशान शोरूम में परिवर्तित हो गयी। शोरूम के अतिरिक्त श्रीनिवासन दम्पति होलसेल का भी बिजनेस करते थे।

हालाँकि मुझे उनके बिजनेस में कोई रुचि नहीं थी, मुश्किल से मैं दो-तीन बार ही उनके शोरूम में गया था, मगर उनके कारोबार की कार्यविधि से सम्बन्धित कई जानकारियाँ मुझे स्वतः ही मिलती चलती गयीं। इनवाइसेस, प्रर्चेज़ ऑर्डर, एयर-वे बिल, रिलीज़ ऑर्डर, बैंक डाक्यूमेंट्स, इंस्पेक्शन कॉपी, इन्शोरेन्स, वेयर हाउस...।

कहाँ से माल आता है? कैसे उसे बेचा जाता है? व्यापार की एक पूरी शृंखला थी—यूरोप से डिजाइन बना कर एशिया भेजे जाते सिलाई के लिए। मुख्य केन्द्र बांग्लादेश था। मुझे उनसे पता चला कि बांग्लादेश सबसे सस्ता पड़ता है, पाकिस्तान में फेब्रिक अच्छा मिलता है और चीन में काम अच्छा होता है।

उन मुल्कों से पोशाकें सिल के आतीं। कोपनहेगन के वेयर हाउस में स्टॉक आता, फिर डिस्ट्रीब्यूटर के पास ड्रेसेस जाती। कुछ ड्रेसेस उनके शोरूम में सज जातीं। शीला देवी सिर्फ़ शोरूम में ही रहती थी, बाहर की सारी भाग-दौड़ रामचन्द्र किया करते थे। मुझे यह सोच कर भी आश्चर्य होता कि यूनिवर्सिटी का एक प्रोफेसर ज्वैलरी व गारमेंट के बिजनेस में कैसे उतर गया।

शीला देवी शोरूम का मुख्यतया अकाउंट डिपार्टमेंट सँभालती थीं। सेल्स के लिए उन्होंने तीन लड़कियाँ नियुक्त की हुई थीं। और माल ढोने, स्टॉक खोलने-बन्द करने के लिए एक अफगानिस्तानी आदमी।

मैं विशेष रूप कभी भी उनके शोरूम में नहीं गया, बल्कि जब कभी वाल्किंग स्ट्रीट घूमने गया तो वहाँ से उनके शोरूम में भी चला गया।

शुरू-शुरू में जब डेनमार्क आया था तो मंगलवार को मेरे सिर्फ़ दो पीरियड्स हुआ करते थे। साढ़े ग्यारह बजे मैं स्कूल से निपट जाता था। घर जाकर करना क्या? नीना शाम छह बजे से पहले आएगी नहीं और करीना, जोहाना भी चार-साढ़े चार बजे तक अपने स्कूल से घर लौटती थीं। डेनमार्क मेरे लिये तब एक नया शहर था, सो मैं घूमने निकल जाता—सड़कों-गलियों, कैफों और कला-संग्रहालयों के चक्कर लगाया करता।

एक दिन वाल्किंग स्ट्रीट में टहल रहा था तो मुझे नीना के माता-पिता के शोरूम का ध्यान आ गया। मुझे बस यही मालूम था कि वाल्किंग स्ट्रीट पर उनका मानसून नामक शोरूम है। मगर वह कहाँ अवस्थित है यह नहीं मालूम था। फिर डेनमार्क की वाल्किंग स्ट्रीट भी बहुत लम्बी है, कई गलियाँ व चौराहे हैं। मैंने राह चलते एक मुसाफिर से पूछा—क्या जानते हो मानसून शोरूम कहाँ है?

यह सुखद आश्चर्य था कि मैंने जिससे भी मानसून के लिए पूछा, सभी को

उसकी लोकेशन मालूम थी। इसका मतलब वह प्रतिष्ठित था, और लोकप्रिय भी था।

"पॉल तुम!" शीला देवी मुझे देख कर बेहद खुश हुईं। घर से अधिक खातिरदारी उन्होंने अपने दामाद की अपने शोरूम में की। सबको मेरा परिचय देने लगीं—"माय सन-इन-लॉ!" तुरन्त शोरूम के पीछे बने किचन में जाकर उन्होंने मेरे लिये अपने हाथों से कॉफ़ी बनाई, चाइनीज टेक-अवे से मेरे लिये स्नैक्स मँगवाए। मुझे अपने शोरूम का पूरा भ्रमण करवाया—शोरूम के पीछे एकांत लेखागार में तमाम फाइलें रैक पर सजी हुई थीं। एक गोदाम जहाँ नया स्टॉक पड़ा था, अफगानी वहाँ बैठा नया स्टॉक खोल रहा था। एक छोटा सा किचन, आवश्यक उपकरणों के साथ, टॉयलेट।

मैं गोदाम से निकल कर बुटीक में आया। सामने दीवार पर टंगे स्कार्फ पर मेरी नज़र पड़ी। उनके ऊपर लिखा हुआ—बाय वन गेट टू—एक खरीदो और दो ले जाओ।

मैंने चारों तरफ़ नज़र दौड़ाई—ज्वैलरी, लेडीज ड्रेसेस—स्कर्ट, कुर्ते, मिडी और भी जाने क्या-क्या...मैं उन सब स्त्री पोशाकों के नाम भी नहीं जानता। कुछ ड्रेसेस के ऊपर लिखा हुआ—25% डिस्काउंट।

मैं वहाँ की कार्यविधि देखता रहा। शीला देवी ने बताया—ड्रेसेस सिल कर बांग्लादेश, चीन, भारत व पाकिस्तान से आती हैं। वहाँ के टेलर मास्टर इतने निपुण होते हैं कि यूरोप से आये डिजाइन देख कर वे समझ-बूझ लेते हैं और बड़ी सटीक कटिंग करते हैं। उनका काम केवल काटना है, सिलाई बाकी के दर्जी करते हैं। ज्वैलरी का अधिकांश माल सिंगापुर, मलेशिया, थाईलैंड से आता है। जर्मनी, इटली, स्पेन व पोलैंड में भी वे माल भेजते हैं। प्रदायक पूर्वी देश व ग्राहक पश्चिम देश। शीला देवी बोली, "बिजनेस में चुनौती है, धन है, तरक्की के मौके हैं और डूबने का भय भी है। हौसला चाहिए बिजनेस करने के लिए। नीना हमारी पहली सन्तान है और यह मानसून हमारी दूसरी औलाद... ।" शीला देवी अपने शोरूम को प्यार से निहारते हुए बोली। श्रीनिवासन दम्पति ज़िन्दगी के जिस मुकाम पर पहुँचे थे, निःसन्देह उसमें उनकी वर्षों की मेहनत, एकाग्रता व निष्ठा थी। कामयाबी की बुलंदियों पर वे यूँ हवा में उड़ कर नहीं पहुँचे थे, उन्होंने एक-एक सीढ़ियाँ चढ़ी थीं।

खैर, यह उनके बिजनेस का वक्त था, सो शीला देवी अपने दामाद को अधिक समय नहीं दे सकती थीं। अपने सिर पर चढ़े हेड फ़ोन से वह किसी सुदूर देश में बैठे एक व्यापारी से मोल-भाव कर रही थीं, तो शोरूम में आने वाले ग्राहकों को भी माल बेच रही थीं। इलेक्ट्रोनिक मशीन पर बिल बना रही थीं, कइयों के वह नाक-कान भी छेद रही थीं। मैंने गौर किया कि वह ग्राहकों से धाराप्रवाह डेनिश में बात करने में सक्षम हैं, अंग्रेज़ी भाषा में भी उनका अच्छा प्रभुत्व है।

यहाँ पर यह भी बताना चाहता हूँ कि जब भी मेरा अपना कोई—मेरी बहन या बेटियाँ मुझे विजिट करने कोपनहेगन आती थीं, शीला देवी उसे अपने शोरूम का एक तोहफा—स्कार्फ या ज्वैलरी अवश्य देती थी। उनके परिवार से जुड़ कर मुझे उनके व्यवसाय के कई पहलुओं का ज्ञान खुद ब खुद होता चला गया...।

आयातित व निर्यातित वस्त्रों का लेखा-जोखा, क्रय-विक्रय, लाभ-हानि का हिसाब, प्रतिदिन हज़ारों की तादाद में गारमेंट्स का वायु या समुद्री मार्ग से एशिया से यूरोप आना। बिलियन रुपयों का ऐसा विनिमय कि एक सौदे पर भाग्य का निर्माण टिका हुआ। वाह रे इलेक्ट्रॉनिक युग! सारा मोल-भाव व व्यापार फ़ोन, फैक्स व इंटरनेट द्वारा। मुहैया करवाने वाली कम्पनी का ज़िम्मा माल देखने का, ट्रांसपोर्ट कम्पनी एक स्थान से दूसरे स्थान माल पहुँचाए, इंस्पेक्शन कम्पनी माल की जांच करे। फोर्वार्डिंग कम्पनी माल आगे बढ़ाये। तमाम कम्पनियाँ व लोग बहुत ही सुनियोजित तरीके से एक शृंखला में बँधे व्यापार कर रहे थे। इसी को कहते हैं दुनिया का वैश्वीकरण हो रहा है।

बिजनेस उनका फला-फूला और तब तक बहुत अच्छा चला, जब तक डॉक्टर रामचन्द्र पूर्णतया स्वस्थ रहे। जहाँ उनकी हार्ट सर्जरी हुई, डॉक्टर ने उन्हें भाग-दौड़ करने के लिए मना कर दिया। पूर्ण विश्राम की सलाह दे दी। शराब भी उनकी बन्द हो गयी। और बिजनेस का पतन शुरू हो गया...।

मैं सोचता था कि नीना लाड़-प्यार में पली अपने माता-पिता की एक नखरीली औलाद है। मगर उसे अपने रोगी पिता की सेवा-शुश्रूषा करते देख मैं अत्यधिक प्रभावित हुआ। उसके व्यक्तित्व का एक दूसरा रूप मेरे समक्ष आया—एक ज़िम्मेदार, कार्य कुशल, जागरूक व मेहनती महिला। चिकित्सा और शुश्रूषा, पूरा ज़ोर लगा दिया था उसने अपने पिता की प्राणरक्षा के लिए। मुझसे बोली, ''मेरे पिता इसलिए नहीं मरेंगें कि हम उनका इलाज वहन नहीं कर सकते।'' क्या मालूम था पगली को कि अपने पिता से पहले उसे इस दुनिया को अलविदा कहना है। उसकी बीमारी लाइलाज होगी।

खैर...शीला देवी के अकेले के लिए बिजनेस चलाना मुश्किल था। फिर आजकल सब कुछ आईटी पर निर्भर है और आईटी की जानकारी शीला देवी की सीमित थी।

नीना अपनी नौकरी नहीं छोड़ सकती थी। कहाँ उसका एक प्रतिष्ठित कम्पनी में प्रभावशाली पद...! वह भला कैसे अपनी नौकरी पर लात मार सकती थी। सो उन्होंने मुझ स्कूल मास्टर से ही कहा कि मैं अपनी मामूली सी नौकरी छोड़ कर उनका बिजनेस सँभालूँ। वे मुझे मानसून का डायरेक्टर बना देंगे। मेरे पास धन की शिलाएँ आ जायेंगी।

मगर मैंने स्पष्ट इन्कार कर दिया। बाहर से सब कुछ ठीक-ठाक दिख रहा था मगर शोरूम की अन्दरूनी हालत खस्ता थी। फिर सब कुछ एकदम से लड़खड़ा गया। तीनों सेल्स-गर्ल्स ने काम छोड़ दिया। अफगानी ने भी कहीं अन्यत्र काम पकड़ लिया। शहर में स्पर्धा भी बढ़ गयी थी। कितने ही इस तरह के शोरूम आ गये थे। हार कर जब कोई और विकल्प नहीं सूझा, श्रीनिवासन दम्पति को अपना शोरूम बेचना पड़ा। एक टर्की व्यापारी ने मानसून खरीद लिया। अपनी लगन, सूझ-बूझ व मेहनत से टर्की व्यापारी ने मानसून पर चार चाँद लगा दिये। वह और लोकप्रिय हो गया। मगर नीना के माता-पिता के लिए उनका बिजनेस डूब चुका था।

सच कहूँ तो मुझे भी बहुत दु:ख हुआ मानसून के बिक जाने का। मगर मैं असहाय था। अपनी नौकरी छोड़ कर मैं ससुराल का बिजनेस नहीं सँभालना चाहता था। मुझमें यह हौसला नहीं था। फिर हर इन्सान का अपना एक वजूद व कुछ सिद्धांत होते हैं।

नीना मुझसे खफा-खफा रहने लगी, जैसे उनके बिजनेस डूबने का ज़िम्मेदार मैं था।

आज भी मैं आश्चर्य करता हूँ कि नीना ने अपने माता-पिता का बिजनेस डूब जाने का ज़िम्मेदार मुझे क्यों ठहराया? कई बातों का कोई जवाब नहीं होता, जैसे इसका कोई ठोस जवाब नहीं है कि मैं यह पदयात्रा क्यों कर रहा हूँ। मेरा नीना से आखिर क्या रिश्ता रह गया था!

"आप यह पदयात्रा क्यों कर रहे हैं?" रोसकिल्डे काउंटी पर कैफे हाउस में उस युवक, जोकि स्वयं को डी.आर. टू टीवी चैनल का रिपोर्टर बता रहा था, ने मुझसे पूछा था।"एक कीर्तिमान स्थापित करने के लिए, अभियान के लिए, पुण्य कमाने लिये, मन की खुशी के लिए, या एक फिटनेस गतिविधि करने के लिए, या फिर आपको धार्मिक स्थलों में विशेष आस्था है?"

क्या जवाब दूँ?"मैं यह यात्रा नीना को अपनी श्रद्धांजलि अर्पित करने के लिए कर रहा हूँ, अन्य सभी उपोत्पाद हैं," मैंने उसे जवाब दिया।

"आप बता रहे हैं कि वह आपकी पूर्वपत्नी थी। उनसे आपका तलाक हो चुका था, तो फिर यह पदयात्रा, श्रद्धांजलि का क्या तात्पर्य?"

"पति-पत्नी का रिश्ता कोई यांत्रिक जोड़ तो है नहीं कि पेंच कस दो या ढीला कर दो। भले ही उनके रिश्तों में अलगाव व तलाक का प्रावधान है, मगर मनुष्य की भावनाएँ बड़ी सशक्त होती हैं। मैं भावनात्मक रूप से सदैव उससे जुड़ा रहा हूँ।"

"आप कह रहे हैं कि यह यात्रा आपका तीर्थ है!"

"हाँ यह मेरा तीर्थ है..." मैंने सहमति में कहा।

"कैथोलिक रोम की तीर्थयात्रा करते हैं। इस्लाम का पालन करने वाले मक्का की तीर्थयात्रा करते हैं। यहूदी पवित्र भूमि के लिए तीर्थ यात्रा करते हैं... आप किसका पालन कर रहे हैं?"

"मेरी तीर्थयात्रा किसी मजहब से सम्बन्धित नहीं है।"

"पर आप कह रहें हैं कि आप 108 किमी. इसलिए चल रहे हैं, कि 108 हिन्दू धर्म में एक पवित्र संख्या समझी जाती है। और आपकी प्रेमिका हिन्दू थी।"

"धर्मों में बहुत कुछ समाया है—दर्शन, अध्यात्म, विज्ञान, नियम, मूल्य, परंपराएँ और रूढ़िवादिता...। जहाँ तक अंक 108 की महत्ता की बात है—यह संख्या धार्मिकता का निरूपण करते हुए ब्रह्माण्ड विज्ञान का प्रतीक है। एक परम सत्य व पूर्ण चेतना को दर्शाती है, शून्य हमारे जीवन के खालीपन को और अंक आठ अनन्तता को...।"

"वेरी इंटरेस्टिंग !" सभी नौजवानों ने एक-दूसरे को देखते हुए आश्चर्य व्यक्त किया।

मैं अपनी बात जारी करते हुए बोला, "कल नीना की प्रथम पुण्यतिथि है। मन्दिर में यज्ञ है। मुझे मन्दिर तक पैदल चल कर नीना को अपनी श्रद्धांजलि देनी है...बस यही मेरा संकल्प है। संयोगवश यह दूरी 108 किमी. की है जो एक पवित्र संख्या है।"

"अंतिम सवाल—आपने बताया कि आप आधी दूरी 54 किमी. चल चुके हो। क्या आप वापस जाना चाहोगे?"

"नहीं, हर्गिज़ नहीं।"

"अगर आपको एक मिलियन डेनिश क्रोनर दिये जायें तो भी नहीं?"

"नहीं, बिलकुल नहीं—अब तो मैं मन्दिर पहुँच कर ही दम लूँगा या दम तोड़ दूँगा," मैं दृढ़तापूर्वक बोला।

"वाह, मजनूं ! हैप्पी पिल्ग्रिमेज!"

"थैंक यू !"

थाईलैंड

हम दोनों की ही यह दूसरी शादी थी। हमें अपने पूर्व अनुभवों से ज्ञात था कि ज़िन्दगी के इस मुकाम पर अब तीसरा हमसफर मिलना इतना आसान नहीं। बात यह नहीं होती कि तुम्हारा जीवनसाथी तुम्हारे अनुरूप है या नहीं, बात यह होती है कि क्या तुम्हें उससे बेहतर लाइफपार्टनर मिल सकता है। अगर तुम उससे सामंजस्य नहीं बैठा पा रहे हो तो क्या किसी दूसरे से बैठा पाओगे?

हम दोनों ने ही सोचा कि हमें अपनी शादी को एक मौका अवश्य देना चाहिए। थाईलैंड का कार्यक्रम अपने रिश्तों को सुधारने के लिए ही बनाया गया था।

"दुनिया की निगाहों से कहीं दूर, बस तुम और मैं, और कोई नहीं," नीना मुझसे बोली थी, एक विशेष अदा से। "ना कोई फ़ोन... ना ईमेल... ना इंटरनेट... ना फेसबुक... ना ट्विटर...।"

"कैमरा भी नहीं ?" मैंने उससे पूछा।

उसने कुछ सोचा, फिर मुझे हिदायत देते हुए बोली, "कैमरा ले जा सकते हो। मगर कुछेक महत्त्वपूर्ण फोटो ही खींचना। मुझे भुलाकर कैमरे पर ही मत लगे रहना।"

तुम्हें कैसे भुला सकता था ? तुम्हें पाने के लिए खुद को खोया था। काश ये शब्द मैं उसे तब कह पाता। उस वक्त तो मेरा अहंकार मुझ पर हावी हो गया। मैं उससे तल्खी से बोला था, "तुम्हारे अलावा मेरी ज़िन्दगी में और चीज़ें भी हैं। मेरी ज़िन्दगी को कंट्रोल मत करो।"

वह खिसिया कर रह गयी थी। क्षमा-याचना भाव से बोली थी, "मेरा यह मतलब नहीं था, स्कॉट...। तुम तो खामखाह नाराज़ हो जाते हो।"

बहरहाल अपने सूटकेस पैक करते हुए हम दोनों सहसा रोमांच से भर गये। उत्तरी यूरोप से दक्षिण एशिया जाना, एक दूसरी दुनिया का पता लगाना एकाएक मुझे बहुत रोचक लगने लगा।

कोपनहेगन से इमिरेट्स की नॉनस्टॉप फ्लाईट पकड़ कर मैं और नीना चौदह घंटे का सफर तय करते हुए थाईलैंड की राजधानी बैंकॉक पहुँचे। यहाँ हमने एयरपोर्ट पर थाईलैंड मुद्रा 'भात' खरीदी। बैंकॉक में हम सिर्फ़ एक दिन ही ठहरे। हमारा इरादा

भीड़भाड़ से दूर थाई द्वीपों की शान्त प्रकृति में समय बिताने का था, जो वनस्पति, उद्यान, समुद्री पार्क, विशिष्ट पारिस्थितिक तंत्रों, प्रकृति और वन्य जीवन से समृद्ध हैं।

बैंकॉक से हम टैक्सी से पट्टाया के लिए निकले। यह दूरी 150 किमी. के करीब है। एक तरफ़ पहाड़ और दूसरी तरफ़ घाटियाँ...। मुझे यात्राओं में बहुत आनन्द आता है। यात्राएँ केवल तफरीह के लिए नहीं होतीं। नये संसार को जानने का मौका मिलता है। दुनिया को बेहतर समझने के लिए यात्राएँ प्रेरणादायी होती हैं।

ट्रेकिंग, माउंटेन बाइकिंग, फोटोग्राफी, स्कूबा डाइविंग का हम भरपूर आनन्द ले रहे थे। खूब मौजमस्ती कर रहे थे। स्वादिष्ट थाई भोजन खा रहे थे। नीना के अंग-प्रत्यंग, उसके हृदय की हर धड़कन में मैं पुरानी पहचान खोज रहा था। वह अपनी दायीं कलाई में हमेशा सोने का एक कड़ा पहनती थी, और मैं फुरसत के क्षणों में उसके पार्श्व में बैठ अक्सर उसके कड़े से खेलने लगता, कड़ा उसकी आधी कलाई तक सरका लेता था। उसने मुझे बताया था कि यह कड़ा उसके पिता ने उसे उसके बीसवें जन्मदिन पर तोहफे में दिया था। उनके मूल शहर लालगुडी से यह बन कर आया था।

पट्टाया से हम पट्टाया एक्सप्रेस बस से कोह चंग गये। कोह चंग में दो दिन बिता हम हवाई जहाज से फुकेट पहुँचे थे। फुकेट में तीन दिन ठहर कर हमारा समुद्री नौका से कोह-फी-फी जाने का कार्यक्रम था। शाम का वक्त था। डिनर के बाद मैं व नीना होटल के लॉन में टहलने लगे। फिर जब हम अपने कमरे में लौटने लगे तो मैंने लॉबी में देखा तीन कंप्यूटर लगे हैं—फ्री इंटरनेट, ऊपर बोर्ड पर लिखा है। जब से मैं कोपनहेगन से चला था मैंने अपनी ईमेल्स चैक नहीं की थीं। कोई फ़ोन भी मेरे पास नहीं था। ऐसा लग रहा था कि मैं अपने संसार से बिलकुल कट गया हूँ। मैं एक कंप्यूटर पर बैठ गया अपनी ईमेल्स चैक करने के इरादे से। पीछे से नीना के नेलपॉलिश लगी उँगलियों ने मेरे हाथ पकड़ लिये, अदा से बोली, "स्कॉट, कोई नहीं हमारे बीच इस वक्त...। न कोई फ़ोन और न कोई ईमेल...। बस मैं और तुम..." कहते हुए उसने अपनी बड़ी-बड़ी तरल आँखें झपकाते हुए मुझे चूम लिया, और मुझे उठा कर कमरे में ले गयी। मैं भी चुपचाप उठकर चुम्बक सा खिंचा उसके साथ कमरे में आ गया।

दूसरे दिन सुबह-सुबह हम तैयार होकर घूमने के लिए निकल गये। समुद्र यहाँ मुख्य आकर्षण था। दिन भर हम फुकेट समुद्रतट पर घूमते रहे। घने जंगल से घिरा हुआ क्रिस्टल नीला समुद्र तट...। लम्बी तटरेखा पर हम खूब चले। सागर की लपलपाती मौजों में कूदे-उछले। बालू में सीपियाँ खोजीं। यह मेरे लिये सुखद आश्चर्य था कि यहाँ समुद्र गर्म था, यूरोप की तरह ठंडा नहीं।

नीना से अन्तरंग बातें हुई। जो कुछ उसने मुझसे कहना था, उसने खुल कर कहा। उसके पास शिकायतों का अन्तहीन भंडार था। मुझे उससे कोई विशेष शिकायत तो

नहीं थी मगर वह जो मुझे अपने अनुरूप ढालना चाहती थी, मुझे बदलना चाहती थी, वह मुझे गवारा नहीं था। खैर मैंने खुले दिल से उसकी सभी शिकायतों व अपेक्षाओं को सुना। उसने भी स्वीकारा कि मैं हर वक्त उसके मनमुताबिक नहीं चल सकता। इन्सान हूँ, कोई फरिश्ता नहीं हूँ। मेरा अपना एक अलग वजूद है, निजी व्यक्तित्व है। सो वास्तव में थाईलैंड हमारे लिये एक चिकित्सक की भांति काम कर रहा था।

शाम को होटल लौटने पर रिसेप्सनिस्ट ने बताया कि हमारे लिये डेनमार्क से किन्हीं शीला देवी का फ़ोन था। दिन भर के सफर से हम थक चुके थे। समुद्र तट की रेत से हमारे कपड़े व बाल भी सन चुके थे। शीला देवी का फ़ोन आना एक बहुत ही सामान्य बात थी, करीना या जोहाना के सम्बन्ध में कुछ कहना होगा या यूँ ही अपनी बेटी से बात करनी होगी। कमरे में पहुँच कर नीना अपनी माँ को फ़ोन लगाने लगी और मैं तोलिया उठा कर सीधा बाथरूम में नहाने चला गया।

जब मैं बाथरूम से नहा कर बाहर निकला तो देखा नीना फ़ोन के पास गमगीन बैठी है। मुझसे उदास स्वर में बोली, ‘‘पॉल... बहुत ही बुरी खबर है... तुम्हारे पिताजी नहीं रहे...। तुम्हारी बहन ने मेरी माँ को सूचित किया...।''

‘‘कब?''

‘‘तीन रोज़ हो गये...।''

मैं बदहवास सा होटल की लॉबी की तरफ़ भागा। कंप्यूटर खोल कर इंटरनेट पर अपना ईमेल अकाउंट लॉग-इन किया। नीना भी मेरे पीछे आकर मेरे बगल में खड़ी हो गयी थी। मेरा इनबॉक्स मेरे तीनों बहन-भाइयों की ईमेल्स से भरा हुआ था। शुरुआत की ईमेल्स में पिताजी की बीमारी की खबर थी—पापा बीमार, बुखार...। थोमस होप हॉस्पिटल में भर्ती।

फिर ईमेल्स—पापा को ब्रेन इन्फेक्शन। दिमाग में सूजन, कोमा में...। हम तुम्हें फ़ोन करने की कोशिश कर रहे हैं...। तुम्हारा फ़ोन नहीं मिल रहा है...।

फिर ईमेल्स—कहाँ हो तुम...? तुम हमारी ईमेल्स का जवाब क्यों नहीं दे रहे हो? तुम्हारा फ़ोन क्यों नहीं मिल रहा है...? पापा सीरियस... ।

विलियम की अपनी मेडिकल भाषा में ईमेल—पापा को बैक्टीरियल मेनिनजाइटिस हुआ है। मस्तिष्क और रीढ़ की हड्डी के आसपास की तीन स्तरीय झिल्ली और मस्तिष्कमेरु द्रव (सीएसएफ) प्रभावित हुए हैं। ऐसे हालात में मरीज के बचने के आसार बहुत कम होते हैं...। माँ तुम्हें याद कर रही हैं...तुरन्त यहाँ पहुँचो...।

—पॉल, पापा नहीं रहे...।

मैं सन्न था। जब मैं कोपनहेगन से बैंकॉक की उड़ान भर रहा था, मेरी माँ मेरे पिताजी को हॉस्पिटल ले जा रही थी। मैं जब थाई द्वीपों में घूम रहा था, मेरे पिताजी

ज़िन्दगी के लिए लड़ रहे थे, और मैं जब नीना के साथ फुकेट बीच में रंगरेलियाँ मना रहा था, मेरे पिता इस संसार को अलविदा कह चुके थे। और, मेरे भाई-बहन मुझे, मेरे पिता के सबसे बड़े पुत्र को सूचित करने के लिए परेशानी में इधर-उधर कोशिश कर रहे थे। मैं नीना को दोषी मानने लगा, जो मुझे थाईलैंड लाई। यहाँ मुझे अपने पास फ़ोन नहीं रखने दिया। मुझे अपनी ईमेल्स चैक नहीं करने दी। मुझे सारी दुनिया से काट दिया। "ना फ़ोन... ना ईमेल... बस सिर्फ़ तुम और मैं, और कोई नहीं...।" उसकी इस बात का स्मरण मुझे बेहद चिढ़ाने लगा।

मैंने अपना आपा खो दिया। उसे ज़िम्मेदार ठहराने लगा। लॉबी में काफ़ी लोग थे, सब हमारी तरफ़ देखने लगे। मुझे किसी की परवाह नहीं। मैं नीना पर कस कर चिल्लाता रहा—यह औरत... यह औरत कह कर। चुड़ैल...। मुझे उस वक्त वह किसी चुड़ैल से कम नहीं लगी। वह सकपकाई सी, हतप्रभ खड़ी 'आई एम सॉरी' कह कर मुझसे माफ़ी माँग रही थी, मगर मुझे उस पर और गुस्सा आता रहा।

मैंने रिसेप्शन से विलियम को फ़ोन किया। मेरी आवाज़ सुनकर वह फफक पड़ा। "कहाँ है तू...?"

"यहाँ थाईलैंड में हूँ...। कैसे हो गया यह? पिताजी तो बिलकुल ठीक थे...।"

"हाँ, बिलकुल फिट थे, इधर-उधर आ-जा रहे थे, काम कर रहे थे। अचानक ही तबियत बिगड़ी, रिकवर नहीं कर पाए...।" वह भावुक स्वर में बोला।

मुझे बताने लगा कि जबसे पिताजी बीमार पड़े वे मुझसे सम्पर्क करने का निरन्तर प्रयास कर रहे हैं। जब उन्हें मेरा फ़ोन नम्बर नहीं मिल पाया, और ईमेल्स का भी कोई जवाब नहीं मिल रहा था तो जूलिया ने डेनमार्क में रह रही अपनी एक सहेली से सम्पर्क किया। सहेली ने मानसून शोरूम से नीना की माँ का फ़ोन नम्बर प्राप्त करके जूलिया को दिया, और फिर जूलिया ने शीला देवी को पिताजी के निधन के बारे में बताया।

नीना जब भी कहीं जाती थी, अपने यात्रा कार्यक्रम की एक प्रति अपनी बेटियों को दे देती थी, जिसमें उसकी यात्रा से सम्बन्धित सभी विवरण रहते थे। इस बार यात्रा कार्यक्रम अपनी बेटियों को थमाते हुए उसने उन्हें हिदायत भी दी कि वे बेवजह उसे फ़ोन न करें। शीला देवी ने यात्रा कार्यक्रम से पता करके कि हम आज के दिन फुकेट में होंगे, हमारे होटल में फ़ोन किया।

पिताजी का शव शवागार में था। घरवाले मेरे पहुँचने का इन्तज़ार कर रहे थे। विलियम से बात करके मैं तुरन्त अपने हवाई टिकट बुक करने लगा—थाईलैंड से सीधे स्कॉटलैंड। नीना का अपना क्या प्रोग्राम है, मुझे नहीं मालूम। मेरे ऐसे व्यवहार से वह बहुत आहत हुई।

खैर अन्तत: वह नीना ही थी जिसने हमारे फुकेट से कोह-फी-फी के टिकट

पॉल की तीर्थयात्रा • 99

व वहाँ होटल की बुकिंग रद्द की। थाईलैंड से डेनमार्क वापसी के टिकट रद्द किये, और थाईलैंड से सीधे स्कॉटलैंड के नये टिकट बुक किये।

थाईलैंड से स्कॉटलैंड, पूरी यात्रा के दौरान हम हवाईजहाज़ में अगल-बगल मूक, दो अजनबियों की तरह बैठे रहे। मैं उससे नाराज़ था और वह मुझसे। हम अपने रिश्तों के पुनर्गठन व संगठित करने के लिए थाईलैंड गये थे, मगर हमारे रिश्ते और भी जर्जर हो गये थे। अच्छे निर्णय लेना अनुभव से आता है और अनुभव बुरे निर्णय लेने से आता है।

गेद्स्त्रूप आ गया है...। जय हो! अब बासठ किमी. की यात्रा शेष...। थोड़ा सुस्ता लेता हूँ, सोचते हुए मैं एक पेड़ के तने के सहारे नीचे ज़मीन पर बैठ गया। आँखें मूँद लीं। ''मुझे माफ़ कर दो नीना...।'' काश यह माफ़ी मैं उसके जीते-जी उससे माँग लेता...।

मेरा पचासवाँ जन्मदिन

केक भी कटा, घर भी सजा, परिजन भी पहुँचे, उपहार भी मिले, पर मेरा पचासवाँ जन्मदिन मेरे लिये यादों का एक घाव बन कर रह गया।

इसको ज़ोर-शोर से मनाने का विचार नीना का ही था। काफ़ी विचार-विमर्श, बहस-मुबाहिसे के बाद, नीना के मनमुताबिक यह तय हुआ कि मेरा जन्मदिन घर में ही मनाया जाएगा। घर का ड्राइंगरूम पर्याप्त बड़ा था, पच्चीस-तीस लोग आराम से ड्राइंगरूम में समा सकते थे।

"क्यों, स्कॉट?" उसने मुझसे पूछा।

"जी हाईकमांड," मैं बोला। "वीटोपावर तो आपके पास ही है।"

किस-किस को बुलायें? इस पर भी खूब चर्चा हुई। अन्ततः मेरे स्कूल के पाँच अध्यापक, डेनमार्क में रह रहे मेरे चार स्कॉटिश मित्र आमंत्रित किये गये। स्कॉटलैंड से मेरे दोनों भाई धर्मपत्नियों सहित, बहन पति सहित, बेटियाँ, और तो और मेरी माँ भी मेरे जन्मदिन पर कोपनहेगन पहुँची। मेरे साथ घर में सिर्फ़ लूसी व ग्रेसी ही ठहरे थे। माँ, भाई-बहन होटल में टिके थे। उन्होंने खुद अपने लिये होटल में टिकने का इन्तज़ाम किया। मुझ पर किसी तरह का कोई भार नहीं डाला।

मेरे सास-ससुर भी मेरे जन्मदिवस पर उपस्थित थे। इनके अतिरिक्त हमारे दो पड़ोसी, नीलसन दम्पति व ओल्सन दम्पति, जिनसे हाईकमांड की अच्छी बनती थी, भी आमंत्रित किये गये। कुल मिलाकर तीस लोगों का समूह था। निःसन्देह मैंने अपनी परम्परागत स्कॉटिश हाइलैंड पोशाक पहनी। यह हमारी विरासत का प्रतीक है। नीना ने मुझे वह पोशाक पहनने के लिए मना किया था। मुझे सूट पहनने को कहा था। टाई लगाने को कहा था। मगर मैं माना नहीं। मेरा पचासवाँ जन्मदिन था, आखिर। अब पचासवाँ साल पूरा कर लेने पर भी मैं अपनी मर्ज़ी की न करूँ तो तुक ही क्या है उम्र की इस अवधि को पार कर लेने का। अब वक्त आ गया है कि मैं अन्य लोगों की उम्मीदों-अपेक्षाओं से अपने आप को अलग करूँ और अपने ढंग से अपनी ज़िन्दगी जीऊँ। वह सब करूँ जो मुझे पसन्द है, जो मेरी आत्मा को आनन्द दे। मैं इस विशेष अवसर पर अपनी परंपरागत पोशाक ही पहनना चाहता था, सो मैंने पहनी।

"तुम इस ड्रेस में कबीले के गँवार लगते हो," रूठते हुए नीना ने मुझ पर फिकरा कसा।

"अगर मैं कबीले का गँवार लगता हूँ तो क्यों रह रही हो मेरे संग? छोड़ दो मुझे...और ढूँढ़ लो अपने लिये कोई स्मार्ट आदमी..." गुस्से से मैं फट पड़ा।

"पचास साल में भी तुम परिपक्व नहीं हुए?"

"हाँ नहीं हुआ, आगे कोशिश भी मत करना मुझे बदलने की," मैं कर्कश स्वर में हाईकमांड से बोला।

"जो पचास साल में नहीं बदला, वह आगे क्या बदलेगा?"

मैं उसके कटाक्ष से तिलमिला गया। "मेरे जन्मदिन वाले दिन भी मुझसे ढंग से पेश नहीं आ सकती, यह औरत। जली-कटी सुना रही है मुझे। क्या फायदा ऐसी औरत के साथ रहने से?"

"डायन! छोड़ दूँगा इसे..." मैं मन ही मन भुनभुनाया।

फटाफट अपनी स्कॉटिश ड्रेस में तैयार होकर मैं दनदनाते हुए नीचे हॉल में आ गया, जहाँ जन्मदिन की पार्टी का आयोजन था। चारों बालिकाएँ—लूसी, ग्रेसी, करीना व जोहाना हॉल को सजा रही थीं। पचास गुब्बारे उन्होंने फुलाये थे, और हरेक गुब्बारे पर 50 का आंकड़ा बना था। जगह-जगह दीवारों पर अंक '50' के प्रतीक लटके हुए थे। जहाँ भी मैं नज़र दौड़ाऊँ, पचास का आंकड़ा... जो ज़ोर-शोरों से घोषणा कर रहा था—ओह पॉल तू पचास का पठ्ठा हो गया आज। क्या हासिल किया तूने इन पचास सालों में?

50 साल? मैं मिश्रित भावनाओं में बहने लगा। पचास साल की उम्र में, जीवन छोटा लगने लगता है। एक दीवार पर मेरे बचपन से लेकर पचास साल तक की कई तस्वीरें बेटियों ने लटका दी थीं। कुछ तस्वीरों में तो मैं इतना जवान था कि स्वयं को नहीं पहचान पा रहा था।

एक दीवार पर लूसी व ग्रेसी ने अपने हाथों से लिख कर एक पोस्टर लटकाया था—

पापा आप पॉकेट केल्कुलेटर, विडियो कैसेट, एटीएम,आईफ़ोन, इंटरनेट, ऑनलाइन बुकिंग, फेसबुक से पहले पैदा हुए। मगर आप इतनी सरलता से इनमें घुलमिल गये। अपनी किल्ट पहने जब करते हो आप किसी से फेसटाइम, लगते हो बहुत प्यारे आप! लव यू पापा!

मेरा मूड बेहद खराब था, फिर भी मैं मुस्कुरा दिया। अपनी किल्ट को निहारने लगा, जेब में अपना आई-फ़ोन भी मैंने टटोला।

दो थाई लड़कियाँ जो बतौर वेट्रेस नियुक्त की हुई थीं, मेज़ों पर ड्रिंक्स व स्नैक्स

लगा रही थीं। खाने का ऑर्डर शहर के सुप्रसिद्ध इंडियन रेस्तराँ—गुरु इंडियन रेस्टोरेंट को दिया गया था। मैं चुपचाप सोफे पर बैठ गया। ''पापा यह कैसा लग रहा है?''

''पापा यह ठीक है?'' लूसी व ग्रेसी मुझसे लगातार पूछ रही थीं।

मगर मेरा मन उचाट था। सच कहूँ तो सब कुछ मुझे बेकार लग रहा था। रह-रह कर नीना पर क्रोध आ रहा था। यह औरत...मेरे जन्मदिन के दिन भी मुझसे ठीक से पेश नहीं आ सकती...। छोड़ दूँगा मैं इसे...। बहुत सहन कर लिया इसे...। अब मुझमें धैर्य नहीं रहा...।

थोड़ी देर में लोग आने शुरू हो गये। सबसे पहले मेरे भाई-बहन व माँ पहुँचे। जन्मदिन मुबारक, पॉल! हैप्पी गोल्डन बर्थडे! रंगीन कागज़ों से लिपटे उपहार मेरी तरफ़ बड़े। माँ मुझे कसकर अपने आलिंगन में भरते हुए बोली, ''पचास साल कैसे बीत गये, पता ही नहीं चला...। ऐसा महसूस होता है कि तू कल ही पैदा हुआ था...। तेरे पिताजी इतने खुश हुए थे तेरे जन्म पर। पूरे पर्थ को उन्होंने दावत दी थी।'' माँ की आँखें छलक आयीं पिताजी की याद में।

मेरे स्कूल का यार एन्द्रियाज़ पधारा। फिर मेरे स्कॉटिश मित्र आये, सब एक साथ। फिर स्कूल के अन्य अध्यापक तशरीफ लाये। उनके बाद पड़ोसी नीलसन व ओल्सन आये। एकाएक घर लोगों से भर गया। कहकहों, हँसी-मज़ाक की गूँज वातावरण में तिर गयी।

अन्त में नीना के माता-पिता आये। वैसे भी वे सभी पार्टियों में देर से पहुँचते थे। व्यापारी थे, सो उन्हें अपना कारोबार भी देखना पड़ता था। मगर अब तो उनका कारोबार बिक गया था। अब देर से पहुँचने का कारण? मुझे समझ नहीं आया।

खैर, उनके हाथों में मेरे लिये एक बड़ा सा उपहार था जो उन्होंने मेरी तरफ़ बढ़ा दिया। सभी मुझे बधाई व शुभकामनाएँ दे रहे थे। 'सुनहरा जन्मदिन मुबारक!' 'पचासवें जन्मदिवस पर हार्दिक शुभकामनाएँ!' एन्द्रियाज़ मज़ाक में कहने लगा, मैंने अपने जीवन का आधा सफर तय कर लिया है। मेरे स्कॉटिश मित्र बोले, ''जीवन के इस पड़ाव पर तुम्हारे सभी शुभेच्छु गर्व अनुभव करते हैं।'' गिफ्ट पैकेट निरन्तर मेरी तरफ़ बढ़ रहे थे। मेरी मनोदशा बदल गयी। मैं प्रफुल्लित हो गया। ज़िन्दगी एक बार फिर हसीन लगने लगी। नीना के प्रति भी मन से सारा द्वेष धुल गया। आखिर उसी ने तो मेरे लिये यह पार्टी रखी।

थाई वेट्रेस अतिथियों को ड्रिंक्स व स्नैक्स परोसने लगीं। मगर सभी की आँखें नीना को तलाश रही थीं। रह-रह कर मुझसे पूछ रहे थे, वह कहाँ छुपी है। मुझे भी उसका इन्तज़ार था कि वह कब ऊपर के कमरे से नीचे उतरती है। एक-दो बार मन हुआ कि ऊपर जाकर उसे देख आऊँ। उससे कहूँ कि सब लोग आ गये हैं, उसका

इन्तज़ार कर रहे हैं। मगर इस बार भी मर्दानगी मुझ पर हावी हो गयी। मेरे आत्मसम्मान ने मुझे रोक दिया।

खैर वह बड़ी देर से नीचे उतरी। उसकी बेटियाँ उसे दो-तीन बार बुलाने चली गयी थीं। मैंने गौर किया कि वह हल्का सा तैयार तो हुई है मगर उसने वह ड्रेस नहीं पहनी जो वह मेरे जन्मदिन पर पहनने वाली थी। न ही वह नैकलेस पहना जो उसने सोचा हुआ था। खैर उसे नीचे उतरते देख मुझे खुशी हुई।

औरतें कहाँ चुप रहती हैं, वह भी लॉरा जैसी औरतें! जैसे ही वह नीचे पहुँची लॉरा ने उस पर फिकरा कसा—"नीना, भई यह पति का कैसा जन्मदिन मना रही हो... ? मेहमान पहुँच गये और पत्नी लापता...क्या तुम्हारी भारतीय संस्कृति में ऐसा ही होता है? हमने तो सुना है कि भारतीय संस्कृति में—गेस्ट इज़ लाइक गॉड!"

नीना हल्के से बोली, "तबियत ठीक नहीं है। सिर दर्द हो रहा है... ।"

लॉरा ने अपने डॉक्टर पति को हुक्म बजाया—"डॉक्... सिरदर्द की गोली दो मरीज को।"

"मैंने चार गोलियाँ खा ली हैं," नीना बोली।

"कौन सी खायी हैं?" विलियम ने पूछा।

नीना उसे नाम बताने लगी कि जूलिया उसकी बाँह पकड़ कर सहानुभूतिपूर्वक उससे बोली, "नीना, तुम बैठ जाओ। खड़ी मत रहो... ।"

"हाँ बैठ जाती हूँ... मुझे चक्कर भी आ रहा है," वह अपना सिर पकड़ते हुए बोली।

"हाँ बैठ जा बेटा," शीला देवी अपनी बेटी से बोली। उसके पास जाकर वह उसका सिर दबाने लगी।

यह औरत भी... मैं मन ही मन बड़बड़ाया। अभी कुछ देर पहले तो इसे कुछ नहीं था। अब सब कुछ शुरू हो गया...सिरदर्द...पेटदर्द..। मेरे जन्मदिन समारोह को नष्ट करने पर तुली है।

मैं उसके करीब नहीं गया। वह भी मेरे करीब नहीं आई। पूरी पार्टी में उसका मूड़ उखड़ा रहा। मुझसे दूर, खिंची-खिंची सी रही। मेरे संग डांस करने के लिए इनकार कर दिया। मेरा बर्थडे केक भी उसने नहीं चखा। यही कहती रही, तबियत ठीक नहीं। उसका जी मिचला रहा है, चक्कर आ रहा है।

पार्टी के बाद, जब खाना हो गया, डांस हो गया, केक कट गया, लोग अब गर्म चाय-कॉफ़ी पी रहे थे, उसने यकायक सभी के बीच घोषणा की—"मुझे कुछ कहना है... ।"

सभी खामोश हो गए। मैं मुस्कुराते हुए एकटक उसे निहारने लगा कि चलो

आखिरकार हाईकमांड ने अपना मौन तोड़ा। शायद हाईकमांड का मूड़ ठीक हो गया।

"मुझे आप सभी से एक बात कहनी है...। आज आप सब यहाँ मौजूद हैं तो यह एक अच्छा मौका है। मुझे बेहद खेद के साथ आप सभी को यह बताना पड़ रहा है कि....मैं और पॉल अलग हो रहे हैं...।"

सब लोग सन्न रह गये। कोई भी कुछ कह नहीं पाया। मुझे अपनी छाती में खंजर बिंधता महसूस हुआ। मेरी पचासवीं वर्षगांठ पर ऐसा तोहफा...। मैं अवाक् रह गया। मुझे नीना से यह उम्मीद नहीं थी कि वह मेरे पचासवें जन्मदिन पर, एक सजे-धजे समारोह में मुझे इस तरह जलील करेगी। प्रकृति ने स्त्रियों का दिल इतना कठोर क्यों बनाया है? मैंने चारों तरफ़ देखा—सभी की आँखें मुझ पर जमीं थी, मेरी प्रतिक्रिया जानने के लिए। मेरी माँ, भाई-बहन, मेरे दोस्त, लूसी व ग्रेसी... सब स्तब्ध खड़े थे। नीना के माता-पिता किंकर्तव्यविमूढ़ से बैठे हुए। करीना और जोहाना गमगीन। मेरे दोस्त बगलें झाँक रहे थे। मेरी आँखें भर आयीं। "एक्सक्यूज मी..." कहते हुए मैं लम्बे-लम्बे डग भरते हुए बाथरूम में चला गया। वहाँ जाकर सुबक पड़ा। अपने बहते आँसुओं को मैं अपनी किल्ट से पोंछता रहा। कितने शौक से मैंने यह ड्रेस पहनी थी। अब यह ड्रेस मुझे बुरी तरह चिढ़ा रही थी। कबीले का गंवार हूँ मैं वास्तव में...। एक औरत ने मुझे इतना जलील किया। धिक्कार है मुझ पर।

"पॉल..." एक कोमल शब्द मेरे कानों में गूँजा।

मैंने पलट कर देखा—मेरी माँ खड़ी थी। मैं माँ से लिपट गया। माँ से लिपट कर मैं फिर से एक बच्चा बन गया था। अपने पचासवें जन्मदिन पर मैं अपनी माँ के आगोश में बहुत रोया।

माँ मुझे सहलाती रही। मुझे धीरज देती रही—"ज़िन्दगी में बहुत सारे कारक होते हैं जोकि इन्सान का स्वभाव बनाते हैं। नीना एक प्रमुख शैक्षिक संस्थान की पढ़ी है। एक प्रतिष्ठित कम्पनी में जॉब करती है। उसके पास धन-दौलत, शौहरत सब है। मगर उसकी बहुत सारी लालसाएँ अधूरी हैं। बहुत सारी अधूरी इच्छाएँ आम तौर पर व्यक्तियों को और विशेष रूप से औरतों को कड़वा बना देती हैं।"

जन्मदिन समारोह के हर्ष को विषाद में बदलने में देर नहीं लगी। स्तब्ध व खामोश मेहमान विदा होने लगे—बिना कुछ कहे, बिना अपनी कोई प्रतिक्रिया व्यक्त किये। वाचाल लॉरा भी कुछ अधिक न कह सकी। बस, नीना व मेरी तरफ़ देखते हुए ठंडे स्वर में बोली, "हम स्कॉटलैंड से इसके लिए नहीं आये थे... सो सॉरी...।"

माँ नम आँखों से बोली, "अच्छा पॉल हम चलते हैं। कल तुझे फ़ोन करेंगे। अपना ख़याल रखना, मेरे बच्चे...। जो कुछ हुआ बहुत बुरा हुआ।"

मेरा दोस्त एन्ड्रियाज़ जाते हुए मेरा कंधा थपथपा गया। हल्के से बोल गया,

"सोमवार को स्कूल में मिलते हैं... ।"

शीला देवी व रामचन्द्र को अपनी बेटी की फिक्र अधिक थी, सो वे उससे मिल-मिलाकर, उसे सहला-पुचकार कर चले गये। मुझे उन्होंने एक शब्द तक नहीं कहा। बस जाते हुए मुझे खा जाने वाली नज़रों से देखते रहे जैसे मैं कितना बड़ा पापी हूँ। कितने ज़ुल्म किये मैंने उनकी बेटी पर जो वह यह निर्णय लेने पर मजबूर हुई।

घर में मैं, नीना व चारों कन्याएँ ही रह गयीं। करीना, जोहाना, लूसी व ग्रेसी भी चुपचाप अपने-अपने कमरों में खिसक लीं।

यह कहानी यही नहीं थमी। सब लोगों के जाने के बाद नीना स्टडी में गयी और कंप्यूटर खोल कर एक फॉर्म डाउनलोड करने लगी। इतना तो कहूँगा, वह एक पारदर्शी व स्पष्टवादी महिला थी। कोई भी बात वह किसी के पीठ-पीछे या लुक-छुपकर करने में विश्वास नहीं करती थी। उसे मेरी भावनाओं को आहत करने का भी कोई भय नहीं रह गया था। सो डेनिश विदेश मंत्रालय को सूचित करने से पहले उसने मुझे बताया—"पॉल, मैं मंत्रालय को इत्तला कर रही हूँ कि हम अलग हो रहे हैं... ।"

डेनमार्क का कानूनी नियम, अगर कोई डेनिश नागरिक किसी दूसरे देश के नागरिक से विवाह करता है या लिव-इन-रिलेशनशिप में रहता है, और अगर वह टूट जाता है तो तत्काल मंत्रालय को सूचित करे।

मैंने उसे हिकारत से देखा, गुस्से से बोला, "तुम्हें उस भरी सभा में मुझे बेइज़्ज़त करके चैन नहीं मिला जो और भी धज्जियाँ उड़ा रही हो?"

"पॉल, मैं सिर्फ़ कानून का पालन कर रही हूँ।"

मेरे मुख से बस इतना ही निकला, "इन्सान से बढ़ कर तुम्हारी नज़र में कानून है? बहुत खूब! मैं वाकई इसकी सराहना करता हूँ, नीना श्रीनिवासन!" अपना क्रोध मैं अपने भीतर ही दबाए वहाँ से चला गया। ऊपर बेडरूम में आया। अपनी किल्ट उतार कर पटक दी—साली किल्ट! सामान्य कपड़े पहन कर मैं नीचे हॉल में गया। वहाँ मेज़ पर वाइन, बीयर और व्हिस्की की बोतलें अभी भी पड़ी थीं। वाइन की बोतल खोल कर मैंने एक गिलास में उड़ेली और अपना सालों का रिकोर्ड तोड़ दिया। बहुत सालों से पी नहीं थी, सो दो पैग लगाते ही नशा आ गया। 'साला पॉल... पचास का पट्ठा ! तू इसी काबिल है... एक औरत तेरी इतनी बेइज़्ज़ती करे... तू इसी लायक है...' मैं बकता रहा। अपने आप को ही कोसता रहा। फिर मैंने ताव में आकर व्हिस्की पी, उसका एक पैग पीकर ही मैं लड़खड़ाने लगा।

वहीं बिछे एक सोफे पर मैं बैठ गया। बारिश होनी शुरू हो गयी थी। खिड़की के शीशों से टकराती बूँदें एक चुनौती लग रही थीं, मेरी ज़िन्दगी की तरह। मैं गमगीन बैठा सोचता रहा, आखिर नीना ने ऐसा क्यों किया मेरे साथ। क्या उसे मुझसे इतनी

अधिक नफरत हो गयी है! वह तो मुझसे इतना प्यार करती थी कि अपने नाम के आगे श्रीनिवासन की बजाय स्कॉट लगाने लगी थी—नीना स्कॉट। फिर क्या हुआ? कहाँ यह स्कॉट ढह गया?

कितनी देर तलक मैं सोफे पर बैठा रहा, नहीं जानता। बस इतना जानता हूँ कि नीचे सोफे पर से उठ कर मैं ऊपर बेडरूम में नहीं गया, बल्कि उस कमरे में आया जो लूसी व ग्रेसी को दिया हुआ था। दोनों बालिकाएँ चुपचाप लेटी हुई अपने-अपने सेलफ़ोन पर लगी हुई थीं, जैसे अपना ध्यान ज़बरदस्ती कहीं बँटाना चाहती हों। मैंने उन्हें निहारा—दोनों लम्बी-छरछरी, पूरी तरह जवान हो गयी थीं—सत्रह वर्षीया। लूसी पूरी यूरोपीय लगती थी, ग्रेसी में इंडियन जीन हावी थे। कितनी उत्सुकता से दोनों अपने स्कूल से छुट्टियाँ लेकर मेरे पचासवें जन्मदिन पर एडिनबर्ग से आयी थीं! कितनी उमंग से दोनों ने डांस किया था! सब कुछ कितना भद्दा हो गया। आहट से उनका ध्यान मेरी तरफ़ खिंचा। दोनों कन्याएँ सहमी हुई थीं।

मेरी तरफ़ देखते हुए लूसी चिन्तित स्वर में पूछने लगीं, "अब आप क्या करोगे, डैडी?"

"क्या करूँगा? क्या करूँ मैं? पता नहीं... ही-ही-ही..." मैं हँसने लगा।

दोनों एक-दूसरे को देखने लगीं। असमंजस के भाव उनके चेहरों पर आ गये। मेरा हाथ पकड़ते हुए बोलीं, "पापा, आप ठीक हो?"

"क्यों? क्या हो गया मुझे?"

"आप ऐसी बहकी-बहकी बातें क्यों कर रहे हो? हमें डर लग रहा है...।"

उन्हें बाँहों में भरते हुए मैं बोला, "डरो मत बच्चो, मैं ठीक हूँ। मैं बिलकुल ठीक हूँ...।"

लड़कियाँ थोड़ी आश्वस्त हुईं। थोड़ी देर की चुप्पी के बाद ग्रेसी ने उद्विग्न हो पूछा, "पापा अब आप कहाँ रहोगे? यह घर तो...।"

"पापा पॉल अब क्या करे? कहाँ जाए? कहाँ रहे? यह घर तो हाईकमांड नीना का है, और उसने पापा पॉल का बहिष्कार कर दिया है।"

"पापा!" दोनों लड़कियों ने मुझे टोका। "इस तरह बातें मत करो। अपने लिए कोई ठिकाना खोजो।"

यह वाकई एक गम्भीर समस्या थी। अपनी बेटियों से मेरा सलाह-मशवरा हुआ, और मैं इस निष्कर्ष पर पहुँचा कि अगले रोज़ उनके एडिनबर्ग लौटने के बाद मैं भी यहाँ से अपना बोरिया-बिस्तर समेट कहीं चला जाऊँगा। फिलहाल तो किसी गेस्टहाउस या किसी टूरिस्ट-होम की शरण लेता हूँ। फिर इत्मीनान से कहीं अपने लिये कोई किराए का घर तलाशूँगा।

एकाएक मैंने अपना लैपटॉप खोला और डेनमार्क में टूरिस्ट-होम देखने लगा। लूसी व ग्रेसी मेरी मदद करने लगीं।

गौर से मैंने अपने सामने खड़े बोर्ड पर नाम पढ़ा—हेसलेव। कोई छोटी सी जगह है। अँधेरा होने की वजह से बोर्ड पढ़ने मुश्किल हो गये हैं। रास्ता सुनसान होता जा रहा है। परिदृश्य बदल रहा है—शहरी से ग्रामीण में तब्दील हो रहा है। जवान लोग भी अब नज़र आने बन्द हो गये हैं। चारों तरफ़ बस निरा सन्नाटा। भय लग रहा है तो रोमांचकारी भी लग रहा है। रात का अन्धकार और मैं अकेला मुसाफिर..। भगवान मेरी रक्षा करो। जीजस क्राइस्ट..।

फिर तलाक

वैसे जो कुछ मनमुटाव मेरे व नीना के बीच पनपे थे, अगर पूरी ईमानदारी से कहूँ तो केवल नीना को दोषी नहीं करार दे सकता। कुछ हालात थे, कुछ मुझ में भी ऐब थे। वह जिस बात से चिढ़ती थी, मैं जानबूझ कर वही किया करता था। मैंने कई बार उसे शर्मिंदा किया। उसका अपमान किया। उसके छोटे-छोटे आग्रह मानने से इन्कार किया।

उसकी बेटियों के साथ भी मेरी जिरह होनी शुरू हो गयी थी। दरअसल उन बच्चों के साथ सम्बन्ध कायम करना, जो अपनी माँ के पुनर्विवाह से खुश नहीं थे, मेरे लिये सर्वाधिक चुनौतीपूर्ण था। जो लोग कहते हैं कि शादी दो व्यक्तियों के बीच नहीं, वरन दो परिवारों के बीच होती है, बिलकुल ठीक कहते हैं। नीना के बच्चों के लिए बाप बनना और उसके माता-पिता के लिए बेटा बनना—दोनों मेरे लिये मुश्किल था। हालाँकि यह मेरा चुनाव था कि मैं किसी दूसरे आदमी के बच्चों की परवरिश की ज़िम्मेदारी लूँ, उन्हें प्यार करूँ, उनके नाज-नखरे उठाऊँ। मगर वह लड़कियाँ मुझे अपनी ज़िन्दगी में चाहती ही नहीं थीं।

उधर उसके माता-पिता मुझे पूरी तरह अपनी ज़िन्दगी में चाहते थे। वे चाहते थे, मैं उनका बेटा बन, उनका उत्तराधिकारी बनूँ। अपने स्कूल अध्यापक का जॉब छोड़ कर उनके मानसून का प्रबंधक बन जाऊँ। गल्ले पर बैठ कर लेडीज़ ड्रेसेस बेचूँ। कमर 24, ब्रैस्ट 31, हिप्स 33...शरीर माप का नापतौल करता रहूँ। इसके लिए उन्होंने मुझे कई तरह के प्रलोभन दिये, अधिक वेतन, पार्टनरशिप...। मगर मुझे हिन्दुस्तानी महिला पोशाकों के व्यापार व इस तरह के कारोबार का कोई ज्ञान नहीं था और न ही इस ज्ञान को अर्जित करने की चाह थी। सो मैंने अपनी नौकरी छोड़ कर उनका बिजनेस सँभालने से साफ़ इन्कार कर दिया। वह बिजनेस देखते ही देखते बिक गया। मैं तटस्थ बना रहा। नीना को लगा, मैं उसके किसी भी काम का नहीं। वैसे भी वह एक जी-तोड़ संघर्ष करने वाली, नफा-नुकसान देखने वाली महिला थी—मेनिपुलेटीव। रिश्तों में भी वह नफा-नुकसान देखती थी। जब उसे लगा—पॉल उसके किसी काम का नहीं, उसने मुझे अपनी ज़िन्दगी से निकाल दिया। उसके घर से मुझे खुद निकलना पड़ा।

उसने चार दिन की मोहलत दी थी मुझे। मेरे जन्मदिन की अगली सुबह लूसी

व ग्रेसी को एडिनबर्ग के लिए फ्लाईट पकड़नी थी। मैं उन्हें डाइनिंग टेबुल पर नाश्ता खिला रहा था। नाश्ता क्या था, दो टोस्ट सेक दिये थे मैंने जल्दी में कि बेटियाँ घर से भूखी न निकलें। वैसे रात की पार्टी का काफ़ी खाना बचा था—चिकन, समोसे, नान, केक... । मैंने उनसे पूछा कि वे उनमें से कुछ खाना चाहती हैं। दोनों ने अनिच्छा व्यक्त की, बस सूखा टोस्ट खाने के लिए ही तैयार हुईं।

नीना ऊपर से तैयार होकर नीचे उतरी। वह बिजनेस सूट पहने हुए थी, हाथ में बिजनेस सूटकेस पकड़ा हुआ।

"गुडमार्निंग!" वह लूसी व ग्रेसी से बोली। "एडिनबर्ग लौट रही हो आज!" यह एक प्रश्न नहीं, कथन था, क्योंकि उसे लूसी व ग्रेसी का कार्यक्रम अच्छे से मालूम था कि मेरे जन्मदिन के अगले रोज़ ही दोनों एडिनबर्ग वापस लौट जायेंगी। अपना स्कूल वे अधिक दिनों तक मिस नहीं कर सकतीं।

नीना को देखते ही दोनों लड़कियाँ टोस्ट छोड़ कर खड़ी हो गयीं, सहमी हुई सी।

"हाँ," उन्होंने गर्दन हिलाई।

नीना ने दोनों को अपने गले लगाया, उन्हें 'शुभ यात्रा' भी कहा। फिर मेरी तरफ़ उन्मुख हो कर्कश स्वर में बोली, "मैं हॉलैंड जा रही हूँ, चार रोज़ के लिए। तब तक तुम अपना कोई ठिकाना तलाश लो।"

मैंने मूक अपनी गर्दन हिलाई।

लूसी व ग्रेसी को एयरपोर्ट छोड़ कर मैं जुट गया अपने लिए कोई ठिकाना तलाशने में। सौभाग्य से मुझे यासबोर्ग मैन होस्टल में एक कमरा तुरन्त मिल गया। सो दो दिन बाद ही, नीना के हॉलैंड से लौटने से पहले ही मैं अपना सामान समेट कर उसके घर से जा चुका था।

दस-बाय-बारह वर्ग फुट का एक कमरा अब मेरा नया आवास था। किचन और टॉयलेट मुझे होस्टल के इस विंग में रहने वाले अन्य बारह आदमियों के साथ शेयर करने पड़ते थे। एक कमरे की ज़िन्दगी क्या होती है, यह महसूस कर रहा था। दिनचर्या लड़खड़ा रही थी। अपने कमरे से एक टोकरी में खाने-पीने का कच्चा माल लेकर मैं किचन में जाता, न्यूनतम पाक क्रिया वाला भोजन तैयार करता। अपने कमरे में लौट कर अकेले बैठे खाता। नीना ने इतनी मेहरबानी मुझ पर की कि मुझे एक सोफा-कम-बेड अपने घर से ले जाने की इजाज़त दे दी, जिस पर बैठ कर मैं दिन भर काम करता, और रात में उस पर सो जाता। स्कूल अध्यापक का मेरा वेतन मुझे फिलहाल यह ही उपलब्ध करवा सकता था।

नीना के आशियाने से आकर अपना यह कमरा पिंजड़ा जैसा लगता। नीना का

जुमला याद आ जाता—टीचर! फटीचर...। वह ठीक ही कहती थी... यह है मेरी असली हैसियत...एक अध्यापक की औकात...।

वह मेरे जीवन का कठिनतम दौर था। चारों तरफ़ व्यर्थता और नि:सारता नज़र आने लगी थी। मैं अपने को बेहद अकेला महसूस करने लगा। स्कूल से आने के बाद मैं अपने गरीबखाने की तन्हाई में अवसादग्रस्त बैठा रहता। मेरा कहीं भी जाने का मन नहीं करता। किसी से मिलने का मन नहीं करता। नीना के दिये पुराने सोफे पर अकेले बैठ कर मैं नीना व अपने सम्बन्धों के विषय में सोचा करता। मैं कहाँ गलत था? किसी से मनमुटाव या सम्बन्ध टूटने का कभी भी मात्र एक कारण नहीं होता, जब कारणों का एक समुच्चय हो जाता है तब मनुष्यों के बीच टकराव व कलह उत्पन्न होते है। कौन सी वे संचित वजहें थी जिन्होंने नीना को मुझसे दूर किया और हमें अलगाव के इस कगार पर ले आयीं?

जोहाना, सिगरेट, किल्ट, थाईलैंड और मानसून...।

—मुझे अगर जोहाना और तुममें से किसी एक को चुनना पड़े तो मैं जोहाना को चुनूँगी।

—यह अतीत की ड्रेस है... तुम इसमें कबीले के गंवार लगते हो...।

—मुझसे बर्दाश्त नहीं होती अब यह गंध...। सिगरेट छोड़ो, वरना मैं तुम्हें छोड़ता हूँ...।

—क्यों लाईं तुम मुझे थाईलैंड...? क्यों नहीं तुमने मुझे अपना मोबाइल रखने दिया? क्यों नहीं तुमने मुझे मेरी ईमेल्स चैक करने दीं...? मेरे पिता की मौत पर मेरे उनके पास ना होने के लिए दोषी तुम हो...सिर्फ़ तुम...।

—मेरे मातापिता का मानसून बिक गया जो उनका एक सृजन था, एक बच्चा था और तुम तटस्थ बने रहे...।

ये विवाद कब और किस क्रम में उत्पन्न हुए, मुझे नहीं मालूम, मगर इन सब विवादों ने हमारे रिश्तों में गहरी दरारें डालीं। हमारे रिश्तों को दरका दिया अन्दरूनी भित्तियों तक।

मैंने यह वाहियात उम्मीद भी पाली थी कि शायद नीना ने यह फैसला किसी आवेग में लिया है। कुछ दिनों के वियोग के बाद वह अपने 'स्कॉट' को याद करने लगेगी। मुझे फिर से अपने पास बुला लेगी।

मगर... जो तुम सोचते-चाहते हो, क्या वह हमेशा होता है...? अपने पूर्व पति ओलिवर से अलगाव के बाद नीना को दूसरा जीवनसाथी तलाशने में जहाँ सालों लगे थे, वहीं मुझसे विलग हो उसे विधुर पीटर तुरन्त मिल गया था। वह पीटर के साथ रहने लगी थी। मुझे समझौते की सारी गुंजायश खत्म नज़र आती गयी। नीना ने दूसरे

मर्द का दामन थाम लिया था।

नीना मेरे स्कूल आयी थी, तलाक के पेपर्स लेकर। पीटर के साथ उसने पहले ही रहना शुरू कर दिया था। खैर रिश्तों में थोड़ी बहुत बेवफाई को मैं पाप या अनैतिकता नहीं समझता। मैं भी कोई दूध का धुला नहीं हूँ। मैं उसे स्कूल की केन्टीन में ले गया। हमने बकायदा कॉफ़ी पी एक साथ बैठ कर। कॉफ़ी खत्म करने के बाद वह कागज़ात मेरी तरफ़ बढ़ाते हुए, संयत स्वर में बोली,"पॉल... बेहतर है कि हम तलाक ले लें। फिर तुम भी आज़ाद होंगे और मैं भी...।"

विवाह एक ऐसा गठबन्धन है, जिसमें सभी प्रकार की सम्भावनाएँ हैं—आजीवन निभाने की भी और इसे बीच में तोड़ने की भी। मैंने चुपचाप तलाक के पेपर्स पर अपने दस्तखत कर दिये। कोई चारा भी नहीं था मेरे पास।

"पीटर कहाँ मिला?"

मेरे प्रश्न से वह ऐसे चौंकी, मानों कोई चोर चोरी करते हुए रंगे हाथों पकड़ लिया गया हो। खिसियानी हँसी हँसते हुए बोली, "स्पेन में एन्वायरमेंट कांफ्रेंस में मिले थे हम। वह भी वहाँ एक प्रतिनिधि बन कर आया था...।"

मैंने मन ही मन हिसाब लगाया—नीना स्पेन इंटरनेशनल कांफ्रेंस में दो साल पहले गयी थी। इसका मतलब वह पीटर को तब से जानती है। कभी उसने मुझसे उसका ज़िक्र क्यों नहीं किया?

"पीटर का हमारे ब्रेकअप से कोई सरोकार नहीं," वह सफ़ाई देते हुए बोली।

उसका भले ही हमारे अलगाव से कोई सरोकार नहीं रहा होगा लेकिन वह एक विकल्प के तौर पर तुम्हारे लिये हमेशा मौजूद था। मैंने सिर्फ़ मन ही मन सोचा, कहा कुछ नहीं। इन सबका अब कुछ अर्थ नहीं रह गया था। मेरे और नीना के बीच सब कुछ खत्म हो चुका था।

"तुम्हारे कुछ कपड़े व अन्य कुछ सामान अभी तक मेरे घर में पड़े हैं...। क्या करूँ उनका?" उसने मुझसे पूछा।

"फेंक दो उन्हें..." मैं एकाएक उत्तेजित हो गया। "अब अपनी सात साल की ज़िन्दगी का सभी सामान—कच्छे-बनियान, गमछा-तौलिया, रेजर, ब्लेड... सब तो वहाँ से नहीं उठा सकता...।"

कैसे मैं उस घर से अपना सारा अस्तित्व मिटा सकता था, जहाँ मैं सात साल रहा था...।

खैर कुछ दिनों बाद नीना का मेरे पास फ़ोन आया कि उसने मेरी सभी वस्तुएँ, जो मैं उसके घर छोड़ आया था, इकट्ठा करके घर के बेसमेंट में रख दी हैं। मैं जब चाहूँ उसके घर से अपनी चीज़ें उठा सकता हूँ। मैं कभी उसके घर अपनी उन चीज़ों

को उठाने नहीं गया। मुझे उनकी ज़रूरत भी नहीं थी। जो कुछ आवश्यक था मैं उसके घर से समेट चुका था।

कभी-कभी मुझे खिन्नता हो जाती। प्रथम पत्नी सौन्द्रा के बाद दूसरी पत्नी नीना से भी तलाक। मुझे स्वयं पर ही क्रोध आता कि मैं क्या शख्स हूँ...। किस माटी का बना हूँ? कोई भी औरत मेरे साथ टिकना नहीं चाहती। मुझ में ही ऐब हैं। मुझे आश्चर्य होता था कि सौन्द्रा और नीना ने मुझ पर बिलकुल एक से आरोप लगाये थे, जबकि मैं अलग-अलग देशों में, अलग-अलग परिवेश में, अलग-अलग काल में उनके साथ रहा था। मुझे आश्चर्य इस बात पर अधिक होता है कि इतने वर्षों में भी मैं नहीं बदला। मैं सोचता था कि जब मैं सौन्द्रा का पति था तो तब मुझे ज्ञान नहीं था कि दाम्पत्य जीवन कैसा चलता है। स्त्री-बुद्धि क्या है? त्रियाचरित्र क्या होता है? मुझे समस्याओं से निपटना नहीं आता था।

लेकिन इतने वर्षों बाद नीना ने भी मुझ पर हूबहू वे ही इल्ज़ाम लगाये—मैं एक दकियानूसी सोच का,संकुचित मनोवृत्ति का, आत्मकेन्द्रित व बेहद स्वार्थी इन्सान हूँ। मैं सिर्फ़ अपने को लेकर चलता हूँ, अपनी सोचता हूँ। मैं एक शादीशुदा आदमी की तरह बर्ताव नहीं करता। मेरे लिये 'मैं' सर्वोपरि है।

अब मैं यहाँ अकेला बैठा पछता रहा हूँ। अपने अकेलेपन से त्रस्त हूँ। क्यों हमें किसी के साथ रिश्ता कायम करना इतना मुश्किल होता है, जबकि हम भली-भाँति जानते हैं कि हम अकेले नहीं रह सकते? बहरहाल, नीना के साथ तलाक प्रक्रिया में कोई अड़चने नहीं थीं, जैसी सौन्द्रा के साथ थीं—ना बच्चों की कस्टडी की लड़ाई थी, ना बच्चों को खर्चा देने का मामला था, ना ही मकान या अन्य वस्तुओं का बँटवारा। यहाँ सभी कुछ नीना का था। फिर डेनमार्क में तलाक के कानूनी नियम भी स्कॉटलैंड की अपेक्षा सरल थे, सो बड़ी सरलता से, बिना किसी हीलहुज्जत के, आपसी रज़ामंदी से हम दोनों का तलाक हो गया। हम दोनों ने एक फॉर्मूला अपनाया—प्रेमपूर्वक एक साथ रह न सके, कम से कम संजीदगी से अलग हो जायें।

रात में मुक्त आकाश के नीचे चलने का अनुभव मेरा पहला है। मैंने महसूस किया, जंगल दूर चले गये हैं और जंगलों का स्थान खेतों ने ले लिया है। चाँदनी रोशनी में देख रहा हूँ कि मैं दोनों ओर के सरसों के पीले खेतों के बीच से दौड़ा जा रहा हूँ, कोई तीन-चार मील प्रति घंटा के वेग से। खेतों में गजब का सौन्दर्य है। कई स्थानों पर रास्ता कच्चा है, घास-मैदानों को लाँघना पड़ रहा है। रह-रह कर कीट-पतंगों का स्वर गूँज रहा है। रात में ये छोटे जीव और सक्रिय हो जाते हैं, या रात के सन्नाटे में

हमें इनकी क्षीण आवाज़ें सुनाई पड़ने लगती हैं, मालूम नहीं।

वन्य पशुओं की चीत्कार भी सुनाई दे रही है। हवा की सनसनाहट अलग ही एकाएक बदन को बेंधने लगती है। पैरों तले कंकड़-पत्थर आ जाते हैं।

ज़िन्दगी की डगर कंकड़ों-पत्थरों, हवा-पानी की सरसराहट-सनसनाहट से अलग थोड़े ही है...। मगर मैं पथरीली राहों पर बेखौफ़ चलता गया...। तभी मेरा एक जूता जख्मी हो गया। मैंने रात के अँधेरे में पाँव उठा कर जूते को उलट-पलट कर देखा—जूते का तला आधा टूटकर अलग हो गया है।

मैंने सोचा नहीं था कि ये जूते मुझे इतनी जल्दी दगा देंगे। टूटे हुए जूते से चलना बहुत मुश्किल होने लगा। मैंने जूते निकाल कर हाथों में पकड़ लिये। अब मैं नंगे पैर हूँ। नंगे पैर चाल एकदम धीमी हो गयी। ये मेरे नग्न पैर मुझे मन्दिर तक नहीं पहुँचा पायेंगे। मुझे कुछ करना पड़ेगा।

चार-पाँच किमी. नंगे पैर ही चलता रहा। पैरों तले धरा ठंडी व कठोर महसूस हो रही है। मेरे पैर छिल कर लहूलुहान होने लगे। क्या करूँ? कोई चारा नहीं मेरे पास। फिर से जूते अपने पैरों पर चढ़ा लिये। अपनी जेब से रूमाल निकाल कर तले को जूते से बाँधने की कोशिश की, मगर रूमाल छोटा था। क्या करूँ? चाँदनी में सहसा मेरी नज़र एक लतायुक्त पेड़ पर पड़ी। वृक्ष से कुछ लम्बी बेलें तोड़ कर मैंने उखड़ा तला जूते से बाँधा। पैर कस गया किन्तु जूतों के अन्दर पैरों को आराम मिला।

कहाँ जाऊँ? रास्ते ही रास्ते हैं, यूँ ही एक अनजान डगर पर मुड़ गया। कुछ दूरी पर फिर से दिखने लगे नये रास्ते। कौन सी राह मन्दिर को जायेगी? नक्शे में पढ़ता हूँ तो पता चलता है कि गलत राह पर जा रहा हूँ। घूम गया मैं, पलट कर डेढ़ फर्लांग वापस आता हूँ। दूसरी डगर पकड़ता हूँ। उम्मीद है यह डगर मुझे मन्दिर पहुँचाएगी। आमेन!

मैं उससे भागा नहीं था

सौन्द्रा के साथ तीन साल के छोटे से जीवन ने हमें काफ़ी कुछ आपस में बाँटने को दे दिया था। जो कुछ भी हमने अपने तीन वर्ष के वैवाहिक जीवन में अर्जित किया था, परस्पर आधा-आधा बाँट लिया था। बेटियों की कस्टडी सौन्द्रा को मिली थी, मुझे विजिटिंग राइट्स मिले थे। जब भी मेरी स्कूल की छुट्टियाँ पड़तीं मैं लूसी व ग्रेसी के साथ कहीं न कहीं अवश्य जाता था। इस बार गर्मियों की छुट्टियों में मैंने स्कॉटलैंड में एक महीने के लिए एक समर हाउस बुक करवा रखा था।

हर रविवार मेरी लूसी व ग्रेसी से स्काइप पर बात होती थी। वे दोनों समर हाउस जाने के लिए बहुत उत्साहित थीं। अधिकतर बातें हमारी कार्यक्रम को लेकर होतीं। कैसे जायेंगे? क्या-क्या पैक करें? वहाँ क्या करेंगे? कार बुक हो गयी? वहाँ खाने का क्या इन्तज़ाम होगा? तमाम सवाल बेटियों के। एक दिन उन्होंने मुझसे एक सवाल और कर लिया, थोड़ा झिझकते हुए—"डैडी... क्या अलान भी हमारे साथ समर हाउस आ सकता है...?"

मैं पसोपेश में पड़ गया। क्या कहूँ? अलान सौन्द्रा व उसके दूसरे पति का बेटा था, लूसी व ग्रेसी का हाफ ब्रदर (सौतेला भाई)। मैं जानता था कि लूसी व ग्रेसी दोनों को अलान से बहुत लगाव है। कुछ सोच-समझ कर, लूसी व ग्रेसी का मन रखने के लिए मैंने हामी भर दी। मुझे लग रहा था, लूसी व ग्रेसी के साथ इस तरह का लम्बा अवकाश व्यतीत करना शायद यह अंतिम बार हो। दोनों जवान हो गयी हैं। बारहवीं पास कर ली है। यूनिवर्सिटी शिक्षा के लिए दोनों ने अलग-अलग कैरियर चुने हैं। लूसी ने इकोनॉमिक्स व फाइनेंस चुने हैं और ग्रेसी मेडिकल डॉक्टर बनना चाहती है। उनकी ज़िन्दगी अलग-अलग दिशाओं में भागने वाली है, फिर कौन जाने कब उन दोनों के संग एक साथ एक लम्बे काल के लिए रहना सम्भव हो सके। सोच कर हैरान होता हूँ कि बच्चे कितनी जल्दी बड़े हो जाते हैं! नाहक ही हम उन्हें लेकर परेशान होते हैं।

छब्बीस जून से मेरी स्कूल की छुट्टियाँ आरम्भ हुईं। अट्ठाइस जून, लूफ्थान्सा फ्लाईट पकड़ मैं कोपनहेगन से एडिनबर्ग पहुँचा। एयरपोर्ट से बाहर निकल कर सीधे

कार रेंटल कम्पनी की तरफ़ बढ़ा। स्कॉटलैंड में इधर-उधर घूमने में सहूलियत के लिए मैंने यह रेंटल कार बुक करवाई थी।

एयरपोर्ट से मैं पीट के घर गया। वह मेरा स्कॉटिश डांस ग्रुप का यार था। जब भी मैं एडिनबर्ग आता था, उसी के घर टिकता था। पीट की पत्नी गुज़र गयी थी, तीनों बच्चे बड़े हो गये थे। वह नाना-दादा बन गया था। पीट बहुत विनोदी स्वभाव का था। कहता था, "मेरे बच्चे मुझे पसन्द नहीं करते.... क्योंकि मैं उनके बच्चों के लंगोट नहीं बदलता, उनके बच्चों की बेबीसिटिंग नहीं करता। मैं डांस करता हूँ। शराब पीता हूँ। औरतों के साथ घूमता हूँ... इसलिए वे मुझसे दूर भागते हैं।" हालाँकि मुझे मालूम था कि पीट औरतों से मिलता है, कई बार औरतें उसके घर आकर भी टिकती हैं। वह एक मस्त बन्दा है। मगर मुझे उसकी व्यक्तिगत ज़िन्दगी से कुछ मतलब नहीं। हर बार एडिनबर्ग आने पर मुझे उसका घर खुला मिलता है और मुझे क्या चाहिए!

पीट मुझे बस एक आहार परोसता था, यह इस पर निर्भर करता था कि मैं किस समय उसके घर पहुँच रहा हूँ—चाय के वक्त, लंच के समय या डिनर के समय। उसके बाद उसके घर में मुझे अपने खाने-पीने का बन्दोबस्त खुद ही करना पड़ता था। खैर इससे अधिक मैं उससे अपेक्षा भी नहीं कर सकता था। मैं सायं चार बजे उसके घर पहुँचा। पीट ने मुझे सिर्फ़ कोरी कॉफ़ी पिलाई।

मैंने एडिनबर्ग के कुछ स्कूलों में नौकरी के लिए आवेदन किया हुआ था। तीन स्कूलों से मुझे इंटरव्यू का बुलावा आया था। वहाँ जाकर मैंने इंटरव्यू दिये। एक संस्था के कार्यक्रम में अपना स्कॉटिश नृत्य भी पेश किया। नृत्य मुझमें स्फूर्ति भर देता था। अभिव्यक्ति की यह विधा मुझे थामे रखती थी। नृत्य के बाद मुझे लगा मेरा एडिनबर्ग आना सार्थक हो गया।

जिस दिन हमें समर हाउस जाना था, सौन्द्रा लूसी, ग्रेसी व अलान को लेकर एक पेट्रोल पंप पर पहुँची, जो हमने मिलने के लिए पहले ही तय कर लिया था। यह समर हाउस जाने के मार्ग पर था और सौन्द्रा के लिए भी यहाँ आना सुविधाजनक था।

हम दोनों अति शिष्टता से परस्पर मिले। एक-दूसरे को हैलो कहा, एक-दूसरे की कुशल क्षेम पूछी। मुझे आश्चर्य होता है कि कैसे मैं सौन्द्रा के साथ तीन वर्ष रहा। कहाँ गये वे दिन... ? वह अब इतनी अजनबी लगती है मुझे,बिलकुल पराई।

सौन्द्रा की कार से बच्चे उतर कर मेरी कार में सवार हुए, अपना-अपना सूटकेस थामे व कंधों पर बैग लटकाए। सभी उत्साह से भरे थे। अपनी माँ सौन्द्रा को उन्होंने टाटा किया। उसे फ्लाईंग किस दिया। औपचारिकता के लिए कहा—"वी विल मिस यू!"

समर हाउस एडिनबर्ग मुख्य शहर से बीस मील की दूरी पर समुद्र तट गुल्लेन किनारे स्थित था। महँगा था, मगर मैंने पैसों की फ़िक्र नहीं की। बड़ा सा लिविंगरूम, पाँच बेडरूम, किचन, डाइनिंग हॉल, लॉन, बगीचा सब कुछ समर हाउस में था। हम सभी रोमांचित हो गये। खुशी की किलकारियाँ मारते हुए बच्चे कार से उतरे व अपनी-अपनी पसन्द के कमरे चुनते हुए कमरों में अपना सामान लगाने लगे। मैंने खाने-पीने की काफ़ी चीज़ें एडिनबर्ग से खरीदी हुई थीं, राशन भी खरीद लिया था। सो रसोईघर में सामान लगा मैंने सबसे पहले रसोई व्यवस्थित की। तीन बच्चे साथ में थे, इसलिए भोजनादि का समुचित इन्तज़ाम आवश्यक था।

यह पहला मौका था जब मैं अलान के साथ इतनी करीबी से रह रहा था। वह एकदम सौन्द्रा की शक्ल का था, अन्तर सिर्फ़ यह था—सौन्द्रा नारी थी और वह नर। जब अपनी आँखें उठाकर वह मुझे देखता तो मेरा हृदय उछल जाता। मुझे ऐसा लगता जैसे सौन्द्रा मुझे निहार रही है। शुरू में तो वह मुझसे झिझका रहा, बाद में वह मुझसे खुलने लगा। मैंने पहली बार महसूस किया कि मुझे लड़कों के साथ रहने का अनुभव नहीं है। मेरी खुद की दो कन्याएँ हैं व नीना की भी दोनों बेटियाँ हैं। अलान ने मुझे आभास करवाया कि बेटों का साथ क्या होता है। मुझे अलान में एक बल महसूस होता, एक गहराई। वह मेरे संग पुरुषोचित खेल खेला करता। ध्यानपूर्वक मेरी बातों को सुना करता। उसके साथ परिवार एक पूर्ण परिवार लगता।

मैंने यह भी महसूस किया कि लूसी व ग्रेसी उसे प्यार करती हैं, मगर अपना पूरा रौब भी उस पर जमाती हैं। बेवजह उसे धमका कर रखती हैं। अलान, एक सीधा-सादा, तहजीब वाला, बड़ों का आदर करने वाला बालक, अपनी बहनों से थोड़ा डर कर रहता है। मैं अलान के प्रति एक नये अनुबंध में बँधने लगा। जब भी लूसी व ग्रेसी उस पर अपना हुक्म बजातीं, उसे धमकातीं मैं उसका बीच-बचाव करता। उसके पक्ष में अपनी बेटियों से लड़ता। उस समय मैं और अलान पुरुष वर्ग के प्रतिनिधि बन जाते, और लूसी-ग्रेसी औरतें।

बारह वर्षीय अलान मुझे पुरानी यादें दिलाता था। लूसी व ग्रेसी के जन्म का समय...। मेरी माँ उनके जन्म के समय हमारे पास आयी थी। माँ ने ही मेरी बच्चियों का नाम लूसी व ग्रेसी रखा था। सौन्द्रा व मैं दोनों बच्चियों को थाम कर डॉक्टर के पास जाते थे, उनके लंगोट बदलते थे, उन्हें दूध पिलाते थे, उनकी डकार निकालते थे...। मगर दोनों बच्चियाँ हमारे बीच जिरह-तकरार का कारण बनती गयीं...।

दो जुड़वाँ बच्चों को जन्म देकर सौन्द्रा सोचने लगी थी कि उसने पता नहीं क्या कमाल कर दिया। प्राणी जगत की हर मादा सन्तति को जन अपनी प्रजाति को आगे बढ़ाती है। ऐसा उसने क्या अनूठा कर लिया था! बिलकुल पसर गयी थी वह बच्चों

के जन्म के बाद। घर-बाहर का सारा काम मुझे करना पड़ता था। वह बच्चों को दूध पिलाते हुए भी समझती कि मुझ पर कुछ एहसान कर रही है। मैंने उससे कहा, वह नारीधर्म का दायित्व निभा रही है जो कुदरत ने उसे सौंपा है! मैंने भी वह दायित्व निभाया है जो कुदरत ने मुझे सौंपा है। मेरी वह ज़रा भी इज़्ज़त नहीं करती, मेरी परवाह नहीं करती, मुझे कुछ समझती ही नहीं...।

हमारी नई-नई शादी हुई थी...। एक सुबह पैर के ऊपर पैर रख कर वह सोफे पर पसर अखबार पढ़ रही थी। मुझे देख कर हाथ हिलाते बोली, "ऐई... जाकर मेरे लिये कॉफ़ी लाओ...।"

बात यह नहीं थी कि उसने मुझसे कॉफ़ी माँगी। मैं तो बड़े-बड़े पकवान पका लेता हूँ, एक कॉफ़ी बनाना मेरे लिये क्या? मगर जिस अन्दाज़ में उसने मुझ पर हुक्म बजाया... जैसे मैं उसका बावर्ची हूँ। मैंने ठहाका लगाते हुए कहा, "अच्छा...लाता हूँ...।" और मैं खिसक लिया। सबसे पहले गोल्फ कोर्स जाकर मैंने डेढ़ घंटे तक गोल्फ खेला, फिर एक रेस्तराँ में बैठ कर बढ़िया नाश्ता किया। एक दोस्त अपना मकान बदल रहा था, मैंने उसकी मदद की। फिर थियेटर में जाकर आराम से एक पिक्चर देखी। रात एक बजे मैं घर वापस लौटा। सौन्द्रा के चेहरे पर हवाइयाँ उड़ रही थीं। मुझे देखते ही चीखी—"पॉल!... कहाँ चले गये थे?" मुझसे वह लिपट गयी। मेरे सीने पर अपना सिर टिकाये वह खड़ी रही, उसकी साँसों का तेज स्पंदन धीरे-धीरे संयत होता गया। "मैं पुलिस स्टेशन गयी थी, तुम्हारे लापता होने की रिपोर्ट दर्ज कराने।" उन दिनों सेल फ़ोन का ज़माना नहीं था।

"क्या पुलिस ने रिपोर्ट दर्ज कर ली?" मैंने उससे पूछा।

"नहीं, पुलिस ने कहा कि तुम वयस्क हो। अपनी मर्ज़ी से कहीं भी जा सकते हो। अगर दो दिन तक घर नहीं लौटोगे, तभी रिपोर्ट दर्ज करेगी।"

मैं मंद-मंद मुस्कुराता रहा।

"कहाँ चले गये थे?" उसने सहमे स्वर में फिर पूछा।

"तुम्हारे लिये कॉफ़ी लेने," मैंने कटाक्ष किया।

उसके बाद उसने मुझे कॉफ़ी बनाने को कभी नहीं कहा।

फिर बच्चे होने के बाद सब कुछ बहुत ही ऊलजलूल हो गया—कुप्रबंध। दो नवजात बच्चे इस दुनिया में आये, बिना किसी अनुदेश के। माता-पिता को मालूम ही नहीं कि उन्हें कैसे सहेजना है। हर वक्त वे चीं-चीं करते रहते...। उनकी माता किचकिच। वह और भी चिड़चिड़ी हो गयी। उसका बर्ताव व मिज़ाज कुछ अजीब सा हो गया—हिंसात्मक। प्रजनन, दूध, मूत्र की मिलीजुली दुर्गन्ध उससे आती। मैं उससे कहता—नहा लो, तो मेरा कहना ही नहीं मानती। बल्कि ज़रा सी हमारे बीच कोई बहस

छिड़ती, वह एकदम से चीज़ें पटकने लगती। मेरे ऊपर गालियों की बौछार शुरू कर देती। इतनी गंदी-गंदी गालियाँ सुनी मैंने उसके मुख से अपने लिये। किसी को मैं बता भी नहीं सकता।

वह कहती, उसे पोस्टनेटल डिप्रेशन हो गया है। मैं भुनभुनाता, यह पता नहीं औरतों को क्या-क्या हो जाता है। हर वक्त हमारे बीच युद्ध का वातावरण रहता। मेरी सहनशक्ति जवाब दे रही थी। उस दिन जब मैंने वह बड़ा व कठिन फैसला लिया था... वह ग्यारह बजे सोकर उठी थी। मैं एक रिपोर्ट की प्रूफरीडिंग में व्यस्त था। फिर भी उसे उठते देख मैंने तुरन्त चाय बना कर उसे पेश की। खैर उसने भी मुझसे प्रेमपूर्वक कहा, "पॉल, मैं आज तुम्हारे लिये एक बहुत अच्छा लंच बनाऊँगी।" वह उसकी तैयारी भी करने लगी।

मैंने कहा, "पहले चाय पी लो।"

वह मेरे सामने बैठ कर चाय के घूँट भरने लगी, वही दुखड़ा सुनाने लगी कि बच्चे कैसे रात भर उसे जगाए रखते हैं,वह सो नहीं पाती। मैंने अपना प्रूफरीडिंग का काम वापस पकड़ लिया था और उसमें तल्लीन हो गया था। वह एकाएक शिकायत भरे लहज़े में बोली, "मैं यहाँ तुम्हारे सामने बैठी हूँ, तुमसे बात कर रही हूँ। तुम मुझे सुनने के बजाय अपने ही काम में लगे हो।"

"क्या सुनूँ, रोज़ वहीं बातें... ।"

"तुम्हें अपने बच्चों में कोई इंटरेस्ट नहीं... ।"

"मुझे यह प्रूफ़रीडिंग का काम पूरा करके आज कम्पनी को भेजना है। दस चीज़ें मुझे देखनी पड़ती हैं। तुम्हारी तरह मैं बिस्तर पर लेटा नहीं रहता।"

"क्या कहा मैं बिस्तर पर लेटी रहती हूँ... ? दो-दो बच्चे पैदा किये हैं मैंने... ।"

"ऐसा क्या कमाल कर दिया ? सभी औरतें करती हैं। बस तुमने एक की बजाय दो एक साथ पैदा कर दिये। और ज़िम्मेदारी डाल दी मुझ पर... ।"

हालाँकि मैंने यह मज़ाक में कहा था,उसने तमतमाते हुए चाय का प्याला पटक दिया। सारी चाय छिटक गयी।

"अच्छा...चीज़ों को क्या तुम ही पटक सकती हो ! यह लो..." कहते हुए मैंने भी अपना प्याला दे मारा। वह चकनाचूर हो गया। मैंने एक महँगा गुलदस्ता, दो-चार और वस्तुएँ जो भी मेरे हाथ में आयीं पटक मारी ज़मीन पर। फर्श पर काँच के छोटे-बड़े कितने ही टुकड़े बिखर गये। उसने जो मुझे गालियाँ देनी शुरू कीं, उफ्फ। खैर मैं भी खामोश नहीं रहा। एक-दूसरे को हम गालियाँ बकते रहे, जितनी गंदी गालियाँ हो सकती थीं, हमने बकीं। बेडरूम में सो रहे बच्चे जग कर अपना अलग ही नाद करने लगे। मैं जूते पहन कर घर से बाहर निकल गया।

दूभर हो गया था जीना। तंग आ गया था मैं इस जंजाल से। नरक बन गया था मेरा घर...। मैं इस नरक से बाहर निकलने को छटपटाने लगा था। मैंने उसे कुछ नहीं बताया। तीन घंटे बाद जब मैं घर लौटा, वह बेडरूम में दोनों बच्चियों के संग सो रही थी। मैंने चुपचाप, बिना किसी आहट के अपनी पैकिंग की, और अपना सारा निजी सामान उठा कर वहाँ से खिसक लिया। उसे पता भी नहीं चला मेरे जाने का। मगर मैंने डाइनिंग टेबल पर उसके लिए एक नोट छोड़ दिया—"सौन्द्रा, हमारा साथ रहना नामुमकिन है। मैं जा रहा हूँ... पॉल।"

कइयों ने मुझ पर इल्जाम लगाया कि मैं परिस्थितियों से भाग गया, सामना नहीं कर पाया, कायर हूँ। मैं कहना चाहता हूँ, मैं सौन्द्रा से भागा नहीं था, सिर्फ़ मुक्त हुआ था और बदले में मैंने उसे भी मुक्त किया था। कभी-कभी किसी से दूर चले जाना, परिस्थितियों से भागना, कमज़ोरी नहीं, ताकत होती है। हमारा इरादा किसी को अपनी अहमियत का एहसास कराने का नहीं होता, बल्कि हमें अपनी अहमियत का आभास हो जाता है। खैर अन्ततः जब हम तलाक की कार्यवाही के लिए कठघरे में खड़े हुए तो उसकी दमदार बैरिस्टर ने प्रभावशाली स्पष्टता व संक्षिप्तता से जज के सम्मुख केस की रूपरेखा प्रस्तुत की। "माय लार्ड, यह एक अति दुखद व त्रासद केस है। एक अबला, जिसके लिए माँ बनना अभिशाप बन गया।"

मैं आरोपों को सुनकर अवाक् रह गया।

"आपकी पत्नी जब आपके दो जुड़वाँ बच्चों से गर्भवती थी तो आप उसका खयाल रखने के बजाय, दोस्तों से साथ गुलछर्रे उड़ाते थे। बच्चों के जन्म के बाद आपने पत्नी के साथ बेडरूम में सोना बन्द कर दिया था। आप आराम से स्टडी रूम के सोफे पर आठ घंटे की नींद लेते थे और आपकी पत्नी जिसके ऑपरेशन से बच्चे हुए थे और जो पोस्टनेटल डिप्रेशन से गुज़र रही थी, रात भर दो बच्चों से अकेले जूझती। ऑपरेशन का घाव सूखा नहीं था, और दो बच्चों को लगातार स्तनपान करवाने से उसके निपल्स भी पक गये थे। आपने कोई भी पतिभाव, पितृभाव नहीं दर्शाया। बच्चों का सारा भार पत्नी पर डाल दिया। पत्नी को जब कभी रोष आता तो उसे समझने की बजाय, प्रेम व स्नेह का प्रदर्शन करने के बजाय, उस पर चिल्लाते-चीखते। और फिर एक दिन अचानक घर से गायब हो गये।"

हे भगवान! मैंने अपना सिर पकड़ लिया। मैं जो सुबह से रात तक खटता रहता था, वह इस औरत को नज़र नहीं आया। मैंने अपने बयान में कहा—"अगर मैं भी बच्चों के साथ रात भर जगा रहता तो घर-बाहर के सारे काम कौन करता? सुबह

पाँच से रात के ग्यारह बजे तक—खाना पकाना, घर साफ़ करना, कपड़े धोना, बाज़ार से सामान लाना, अपनी नौकरी पर जाना...। इतना कुछ करने के बाद क्या रात को आठ घंटे की नींद भी नहीं लेता?''

''आपने नैनी क्यों नहीं रखी?''

''मैं एक स्कूल अध्यापक हूँ। मेरी आमदनी इतनी नहीं कि नैनी रख सकूँ। फिर सौन्द्रा ने भी प्रेगनेंसी के दौरान तबियत खराब हो जाने की वजह से अपनी नौकरी छोड़ दी थी। घर के खर्चों की सारी ज़िम्मदारी मुझ पर आ गयी थी, इसलिए अतिरिक्त आय के लिए मैंने एक रिसर्च कम्पनी में प्रूफरीडिंग का काम भी पकड़ लिया था।''

''आप पत्नी को कुछ बताये बगैर घर से अचानक लापता हो गये! क्या बच्चों की ज़िम्मेदारी सिर्फ़ आपकी पत्नी की है?''

''मैंने डाइनिंग टेबल पर नोट छोड़ा...।''

उसने मुझे बीच में ही टोका—''आपकी पत्नी ने कोई नोट नहीं देखा...। वह आपको ढूँढती रही, दोस्तों और रिश्तेदारों के फ़ोन खटखटाती रही। उसे यह भी भय था कि कहीं आप किसी हादसे के तो शिकार नहीं हो गये! कहीं आपका एक्सीडेंट तो नहीं हो गया!''

खैर, मुझे मालूम था कि मुझसे ऐसे प्रश्न किये जायेंगे, सो मैं अपनी कुछ तैयारी के साथ गया था। मैं सौन्द्रा के बैंक अकाउंट में हर पन्द्रह दिन में जो पैसे ट्रांसफर कर रहा था, उसके दस्तावेज़ बैरिस्टर की तरफ़ बढ़ाते हुए बोला, ''ये पैसे आपके मुवक्किल के अकाउंट में क्या मेरा भूत भर रहा था?''

जज समेत सब लोग खिलखिला कर हँस पड़े।

सौन्द्रा की बैरिस्टर सौन्द्रा के केस को मार्मिक दर्शा सभी की सहानुभूति प्राप्त करना चाहती थी। स्कॉटलैंड, जहाँ जन्मदर इतनी घट गयी है, वहाँ उसकी मुवक्किल ने एक साथ दो बच्चों को जन्म देकर देश की जनसंख्या वृद्धि में अपना अहम योगदान दिया है। देश पर परोपकार किया है। मगर बेचारी... मातृत्व एक वरदान नहीं, उसके लिए अभिशाप बन गया। प्रसव व स्तनपान की वजह से उसके शरीर के कोमल अंग घाव से रिस रहे थे, मगर उसके पति ने उसकी कोई फिक्र नहीं की। वह कितना क्रूर है! ''माय लार्ड! मिस्टर स्कॉट एक घुमंतु, बंजारा व खानाबदोश इन्सान हैं, जिन्हें घर व बीवी-बच्चों की कोई फ़िक्र नहीं। वह हमारे एक गवाह की इस बात से भी सिद्ध होगा...।''

सौन्द्रा की एक अन्तरंग सहेली, फिओना जिससे मैं कई बार मिल चुका था, और कई मौकों पर मैं उसकी मदद कर चुका था, मेरे खिलाफ गवाही देने आयी थी। जब वह कठघरे में खड़ी हुई, मैंने उसे घूर कर देखा। वह सकपका गयी, थोड़ी नर्वस

भी हो गयी। सहारे के लिए उसने कठघरे की मुंडेर पकड़ ली थी। मगर जब बोलना शुरू हुई तो बड़े धड़ल्ले से बोली, सरेआम मुझ पर इल्जाम लगाये। ''माय लार्ड, सौन्द्रा ने शादी के बाद, एक दिन प्रेमपूर्वक मिस्टर स्कॉट से कॉफ़ी माँगी, मिस्टर स्कॉट घर से फरार हो गये, और पूरा दिन घर नहीं लौटे। उनकी पत्नी सौन्द्रा का मेरे पास घबरा कर फ़ोन आया। हमने उन्हें जगह-जगह ढूँढा, हार कर हमें पुलिस में उनके लापता होने की रिपोर्ट भी दर्ज करानी पड़ी। जब उनकी पत्नी उन्हें इधर-उधर ढूँढ रही थी, मिस्टर स्कॉट अपने सड़कछाप यार-दोस्तों के साथ गुलछर्रे उड़ा रहे थे। वे एक बहुत ही गैरज़िम्मेदार पति हैं। पत्नी की भावनाएँ, अपेक्षाएँ उनके लिए कोई मायने नहीं रखतीं।''

सौन्द्रा का गायनाकोलोजिस्ट और फिजिशियन भी उसके गवाह बने। उन्होंने अदालत में आकर कहा कि सौन्द्रा की प्रेगनेंसी एक जटिल प्रेगनेंसी थी, उसका प्रसव एक सामान्य प्रसव नहीं था। ऑपरेशन से बच्चे हुए थे। उसे समुचित देखभाल व आराम की नितान्त आवश्यकता थी।

इधर मेरी बैरिस्टर यह सिद्ध करने पर तुली थी कि मैं एक ज़िम्मेदार व चरित्रवान आदमी हूँ। किसी के साथ बदसलूकी कर ही नहीं सकता। मेरे स्कूल का प्रिंसिपल, मेरी माँ, रिसर्च कम्पनी का अधिकारी मेरे गवाह बने। प्रिंसिपल ने कहा कि स्कूल में मेरा आचरण सभी के प्रति बहुत मृदुल व सौहार्दपूर्ण रहता है। बच्चे भी मुझसे खुश रहते हैं। मैं एक परिपक्व व ज़िम्मेदार अध्यापक हूँ।

रिसर्च कम्पनी का अधिकारी मेरे पक्ष में बोला कि मैंने अपने परिवार के बढ़ जाने की वजह से अतिरिक्त आय के लिए उनकी कम्पनी में रिसर्च पेपर्स की प्रूफरीडिंग का काम पकड़ा। मैं बड़ी निष्ठापूर्वक अपना काम करता हूँ। मैं एक ईमानदार व कर्तव्यनिष्ठ व्यक्ति हूँ।

माँ को पहले सौन्द्रा के खिलाफ गवाही देना गवारा नहीं हुआ। कहने लगी, ''कैसे वह... ? नैतिकता भी कुछ होती है! जिस स्त्री ने उनके परिवार के सबसे पहले वंशधर पैदा किये हैं, कैसे वह उसके खिलाफ अदालत में खड़ी हो जाये।'' मगर जब उन्हें पता चला कि अदालत में उनके पुत्र पर किस तरह की तोहमतें लगाई जा रही हैं तो माँ मेरी खातिर मान गयीं।

उन्होंने कोर्ट में आकर, कठघरे में बाइबिल की सौगंध खाकर कहा कि जब वह सौन्द्रा की डिलीवरी के समय हमारे घर आयी थीं तो उन्हें सौन्द्रा का व्यवहार बहुत ही अजीबोगरीब लगा। उन्होंने सौन्द्रा से कहा कि वह बच्चों की देखभाल के लिए हमारे घर में और दिन टिकना चाहती हैं। मगर सौन्द्रा ने साफ़ मना कर दिया, और उन्हें घर से चले जाने को कह दिया।

जज की तरफ़ उन्मुख होकर माँ भावुक स्वर में बोलीं, "माय लार्ड, सौन्द्रा के मिजाज की वजह से घर इतनी अशान्ति से भर गया था कि मेरे पुत्र के घर छोड़ने में ही सुख-शान्ति थी। मेरा बेटा स्टडी रूम में एक संकरे सोफ़े पर तंग हालत में इसलिए सोता था कि बेडरूम के बेड पर सौन्द्रा व जुड़वाँ बच्चे आराम से सो सकें। यह उसका एक त्याग था, स्वार्थ नहीं। रात-रात भर जग कर वह प्रूफरीडिंग का काम करता था कि अपने परिवार के लिए और पैसे कमा सके। अपने बच्चों व पत्नी को सब सुख-सुविधाएँ दे सके।"

सौन्द्रा के मायके का कोई व्यक्ति नहीं था। उसकी माँ उसके पिता को छोड़ कर एक जवान आदमी के साथ भाग गयी थी, जब सौन्द्रा व उसका छोटा भाई बहुत छोटे थे। सौन्द्रा का अपनी माँ से कोई ताल्लुकात नहीं था। पिता किसी द्वीप पर अपनी दूसरी पत्नी के साथ रहते थे, अपनी दुनिया में मस्त।

सौन्द्रा जब गवाही के लिए कठघरे में आयी तो पूरे कोर्टहाउस में सनसनी-सी फैल गयी—स्तब्धता। उसकी बैरिस्टर ने उससे दो सवाल किये, "आपको कब और कैसे पता चला कि आपके पति आपको छोड़ कर जा चुके हैं?"

सौन्द्रा नम आँखों व कँपकँपाती आवाज़ में बोली, "जब मैंने अलमारियों में उनके कपड़े गायब देखे, उनका लैपटॉप, उनके कागज़ात व अन्य सामान घर से गायब देखा। और वे बहुत दिनों तक घर नहीं आये। न उनका कोई फ़ोन आया।"

"आपने उन्हें कैसे ढूँढा?"

"उनके दोस्तों को फ़ोन किया, उनके घरवालों को फ़ोन किया—उनके माता-पिता व सभी भाई-बहनों को, फिर अन्ततः मैं उनके स्कूल गयी। वहाँ वे मिले।"

मेरी बैरिस्टर खड़ी हुई। सौन्द्रा को आड़े हाथों लिया, "क्या यह सच है कि जब आप उनके स्कूल गयीं, वहाँ सारे स्टाफ व स्टूडेंट्स के सामने आप मिस्टर स्कॉट को गालियाँ बकने लगीं। उनके ऊपर मुक्के बरसाने लगीं। यहाँ तक कि आपने उनकी कमीज़ तक फाड़ दी।"

सौन्द्रा खामोश, कोई जवाब नहीं दे सकी। उसकी बैरिस्टर उसका बचाव करते हुए बोली, "यह बेतुके, अप्रासंगिक आरोप हैं। केस से इनका कोई मतलब नहीं।"

"ये कोई बेतुके, विसंगत आरोप नहीं हैं," कहते हुए मेरी बैरिस्टर ने जज की तरफ़ देखा। उन्होंने संकेत किया—आगे बढ़ो।

मेरी बैरिस्टर ने सौन्द्रा से पूछा—"आप कोई नौकरी नहीं करतीं। आपका व आपकी बच्चियों का सारा खर्चा कैसे चलता है?"

मेरी तरफ़ हल्का-सा संकेत करते हुए सौन्द्रा बोली, "ये देते हैं।"

मेरी बैरिस्टर जज की तरफ़ उन्मुख होकर बोली, "माय लॉर्ड, मिस सौन्द्रा स्कॉट

मानसिक रूप से स्वस्थ नहीं हैं। उनके साथ मेरे मुवक्किल का रहना दूभर हो गया था... ।''

सौन्द्रा रोने लगी। मुझे उस पर दया आ गयी। मैं उसका कोई अहित नहीं चाहता था। मैं सिर्फ़ उसका भला चाहता था। मगर मैं उसके साथ नहीं रह सकता था। उसके साथ ज़िन्दगी भर नहीं लड़ सकता था।

खैर अन्त में जज का फैसला सौन्द्रा के पक्ष में अधिक गया। बच्चों की कस्टडी उसे मिली, और मुझे सिर्फ़ विजिटिंग राइट्स। हाँ, बच्चों से सम्बन्धित अहम फैसलों में माता-पिता, दोनों की सहमति का होना अनिवार्य है। पिता होने के नाते मुझे अपने बच्चों का, उनकी वयस्कता हासिल करने तक, पूरा खर्चा देना पड़ेगा, और जब तक सौन्द्रा कोई आजीविका तलाश कर या फिर कोई अन्य जीवनसाथी तलाश करके आर्थिक रूप से स्वतंत्र नहीं हो जाती, मुझे उसका भी सारा खर्च वहन करना पड़ेगा।

कितना कुछ पीछे छूट गया वह सब... । एक छूटा हुआ अतीत लगता है। कभी-कभी मैं लूसी व ग्रेसी को कुरेदता हूँ कि उनकी मम्मी की अपने दूसरे पति से कैसी निभ रही है। कुछ नहीं बतातीं मुझे दोनों। ''आई लव यू डैडी...'' कह कर मेरी बात टाल जाती हैं। बस एक बार कहा था...,जब नीना से मेरा ब्रेकअप हुआ था... ''मम्मी की अपने दूसरे पति से अच्छी पटती है।'' मुझे यह जानकर खुश होना चाहिए था। उनकी परस्पर अच्छी निभने का तात्पर्य लूसी व ग्रेसी को एक स्थिर घर... । मगर मैं मन ही मन जल-भुन गया था।

मैं बिलबिला गया, एक लकड़ी के लट्ठे से अचानक मेरा पैर टकराया। एक वृक्ष से कटा एक लट्ठा राह पर है, मेरा ध्यान नहीं गया उस पर। पाँव पड़ा तो लड़खड़ा कर गिर पड़ा। नीचे सड़क पर बैठ कर मैं अपना जख्मी पैर सहलाने लगा।

यह लट्ठा आखिर आया कहाँ से... ? सोचते हुए मैंने मोबाइल से रोशनी चमकाते हुए अँधेरे में चारों तरफ़ गौर से देखा—सड़क पार कई वृक्ष ज़मीन पर चित पड़े हैं, कुछ धड़ से कटे हैं, सिर्फ़ जड़ें ही ज़मीन में धँसी हैं। उनकी डालियाँ व शाखाएँ चारों तरफ़ लावारिस बिखरी हुई। पतझड़ के बाद जो नई बहार उन्होंने पकड़ी थी, अपनी जड़ से अलग होकर मुरझाने लगी थीं। यह क्या हो रहा है यहाँ? पेड़ क्यों कट रहे हैं यहाँ? कोई पेट्रोल पम्प तो निर्मित नहीं हो रहा यहाँ, या फिर मैकडोनल बन रहा होगा। या फिर फर्नीचर, ईंधन, टिम्बर के लिए इन्हें काटा जा रहा होगा। खींच रहे हैं पर्यावरण की खाल सब। वह सदी दूर नहीं जब मानव प्रजाति भी डायनासोर की तरह विलुप्त हो जायेगी।

सहसा मुझे याद आ गयी स्कूल में बच्चों के साथ हुई वनोन्मूलन पर डिबेट। हम पेड़ों को अक्सर गम्भीरता से नहीं लेते। हम सोचते हैं कि वे हमारे चारों ओर यूँ ही खड़े हैं। जबकि,वास्तव में वे बहुत व्यस्त रहते हैं, रात-दिन कार्य करके पर्यावरण की हिफाजत करते हैं। हमें अपनी भावी पीढ़ियों के लिए वनों को बचाना चाहिए। हमारे पूर्वजों ने हमारे लिए इतनी सुन्दर पारिस्थितिकी छोड़ी है। क्यों हम इसे बर्बाद करें?

फिर लकड़ी कहाँ से आएगी? प्रश्न उठता है। मैं इसका जवाब बच्चों पर छोड़ देता हूँ। उनका युवा मस्तिष्क अनन्त सम्भावनाएँ खोज सकता है।

—पेड़ अक्षय हैं, एक काटो, दो लगाओ।

—हमें अपने घर व फर्नीचर बिना लकड़ी के बनाना शुरू कर देना चाहिए। कुछ दूसरे विकल्प तलाशने चाहिए। कुछ दूसरी तकनीक विकसित करनी चाहिए।

जैसे? मैं उनसे पूछता हूँ।

—पुराने फर्नीचर व मकानों की लकड़ियों को सुधार कर उनकी रिसाइक्लिंग कर सकते हैं।

—रिक्लैम्ड लकड़ी—ध्वस्त खत्तों व पुराने बैरल से लकड़ी को रिक्लैम कर सकते हैं।

—बाँस का उपयोग कर सकते हैं। बाँस जल्दी उग जाते हैं।

—ग्रीन फर्नीचर व ग्रीन बिल्डिंग बनानी शुरू कर देनी चाहिये, जो पर्यावरणीय हो।

बच्चों के जवाब सुनकर मैं दंग रह जाता हूँ। कैसी अद्भुत कल्पनाएँ कर सकते हैं। ये आज के बच्चे नई क्रान्ति खड़ी करेंगे। ऊर्जा, बिजली, पेट्रोल, कारखाने, मकान, गाड़ियाँ सब ग्रीन होगा—प्रदूषणरहित। ''क्या इन्सान भी 'ग्रीन' हो सकते हैं? हरित मानव!'' मैं अकस्मात बच्चों से पूछता हूँ।

''हरित मानव?''

''हाँ, हरे मानव सम्बन्ध! इन्सान, समाज और व्यापार, सब हरित।'' बच्चे सोच में पड़ जाते हैं।

निकोलस एक बातूनी व प्रखर लड़का यकायक खड़ा हुआ और धड़ल्ले से अपने विचित्र विचार क्लास के सम्मुख प्रस्तुत करने लगा—''हम ऐसी टेक्नोलॉजी विकसित करें कि इन्सान जब चाहें वाष्प बन कर गैस के बुलबुलों में परिवर्तित हो जायें और जहाँ जाना हो हवा में तैर कर चले जायेंगे, जब चाहे संघटित हो वापस अपनी असली अवस्था में आ जायेंगे। इन्सानों के शुद्धिकरण के लिए उनका वाष्पीकरण!''

''हम सभी बुलबुले हैं, बाहर से ठोस दिखते हैं मगर भीतर से तरल हैं। हममें से हर बुलबुला अपने को अलग मानता है, अपने को विशेष समझता है। हर बुलबुले

के अन्दर 'मैं' उत्पन्न हो जाता है। वह सोचता है कि वह खुद ही चारों ओर उड़ रहा है। उसे किसी की ज़रूरत नहीं। मगर जब वह फूटता है तो उसे महसूस होता है उसका अस्तित्व तो कुछ भी नहीं...। अपने वजूद को कायम रखने के लिए उसे सृष्टि के अन्य बुलबुलों से संयुक्त रहना चाहिए था।''

मैं बकता जा रहा था और बच्चे मुझे अचरज से निहार रहे थे। एक छात्रा दूसरी छात्रा के कान में फुसफुसाई, ''लगता है टीचर क्रेजी हो गये...। इनका अपनी वाइफ से डिवोर्स चल रहा है...। दूसरी थी...।''

एक सरनेम में क्या रखा है?

मेरे दोनों भाई व बहन सपरिवार मुझसे मिलने समर हाउस आ रहे थे...। एक दिन पहले से ही मैं बहुत व्यस्त हो गया था। सौभाग्य से गुल्लेन गाँव में एक उत्कृष्ट सुपरमार्किट था, जहाँ कई किस्म की उत्तम कोटि की सामग्रियाँ मिला करती थीं। कितनी ही बार मैं सुपरमार्किट जा-जाकर खाने-पीने की चीज़ें जुटा रहा था। अरे यह भी खरीद लेता हूँ, वह भी खरीद लेता हूँ...। चीज, ब्रेड, बिस्कुट्स, चॉकलेट, केक, चिप्स, फल, सब्ज़ियाँ...। जूस, कोक, बियर व वाइन के टोकरे मैंने एकत्रित कर लिये। मेरे दोनों भाई पीने के शौकीन हैं। वे मेरी तरह संत नहीं हैं।

जब भी मेरा पूरा कुनबा इकट्ठा होता है तो रंग-बिरंगा लगता है। मैं बहन-भाइयों में सबसे बड़ा हूँ। उनके लिए एक रोलमॉडल बनने की बचपन की मेरी ख्वाहिश दबी की दबी रह गयी। मेरे सभी भाई-बहन मुझसे बहुत अच्छा कर रहे हैं, मुझसे अधिक कमा रहे हैं। मुझसे कहीं अधिक वे अपनी ज़िन्दगी में हासिल कर चुके हैं।

मुझसे एकदम छोटा, विलियम एक कामयाब डॉक्टर है, उससे छोटे भाई एल्बर्ट की अपनी एक प्राइवेट कम्पनी है। जूलिया सबसे छोटी है। यूनाइटेड नेशन की एक एनवायरमेंट एजेंसी में काम करती है। भाई विलियम ने एक स्कॉटिश महिला से शादी की है। जूलिया ने एक ब्रिटिश आदमी से शादी की है, और एल्बर्ट ने आयरिश महिला से। मेरे दोनों भाई पूरे यूरोपियन लगते हैं, बहन इंडियन लगती है और मैं बीच-बीच का। हमारी सभी तो नहीं मगर कुछ संतानों के रंग-रूप में कुछ-कुछ भारतीयपन है। सौ वर्षों से अधिक मिश्रण के बावजूद हमारी परदादी के इंडियन जीनोम हर पीढ़ी में किसी के बालों में, किसी की आँखों में, किसी की त्वचा में प्रकट हो अपनी उपस्थिति का भान करवा देते हैं। हमारी रगों में किसी भारतीय राजघराने का खून बह रहा है, हमें अपनी इस विरासत पर गर्व है।

अलान को देख कर सभी चकराये। ''यह लूसी व ग्रेसी का हाफ-ब्रदर, अलान है,'' मैं उसका परिचय देता।

''ओह!''

''ओह!'' सभी के मुख से फिसला। अलान की उपस्थिति मेरे जीवन का एक

बीता हुआ दुखद इतिहास बयाँ कर रही थी।

बहरहाल बहन-भाइयों के आ जाने से बहुत चहल-पहल हो गयी। समर हाउस और भी गुंजार हो गया। इस बात को मैं बार-बार महसूस करता हूँ कि अपने परिवार में सिर्फ़ मैं ही तलाकशुदा हूँ, वह भी दो बार। मेरा मन क्षुब्ध हो जाता है।

जब भी मैं अपने भाई-बहनों से मिलता हूँ अपनी भारत यात्रा का ज़िक्र उनसे अवश्य करता हूँ। वे बड़ी जिज्ञासा से मेरी भारत यात्रा के वृतांत को सुना करते हैं। मेरा हमारी परदादी के देश हो आना, उन्हें एक उपलब्धिपूर्ण लगता है। मैं भी बड़े फख्र से, चटखारे लेते हुए उन्हें अपनी भारत यात्रा के किस्से सुनाया करता हूँ। पहली बार मैं भारत अपने हनीमून के लिए नीना के साथ गया था, तब महाराष्ट्र व केरल की सैर की थी। दूसरी बार मैं अपने चर्च के सिलसिले में भारत गया, और उत्तरी भारत—दिल्ली, आगरा, देहरादून, मसूरी, हरिद्वार व ऋषिकेश घूमा। देहरादून में मसूरी रोड की एक पहाड़ी पर एक नया चर्च बन रहा था। मेरे चर्च गायक-मंडली का एक सदस्य आजकल वही था। उसने ही मुझे आमन्त्रित किया। मैंने उस चर्च निर्माण के लिए दो हज़ार क्रोनर धनराशि दान भी की। इंडियन करेंसी में यह एक अच्छी रकम है। मैं नवनिर्मित चर्च के उद्घाटन कार्यक्रम में भाग लेने गया था।

''मैं भी इंडिया जाना चाहता हूँ,'' विलियम ने कहा।

''मगर वहाँ सँभल कर रहना...'' मैंने उसे तुरन्त चेतावनी दी। ''टैक्सी ड्राइवर, दुकानदार सब विदेशियों को वहाँ लूटते हैं। मैं तो फिर भी थोड़ा बहुत इंडियन दिखता हूँ, पर वे मेरे हाव-भाव से समझ जाते थे कि मैं विदेशी हूँ। मुझे चीज़ों के रेट बढ़ा-चढ़ा कर बोलते थे।''

सभी समर हाउस की तारीफ कर रहे थे। सूरज चमक रहा, छोटी नौकाओं को तट के पास डूबते-उतराते निहारना। समुद्र तटों पर टहलना,समुद्र के किनारे बैठ कर मज़ेदार बातें करना, एक-एक क्षण उत्साह से भरा था। हम तीनों भाई टी-शर्ट व निकर पहने, एकसाथ मिलकर यहाँ एडिनबर्ग और पूर्व लोथियन समुद्र तटों और बन्दरगाहों का भी पता लगाते। सागर राफ्टिंग करते। ऐसा लगा, हमारा बचपन लौट आया है। एक शाम मैंने इंडियन खाना बनाया—वेजिटेबल राईस, चिकन करी, रायता। सभी को बहुत पसन्द आया। मेरे भाई छुरी-काँटा चाटते रह गये।

दो दिन विलियम व एल्बर्ट रह कर चले गये। जूलिया व उसका बेटा हमारे साथ समर हाउस में पूरे पाँच रोज़ रहे। जूलिया लूसी व ग्रेसी की चहेती आंटी है। फिर हम वही चार लोग... लूसी, ग्रेसी, अलान व मैं। हमारा एक हफ़्ते का पड़ाव यहाँ और

था। अपनी दोनों बेटियों के साथ रहना मुझे हमेशा बहुत अच्छा लगता है। अपार प्रसन्नता व गहरी सन्तुष्टि मिला करती है उनके संग ज़िन्दगी के कुछ लम्हे गुज़ारने में।

हमने समुद्र की लहरों में बोटिंग की, तैराकी की, मछलियाँ पकड़ीं, सीपें ढूँढीं। रस्सियों को बाँस की डंडियों पर गूँथ कर रेत पर झूले बनाये। लूसी व ग्रेसी अधिक ऊर्जा वाले खेलों से जल्दी ही उकता कर अन्य कामों में लग जाती थीं। मगर अलान मेरे साथ पूरी निष्ठा से लगा रहता। अपने विचार देता। मुझे वह एक बुद्धिमान बालक लगता था। बहुत सारे खेल हमने समुद्र तट पर खेले। धूप से हम सब साँवले भी हो गये थे।

शुरू में ऐसा लग रहा था जैसे यहाँ चार हफ़्ते बिताना बहुत अधिक है, मगर जब तीन हफ़्ते बीते तो चौथा हफ़्ता कितनी जल्दी खिसका पता ही नहीं चला। अब अगले रोज़ हम एडिनबर्ग वापस लौट रहे थे। संध्या का वक्त था। हम समर हाउस के लॉन में बैठे सुस्ता रहे थे, सामने सागर लहरा रहा था। दोपहर में हमने समुद्र किनारे खड़ी चट्टानों पर एक लम्बी हाईकिंग की थी, इसलिए हम थक गये थे।

कुर्सियों पर बैठे हम कोक पी रहे थे, चिप्स खा रहे थे। तीन बच्चों के साथ समर हाउस में सभी आवश्यकताओं की व्यवस्था करके रहना सरल नहीं था। काफ़ी श्रम माँगता था। अतः जहाँ मुझे लूसी व ग्रेसी से बिछुड़ने का दुःख था, वहीं थोड़ा सुकून भी मिल रहा था कि हमारा समर हाउस का पड़ाव समाप्ति पर आ रहा है। मैं अब फिर जल्द ही आज़ाद पंछी हो जाऊँगा।

थोड़ी देर में एक कार हमारे समरहाउस के सामने रुकी। समर हाउस का केयरटेकर निको कार से नीचे उतरा।

"गुड इवनिंग सर!"

"ए वेरी गुड इवनिंग!" मैंने उठ कर उससे हाथ मिलाया।

"कैसे हो सर?"

"बहुत बढ़िया। समर हाउस ने ताज़गी से भर दिया।"

"तो कल वापसी?"

"हाँ, बहुत आराम फरमा लिया इस तट पर, अब वापस जाकर अपना काम-धंधा पकड़ेंगे, नहीं तो रोज़ी-रोटी कैसे कमायेंगे," मैं हँसते हुए बोला।

"मैं भी यहाँ अपनी रोज़ी कमाने ही आया हूँ...। इजाज़त है?"

"बिलकुल," मैंने उसे हाथ लहराते हुए कहा।

निको मंद मुस्कान होठों में दबाए समर हाउस के अन्दर घुसा, अन्दर-बाहर से परिक्रमा कर निरीक्षण करने लगा कि कहीं कुछ क्षतिग्रस्त या हमने कुछ नुकसान तो नहीं पहुँचाया।

निरीक्षण करने के पश्चात् निको ने हमसे पूछा, "कैसा लगा यहाँ रहना?"

"बहुत अच्छा!"

"और बच्चों को?" लूसी, ग्रेसी और अलान की तरफ़ देखते हुए वह पूछने लगा।

"बहुत ही अच्छा लगा," लूसी व ग्रेसी बोलीं।

"हम यहाँ फिर आयेंगे," अलान बोला।

"यू आर ऑलवेज वेलकम, यंग मैन," वह अलान से बोला। फिर एक फॉर्म मेरी तरफ़ बढ़ाते हुए निको बोला, "अगर कोई आपत्ति न हो तो यह 'फीडबैक फॉर्म' भर लीजिये। हम अपने समर हाउस को बेहतर से बेहतर बनाना चाहते हैं।"

"यह काम तो बच्चे ज़्यादा अच्छे से कर सकते हैं," मैं बोला तो निको ने फॉर्म लूसी व ग्रेसी की तरफ़ बढ़ा दिया।

निको हम सभी से हाथ मिलाकर व हमें अपनी शुभकामनाएँ देकर चला गया। हम सब अपनी-अपनी जगहों पर बैठ गये। लूसी, ग्रेसी व अलान मिलकर, परस्पर मशविरा करते हुए फीडबैक फॉर्म भरने लगे, बीच-बीच में मेरी भी राय ले रहे थे। हमें समर हाउस में रहना कैसा लगा? क्या हम वहाँ की उपलब्ध सुविधाओं से सन्तुष्ट हैं? क्या कमियाँ हमें समर हाउस में खलीं।

फॉर्म भर कर लूसी व ग्रेसी ने मुझे थमा दिया, ताकि मैं भी उन प्रश्नों के जवाब देख लूँ। मगर मैं तो कुछ और ही देख रहा था। फॉर्म में नाम के कॉलम के अंकित नाम—पॉल स्कॉट, लूसी वाल्टर, ग्रेसी वाल्टर, अलान वाल्टर...।

जब अलान पैदा हुआ था तो सौन्द्रा ने मुझसे पूछा था कि अगर लूसी व ग्रेसी अपने नाम के आगे 'स्कॉट' की जगह 'वाल्टर' लगायें तो यह अधिक व्यावहारिक होगा। तब लूसी व ग्रेसी सात साल की थीं। तीनों भाई-बहनों का अगर एक ही पारिवारिक नाम रहेगा तो अच्छा रहेगा। उस समय दिलेरी दिखाते हुए मैंने लूसी व ग्रेसी को 'वाल्टर' सरनेम लगाने की इजाज़त दे दी मगर यह बात मेरे दिल को हमेशा कचोटती थी, तर्कसंगत नहीं लगती थी। वे अपनी माँ का कुलनाम, स्मिथ लगा लेते तो भी मुझे इतनी पीड़ा नहीं होती जितनी कि उनके नाम के आगे उनके सौतेले बाप का सरनेम 'वाल्टर' देख कर होती थी।

"लूसी व ग्रेसी, तुम 'स्कॉट' हो 'वाल्टर' नहीं..." मैं भड़क उठा। "तुम स्कॉट परिवार की लड़कियाँ हो—लूसी स्कॉट, ग्रेसी स्कॉट...। यह 'वाल्टर' क्यों लगाती हो अपने नाम के आगे?"

"पापा अलान की वजह से हम 'वाल्टर' सरनेम लगाते हैं।"

"अच्छा अलान की इतनी चिन्ता! अलान अपने नाम के आगे स्कॉट क्यों नहीं

लगा लेता?'' मैंने उत्तेजना में उनसे पूछा।

''पापा समझा करो...'' लूसी अपने माथे पर हाथ रखते हुए बोली। ''अलान के मम्मी-पापा शादीशुदा हैं, एक साथ रहते हैं, हमारे मम्मी-पापा का तलाक हो चुका है। आपने हमें छोड़ दिया था जब हम डेढ़ महीने के थे...।''

''मैंने तुम्हें कभी नहीं छोड़ा...। तुम्हारी मम्मी को छोड़ा...'' मैंने दलील दी।

''एक ही बात है...'' लूसी बोली।

''एक बात नहीं है...'' मैं गुर्राया।

ग्रेसी नरमी से मुझे समझाते हुए बोली, ''डैड, दरअसल अलान और हम एक ही स्कूल में पढ़ते हैं। सब हमें भाई-बहन समझते हैं। यह कैसा लगेगा कि उसका सरनेम अलग है और हमारा अलग...।''

''कुछ भी लगे। जब तुम स्कॉट खानदान की लड़कियाँ हो, तो वाल्टर लगाने का क्या औचित्य...? तुम्हारी माँ ने हमेशा तुम्हारे दिलों में मेरे प्रति विष घोला...।''

''अब आप मम्मी पर मत जाओ,'' दोनों रुष्ट होते हुए बोलीं।

''क्यों न जाऊँ...? उस औरत ने मेरे बच्चों की पूरी पहचान बदल दी...।''

''आपमें और मम्मी में बस यही फर्क है...। मम्मी कभी भी आपके लिए ऊटपटांग नहीं बकतीं...। और आप अक्सर उनके लिए...।''

''खामोश...'' मैं प्रचंड स्वर में चीखा। ''अपनी मर्यादा में रहो।''

''मर्यादा यहाँ कौन भंग कर रहा है?'' ग्रेसी हल्के से बोली।

''क्या कहा? मैं मर्यादा भंग कर रहा हूँ...?'' मैं अपनी जगह से उठ गया। गुस्से से हाँफने लगा था।

अलान भौचक्का-सा हमें बहस करते हुए देख रहा था। बुरी तरह सहम गया था। अपनी बहनों से कहने लगा, ''जस्ट चेंज योर सरनेम...।'' फिर उसने स्वयं ही मेज़ से फॉर्म उठाया, और लूसी-ग्रेसी के नाम के आगे से 'वाल्टर' काट कर 'स्कॉट' लिख दिया।

''तू नहीं समझेगा अलान...। इस फॉर्म में सरनेम बदलने से कुछ नहीं होगा,'' लूसी दुखी भाव से बोली।

लूसी व ग्रेसी मायूस हो गयीं। वे महसूस करने लगीं कि उनके पिता की यह शिकायत सतही नहीं है, मेरे मर्म, मेरी आत्मा, मेरी चेतना को यह बात आहत करती है। लूसी मुझे धीरज देते हुए बोली, ''एक सरनेम में क्या रखा है, डैड? ठीक है... हम कोर्ट में जाकर अपना सरनेम बदल देंगे...।''

ग्रेसी कहीं दूर सोचते हुए डूबे स्वर में बोली, ''पापा इतना कन्फयूज़िंग था हमारे लिये...। हमें काफ़ी बाद में पता चला कि जो डैड हमारे साथ रहते हैं वे हमारे असली

डैड नहीं हैं। जिनसे हम कभी-कभार मिलते हैं, वे हमारे असली पिता हैं। आप दोनों ही हमें प्यार करते हैं, इसलिए हम किसी का भी सरनेम अपना सकते हैं। लेकिन अगर आपको यह अखरता है तो हम अपना सरनेम बदल देंगे।''

''यह इतना आसान नहीं है...'' लूसी झट से बोली। ''हमें अपने सर्टिफिकेट, पासपोर्ट सब नये बनवाने पड़ेंगे...। मगर हम अपना सरनेम बदल देंगे, डैड। आप शान्त हो जाइए।''

''रिलैक्स डैड!'' ग्रेसी ने जोड़ा।

मुझे सहसा लगा कि जो सुन्दर तीन हफ़्ते हमने यहाँ एक साथ मिलकर बिताये, उसे ऐसी जिरह करके बर्बाद ना करूँ। मैं बिलकुल चुप हो गया। कई मसलों व मुद्दों पर हमें खामोशी ओढ़ लेनी पड़ती है। कोई विरोध नहीं, कोई राय नहीं, कोई मूल्यांकन नहीं। नहीं तो जीवन एक युद्ध का अखाड़ा हो जायेगा।

सौन्द्रा उसी जगह बच्चों को लेने आयी जहाँ उसने उन्हें छोड़ा था। बच्चे मेरी कार से अपना सामान लिये उतरे। लूसी व ग्रेसी ने मेरे गले मिलकर मुझे भावपूर्ण विदाई दी। मेरे दोनों गालों पर किस किया। अलान ने मुझे धन्यवाद कहा, फिर वह अपनी माँ से लिपट गया। जिस तरह से वह सौन्द्रा से लिपटा था, ऐसा लग रहा था कि उसने अपनी माँ को बहुत मिस किया। समर हाउस में एक परिपक्व-सा लगने वाला बालक माँ की ओट पा सहसा एक बच्चा बन गया था। सौन्द्रा उसे प्यार से दुलार रही थी।

मैंने महसूस किया कि सौन्द्रा का पति भी आया हुआ है, मगर वह स्टेरिंग व्हील थामे कार के अन्दर ही बैठा है, बाहर नहीं निकल रहा। सौन्द्रा ने जब गौर किया कि मैं उसे निहार रहा हूँ तो उसने उसे आवाज़ दी—''एन्ड्रीयू।''

एक मनोहर छवि का पुरुष, चेहरे पर शिष्ट मुस्कान बिखेरे कार से बाहर निकला। मुझसे हाथ मिलाया। तीनों बच्चों को स्नेह से सहलाते हुए मुझसे पूछा—''इन्होंने आपको परेशान तो नहीं किया।'' मैं असहज हो गया। क्या जवाब दूँ उसे? मैं बस मुस्कुरा दिया।

बच्चों को सौन्द्रा के हवाले कर मैं अब फिर अकेला था। अब मेरा अगला पड़ाव ग्लासगो था, सो मैंने कार ग्लासगो की तरफ़ जाने वाली सड़क पर मोड़ ली। ढाई घंटे की यात्रा थी...।

मन्दिर पहुँचने की मेरी कितने घंटे की यात्रा शेष है? नक्शे में देखते हुए अनुमान लगाता हूँ, अगर इसी रफ़्तार से चलता जाऊँ तो सम्भवतः छह-सात घंटे और लगेंगे। मैं महसूस कर रहा हूँ कि निस्तब्ध प्रकृति में अकेले पदयात्रा करने से जग, प्रकृति व स्वयं को जानने-समझने को काफ़ी-कुछ मिलता है। इस यात्रा में विशेषतौर पर यह महसूस कर रहा हूँ कि इन्सान की खुशियाँ बड़ी-बड़ी बातों में नहीं, वरन् छोटी-छोटी बातों में निहित हैं। प्यास से व्याकुल प्राणी को सिर्फ़ पानी चाहिए, भूख से व्याकुल को भोजन और थके-हारे पथिक को विश्राम। पाँव चढ़ा कर पालथी मारकर जहाँ कहीं भी दो पल के लिए बैठ रहा हूँ, चिर आनन्द प्राप्त हो रहा है। सूखे गले में निर्मल जल की बूंदें... आह ज़बर्दस्त तृप्तिदायक लग रही हैं।

चाँदनी और चिन्तन एक साथ मुझे अभिभूत कर रहे हैं। चाँदनी में सौन्दर्य है जो आँखों को पलक झपकने से रोकता है तो चिन्तन में स्मृतियाँ हैं, जो विचारों के वाहन पर चढ़ी चली आ रही हैं।

मन सोच-विचारों में डूब-उतर रहा है—विगत की बातें, भविष्य की योजनायें। आत्मा-परमात्मा, आस्थाएँ, उम्मीदें, विश्वास, अपेक्षाएँ...। ज़िन्दगी के अँधियारे-उजियारे पहलू, मानव स्वभाव की विकृतियाँ, इन्सान की क्षुद्रता, बौनापन, निःसहायता, जीवन की विषमताएँ, ज़िन्दगी के दायरे-विस्तार, अन्तर्मन में उठने वाले सवाल...। ओह यह मनुष्य जीवन कितने मसलों से भरा है। कोई भी जीवन सीधा-सपाट नहीं होता...। जग बड़ी तेज़ी से बदल रहा है, जीवन उससे तालमेल बैठाने के लिए उसके पीछे भाग रहा है। जग और जीवन... दोनों की तेज़ रफ़्तार...।

और मैं धीमी चाल का एक पुराने किस्म का आदमी—ओल्ड फैशंड। नीना भी बोलती थी, और सौन्द्रा भी।

पुश्तैनी घर

ग्रांट रोड, ग्लासगो में माँ हमारे पुश्तैनी घर में अभी भी रह रही थीं। यह घर मेरे दादाजी ने बनवाया था। मुझे याद है, दादाजी की मृत्यु के बाद हम यहाँ शिफ्ट हो गये थे। मेरे पिता की एक छोटी बहन थी, जो हमेशा एल्गिन में रही। सो दादाजी की मृत्यु के बाद यह घर विरासत में मेरे पिता को मिला। तब मैं बारह साल का था, अलान जैसा, जब हम पर्थ से ग्लासगो शिफ्ट हुए थे। बारह से बीस साल की ज़िन्दगी मेरी इसी घर में बीती। उसके बाद भी मैं यहाँ नियमित रूप से आता रहता हूँ। जैसे ही इस शहर में प्रवेश करता हूँ बचपन के दिन ताज़ा हो जाते हैं।

मेरी माँ एक ईसाई भक्त है, यीशु की अनुरागी। हर रविवार और जब भी अन्य सेवाएँ होती थीं हमारा पूरा परिवार चर्च में उपस्थित रहता था। हमने कभी भी रविवार चर्च स्कूल, छुट्टियों में बाइबिल पाठ आदि मिस नहीं किये। बैप्तिज्म, कन्फर्मेशन... सारे संस्कार हमारे हुए।

अब हम सभी बहन-भाइयों की ज़िन्दगी अलग-अलग शहरों में बीत रही है। पिताजी रहे नहीं। माँ कहने लगी हैं कि यह घर उस अकेली के लिए बहुत बड़ा है। उनसे सँभाला नहीं जाता। इसे बेच दिया जाये। मकान जब बेचा जायेगा तो हम चार भाई-बहन व एक माँ, पाँच लोग इसके वारिस होंगे। यह काम भी मुझे निपटाना है। मेरे बहन-भाइयों ने कह दिया कि यह काम मैं ही निपटाऊँ, वे दस्तखत कर देंगे, जहाँ कहीं करने हों।

माँ मेरे इन्तज़ार में बैठी थीं। मुझे उन्होंने स्नेहपूर्वक गले लगाया, प्यार से चूमा। डाइनिंग टेबल पर नाश्ता पहले ही सजा था। मुझे कस कर भूख लग आयी थी, इसलिए हाथ धोकर मैं तुरन्त डाइनिंग टेबल पर बैठ गया।

"क्या बनाया है?" मैंने माँ से पूछा।

"तेरी फेवरेट डिश है।"

मैंने डोंगे से ढक्कन हटाया—पास्ता। सामने एक कटोरी में सूखा नारियल व एक कटोरी में पास्ता-सौस। माँ अभी भी मेरा पसन्दीदा पकवान वही समझती हैं जो मैं बचपन में चाव से खाया करता था।

मैं माँ से बोला, ''मैं अब बारह का नहीं हूँ, बावन का हो गया हूँ। मेरे स्वाद व ज़ायके बदल गये हैं।''

''मैं कैसे जानूँ? तुम इस शहर में क्या, इस देश में भी नहीं रहते...'' माँ तुनक कर बोलीं।

जब भी मैं घर आता हूँ, माँ यह नहीं सोचती कि उनका एक अधेड़, आत्मनिर्भर, अन्तरराष्ट्रीय बेटा घर आया है। वह अभी भी सोचती है कि उनका 'बेबी' घर आया है। मुझसे वैसा ही व्यवहार करती हैं।

नाश्ते के बाद माँ ने मुझे कॉफ़ी पेश की। फिर वह कहीं जाने के लिए टिपटॉप तैयार हुई—पेंट-शर्ट व ब्लेजर में माँ एक पेशेवर महिला लगने लगीं। अपनी घड़ी में समय देखते हुए बोलीं, ''पॉल तुमने मुझे देर से सूचित किया कि तुम मेरे पास ग्लासगो आ रहे हो। मैं अपना यह कार्यक्रम रद्द नहीं कर सकती। वैसे भी तुम अब सुस्ताओगे।''

मैं जानता हूँ माँ एक समाज कल्याणकारी संस्था की सदस्या हैं। समाज कल्याण के लिए वह अपनी हमउम्र औरतों की टोली के साथ कहीं-न-कहीं जाती रहती थीं। थोड़ी देर में औरतों का एक दल हमारे घर पहुँच गया, माँ को लेने। मैं माँ को छोड़ने बाहर गेट तक गया। एक वैन बाहर खड़ी थी।

साठ से अस्सी साल की वृद्धाएँ वैन से उतरीं। माँ ने मुझे सभी से मिलवाया। उनमें से दो तो माँ की बहनें, यानी मेरी मौसियाँ थीं। मैं सभी से प्रेमपूर्वक मिला। सभी वृद्धाएँ एक अभियान पर जा रही थीं—होमलेस चिल्ड्रन के लिए काम करने। एक अपेक्षाकृत कम बूढ़ी औरत ड्राइवर की सीट पर स्टेरिंग व्हील थामे बैठी थी। बाकी की वृद्धाएँ, कुछ आगे की और कुछ पीछे की सीट पर वैन में सवार थीं। वैन जब चलने लगी तो उन्होंने खिड़की से मुझे फ्लाइंग किस दिया। मैं मुस्कुरा दिया। मुझे यह देख कर अच्छा लगा कि मेरी माँ पचहत्तर साल की उम्र में भी काफ़ी सक्रिय हैं, कार चला लेती हैं। इधर-उधर अकेले चली जाती हैं।

माँ के जाने के बाद मैं घर में अकेला रह गया। पूरे घर की चहल-कदमी करने लगा। एक-एक कोने को निहारने लगा। इतिहास बयाँ करती हुई कई वस्तुएँ इस खानदानी घर में संचित हैं। पुरखों का प्राचीन खजाना। सीढ़ियाँ उतर कर मैं तहखाने में गया। घुप्प अँधेरा। मैंने एक लैम्प जलाया तो मद्धिम प्रकाश हुआ।

उपयोगी-अनुपयोगी सामान तहखाने में संगृहीत...। हम बहन-भाइयों के पुराने कपड़े, जूते, स्कूल-कॉलेज की किताबें, क्रॉकरी, एलबम्स...। जब हम यह घर बेचेंगे तो कहाँ रखेंगे इन चीज़ों को? कुछ दान करना पड़ेगा, कुछ फेंकना पड़ेगा, मैं मन ही मन हिसाब लगाने लगा। एक गहरी चुप्पी थी यहाँ। हममें से यहाँ तहखाने में कोई

तभी आता था जब किसी को यहाँ से कुछ सामान चाहिए होता या कुछ छुपाना हो या छुपना हो या फिर उसे अकेलापन –परम शान्ति चाहिए होती।

थोड़ी देर तहखाने में बिता मैं ऊपर आया। ड्राइंगरूम से लगे पार्लर में घुस गया। यहाँ बुक केस, स्टडी टेबल, सोफ़ा, माँ का वायलिन लगा हुआ। दीवार पर पुरखों के चित्र टँगे हुए। चित्रों को टाँगने की शुरुआत मेरे दादाजी ने की थी। जब उन्होंने यह घर बनवाया तो सबसे पहले उन्होंने अपने दिवंगत दादा-दादी के चित्र टाँगे। फिर जब उनके अपने माता-पिता गुज़र गये तो उनके चित्र बनवा कर टाँगे। दादा-दादी की मृत्यु उपरांत मेरे पिता ने यहाँ अपने माता-पिता के चित्र लटकाए। और अपने पिता की मृत्यु के उपरान्त मैंने उनका एक चित्र बड़ा करवा कर फ्रेम में जड़वा कर दादाजी के बगल में टाँग दिया था।

अपने पिता, दादाजी व परदादाओं के चित्र मैं निहारता रहा। चार वर्ष हो गये थे पिताजी को गुज़रे हुए। नीना भी मेरे साथ ग्लासगो आयी थी मेरे पिता के देहांत पर। उनकी अंत्येष्टि का वह भी एक हिस्सा बनी थी।

इसी घर में मेरा पूरा कुटुंब जुटा था। मेरी राह देखी जा रही थी। मुझे देख कर पहले तो सभी की आँखें छलकीं, सिसकियाँ उभरीं, फिर मुझे फख्र से बताने लगे कि पिताजी की मौत कितनी शानदार रही। उनके अन्तिम क्षणों में उनके आस-पास कई निकटतम लोगों का घेरा था। माँ, मेरे तीनों भाई-बहन अपने पूरे परिवार सहित, भतीजे डेनियल की गर्लफ्रेंड, मेरी बेटियाँ लूसी व ग्रेसी भी पहुँच गयी थीं। पिताजी के चचेरे भाई, जिगरी दोस्त और चर्च के दो मिनिस्टर भी मौजूद थे। इतने सारे अपने करीबी लोगों के बीच पिताजी ने अपना दम तोड़ा, अपने डॉक्टर बेटे विलियम की बाँहों में। यह सब सुनकर मुझे और अधिक खलने लगा। हर कोई मौजूद, सिवाय मेरे। मेरा गुस्सा नीना पर और हावी हो गया। इतना अधिक मैं क्रोध से भर गया कि मेरे घरवालों को मुझे सँभालना पड़ा। मैं विक्षिप्त सा नीना पर चिल्ला रहा था। उसे कसूरवार समझ रहा था। उसका चेहरा तमतमा रहा था। फिर भाग गयी वह बाहर पेड़-पौधों के बाड़े में, उसके पीछे जूलिया व लॉरा उसे मनाने के लिए।

विलियम, एल्बर्ट व जूलिया ने ही सारा इन्तजाम किया था अन्तिम संस्कार का। बहुत लोग आये थे पिताजी की अंत्येष्टि पर। उनकी शवयात्रा काफ़ी बड़ी थी। आगे-आगे पिताजी का शव एक गाड़ी में आहिस्ते-आहिस्ते आगे बढ़ रहा था, ठीक पीछे दो मिनिस्टर के साथ हम तीनों भाई काले सूट में, हमारे पीछे माँ, जूलिया, नीना और परिवार की अन्य महिलाएँ, काले गाउन में, उनके पीछे अन्य लोग...।

ईस्टवुड सेमेट्री ग्राउंड (कब्रिस्तान) में पिताजी को उनके पिता के बगल में दफना दिया गया। दादाजी ने ईस्टवुड सेमेट्री ग्राउंड में हमारे पूरे स्कॉट खानदान के दफन के

लिए ज़मीन खरीद ली थी। जब बुलावा आयेगा तो हम सभी के लिए वहाँ स्थान है। प्रति माह हम उसकी किस्त अभी भी भरते हैं।

परदादाजी से अधिक दादाजी इंडियन लगते थे। मुझे याद है... मेरी रक्ताभ गौरवर्ण बूढ़ी दादी हमसे इतराते हुए कहती थीं—"जब उन्होंने उस महफिल में उस काले केश, साँवले रंग व गहरे भूरे नयनों वाले सजीले पुरुष को देखा तो वह सहज ही उसकी तरफ़ आकर्षित हो गयी।" और मैं नीना की तरफ़ क्यों आकर्षित हुआ? अपने भारतीय कनेक्शन की वजह से। नीना के साथ मैं अपनी शादी को 'अरेंज्ड मैरिज' बताता था। लोगों से कहता फिरता था, "मेरी ग्रेट-ग्रेट-ग्रैंडमा ने हमारी शादी नियोजित की।" मगर ग्रेट-ग्रेट-ग्रैंडमा की भूमिका गौण रही हमारी शादी को एक चिरस्थाई सम्बन्ध बनाने में।

मैं ग्रेट-ग्रेट-ग्रैंडमा की फोटो देखता रहा। उनकी दो तस्वीरें टँगी थीं—एक में अल्हड़ युवती, साड़ी के ऊपर कुर्ते के आकार का ब्लाउज, सिर पर पल्ला। दूसरी फोटो में एक आत्मविश्वासी, परिपक्व महिला, टखनों तक लम्बी स्कर्ट व सिर पर हैट लगाये हुए। अब तो भारत में औरतों का साड़ी पहनने का अन्दाज़ ही बदल गया।

जब यह घर बिकेगा तो ये तस्वीरें भी हम बहन-भाइयों में बँट जायेंगी। जूलिया ने तो अभी से घोषणा कर दी कि जब वह क्षण आयेगा और ये तस्वीरें इस दीवार से उतरेंगी तो ग्रेट-ग्रेट-ग्रैंडमदर की दोनों तस्वीरें वह लेगी।

माँ देर सायं तक घर लौटीं, थकी हुई। अपना पर्स एक तरफ़ रखते हुए, गहरी साँस लेते हुए बोलीं, "ओह वे बेघर बच्चे...। सभी का एक दुखद इतिहास है...। एक लड़के के पिता की एक महीने पहले किसी ने हत्या कर दी। आरोप उसकी माँ पर है कि उसने अपने पति का कत्ल किया। माँ जेल में है, और बेटा होम में...। उसके साथ काम करना इतना मुश्किल है...। मानसिक रूप से वह विक्षिप्त है। उसे थेरेपी की ज़रूरत है। और दो किशोर उम्र की बहनें अभी पिछले हफ़्ते होम में आयी हैं। हर समय चिल्लाती रहती हैं...। चार साल पहले उनके पिता की मृत्यु हो गयी थी। अब माँ को भी कैंसर हो गया। वह भी मरने वाली है...।" माँ मुझे उन बदनसीब बच्चों की दर्दनाक कहानी सुनाती रहीं। मुझे लगा कि हम छोटी-छोटी बातों की शिकायत करते हैं, छोटी-छोटी बातों से कितनी जल्दी असन्तुष्ट हो जाते हैं। मगर हम कितने खुशनसीब हैं, जिन्हें एक ठोस-स्थिर घर मिला। ऐसे माँ-बाप मिले जो कभी जुदा नहीं हुए।

"आप लोग उनकी कैसी मदद करते हैं?" मैंने माँ से पूछा।

"हम उन्हें पढ़ाते हैं। उनकी स्कूल के होमवर्क में मदद करते हैं। ज़रूरत पड़ने पर उनके स्कूल जाकर उनके अध्यापकों से भी मिलते हैं। उनके लिए योजनायें बनाते हैं कि कैसे वे अपनी दिनचर्या बिताएँगे...।"

मैंने डिनर तैयार कर लिया था। डाइनिंग टेबल की तरफ़ इशारा करते हुए मैं बोला, ''खाना तैयार है, मदर डियर। आपको भूख लग गयी होगी। आप इतनी मेहनत जो कर रही हो...।''

माँ चहकी, ''ओह पॉल, तुमने खाना बना लिया। क्या बनाया?''

''तुम्हारी फेवरेट डिश—अनियन टार्ट।''

हम माँ-बेटे हँस पड़े।

माँ ने अपने बूट उतारे, पर्स एक तरफ़ रखा। और अपने कमरे में कपड़े बदलने चली गयीं। जब माँ कपड़े बदल कर, डाइनिंगरूम में आयीं। हम दोनों एक साथ बैठ कर खाना खाने लगे।

सुबह माँ की चहल-कदमी से मेरी आँखें खुलीं। माँ हमेशा सुबह पाँच बजे उठ जाती थीं, और उन्हीं की चहल-कदमी से मेरी नींद टूटती थी। जब मैं छोटा था तो सोचता था, 'बड़े-बूढ़े लोगों की सुबह उठने की आदत होती है। उम्र के उस मुकाम पर पहुँच मैं भी जल्दी उठने लगूँगा।' किन्तु बावन का हो गया हूँ। अभी भी मुझसे एकदम सुबह उठा नहीं जाता। अगर नौकरी में या कहीं और न जाना हो तो नौ-दस बजे तक सोता रहता हूँ।

खैर माँ जग गयीं तो सारा घर जग गया। सो सात बजे तक मैं भी बिस्तर से उठ गया। डाइनिंग रूम में आया। माँ मुझे देखते ही बोलीं, ''पॉल मैं मशीन लगा रही हूँ। तुम्हारे कपड़े हैं धोने के लिए?''

मुझे याद आया... जब हम भाई-बहन छोटे थे माँ हम सभी के गंदे कपड़े धोकर, सुखा कर, करीने से तह लगा कर एक टोकरे में सजा एक-एक करके हम सभी के कमरों की चौखट पर आती थीं। बाहर से ही धोबन की तरह आवाज़ लगाती थीं—''लांड्री प्लीज़!'' हम सभी अपने-अपने कपड़े टोकरे से उठा लेते थे। एक कमरे के बाद माँ दूसरे कमरे की तरफ़ बढ़ जाती थीं, और अन्त में खाली टोकरा लिये माँ सीढ़ियाँ उतर कर लांड्री-रूम में चली जाती थीं, टोकरा रखने।

मैंने सूटकेस से अपने गंदे कपड़े निकाल कर माँ को दे दिये। माँ लांड्री-रूम में मशीन लगाने चली गयीं, और मैं किचन में कॉफ़ी बनाने लगा।

माँ के साथ बैठ कर कॉफ़ी पीते हुए काफ़ी बातें हुईं। मुख्य बात घर को बेचने की थी। माँ बोली, ''विलियम, जूलिया व एल्बर्ट में से कोई भी इस घर में रहने के लिए इच्छुक नहीं है। इतना बड़ा घर रखना महँगा भी है।''

सवाल यह है कि अगर घर बेचा जायेगा तो माँ कहाँ रहेगी। माँ बोली, ''मैंने केमरन परिवार को अपार्टमेन्ट खाली करने को कह दिया है...।''

पिताजी ने ग्लासगो में बहुत साल पहले एक अपार्टमेन्ट खरीदा था, और हमेशा

उसे किराए पर चढ़ाए रखा। आजकल वहाँ एक केमरन परिवार रह रहा था। माँ कह रही थी कि पुश्तैनी घर के बेचने के बाद वह वहाँ शिफ्ट हो जायेगी। माँ ने अपने जीवन के विषय में सोच लिया था। उन्होंने अपना इन्तज़ाम कर लिया था। अपने बच्चों पर वह आश्रित नहीं थी।

दिन भर मैं दो-तीन प्रोपर्टी डीलिंग के एजेंट्स से मिला। अपने खानदानी घर को बेचने की बात की—एक-दो को घर भी दिखाया। किसी ने कोई कीमत आंकी, किसी ने कोई।

शाम को माँ का कार्यक्रम एक वरिष्ठ नागरिक क्लब के कार्यक्रम में जाने का था। मैं भी माँ के साथ गया। माँ कार्यक्रम में वायलिन बजाने वाली थीं, सो मैं माँ की मदद के लिए उनका वायलिन उठा कर उनके साथ गया।

क्लब के संस्थापकों ने मेरा ज़ोरदार स्वागत किया। माँ की वे सब सहेलियाँ जो एक दिन पहले मुझे अपने घर के बाहर 'होमलेस सेंटर' जाते हुए मिली थीं,यहाँ मौजूद थीं। मेरी मौसियाँ भी थीं। आज वे आकर्षक परिधानों में थीं—स्कर्ट, मिडी, गले में स्कार्फ। उनके झुर्रीदार चेहरों पर मेकअप भी था—होंठों पर लिपस्टिक, आँखों में काजल, गले-कान-कलाई में आभूषण। मैं तो उन्हें पहचानता नहीं, अगर वे चिरपरिचित मुस्कान नहीं फेंकतीं। मेरी दोनों मौसियों ने मेरे पास आकर मुझे अपने स्नेहमय आलिंगन में भरा।

एक होटल से खाना ऑर्डर किया गया था। रंगारंग कार्यक्रम थे। एक जवान नर्तकी ने स्पेनिश फ्लामेंको डांस प्रस्तुत किया। वह जवान नर्तकी बूढ़ों की सभा में और भी जवान लग रही थी। नर्तकी के डांस के बाद मेरी माँ स्टेज पर चढ़ीं।

अपनी माँ को स्टेज पर वायलिन बजाते देख मैं पुरानी यादों में खो गया...। मुझे अपनी माँ वायलिन बजाती बहुत सुन्दर लगती थीं। मधुर संगीत घर में यकायक गूँज उठता था और हम भाई-बहन अपने-अपने कमरों से निकल कर पार्लर में आते थे, और देखते थे कि माँ वायलिन बजा रही हैं। मेरी माँ एक पेशेवर महिला तो कभी नहीं रहीं मगर मैंने माँ को हमेशा बहुत व्यस्त देखा, घर की देख-रेख, चार बच्चों की परवरिश। फुर्सत के पलों में माँ एक कप कॉफ़ी के साथ अपना वायलिन बजाने लगती थीं। कहती थीं, "वायलिन बजाना उनके लिए विश्राम है।" कभी-कभी पिताजी भी अपना तनाव दूर करने के लिए उन्हें वायलिन बजाने को कहते थे। रम का गिलास हाथों में थाम पिताजी खामोश माँ के वायलिन की धुन सुना करते। आज स्टेज पर अपनी माँ को इस आयु में वायलिन बजाते देख मुझे बेहद अच्छा लगा। मुझे लगा, मुझे माँ की चिन्ता आगे दस सालों के लिए करने की ज़रूरत नहीं है। मेरी माँ अभी बिलकुल तंदरुस्त हैं।

पूरे कार्यक्रम से मैं अत्यधिक प्रभावित था। मैंने संस्था के संस्थापकों से कार्यक्रम की भूरि-भूरि प्रशंसा की। संस्था का अध्यक्ष मुझे सुझाने लगा, "अगर तुम भी चाहो तो क्लब के सदस्य बन सकते हो।" मुझे उसकी बात लग गयी। क्या मैं इतना बूढ़ा हो गया हूँ कि सीनियर सिटीजन क्लब का सदस्य बनूँ। अध्यक्ष बोला, "वैसे तो साठ से ऊपर के लोग इसके सदस्य बनने के योग्य हैं, मगर हम विशेष मामलों में पचास से ऊपर के भी लोगों को ले लेते हैं।"

मैं क्षुब्ध हो गया। सीनियर सिटीजन! मैं सीनियर सिटीजन की श्रेणी में आ रहा हूँ! लोग मुझे सीनियर सिटीजन क्लब की सदस्यता हासिल करने की सलाह देने लगे हैं। मेरी माँ और मुझमें अन्तर ही क्या रह गया।

उत्साह से मैं माँ के साथ कार्यक्रम में गया था, और भारी मन से घर लौटा। माँ ने जब बताया कि अगले रोज़ उनकी किट्टी है, मैं मुस्कुराते हुए बोला, "मेरी ज़िन्दगी से ज़्यादा हसीन तो माँ तुम्हारी ज़िन्दगी है।"

माँ ने स्नेह से मेरे दोनों हाथ पकड़ लिये। "यह सही है, पॉल मैंने अपनी ज़िन्दगी जीने के लिए एक दिनचर्या व डगर चुन ली, और मैं बहुत व्यस्त भी रहती हूँ, मगर सच्चाई यह है कि मैं इस किले में अकेली रहती हूँ," माँ घर के चारों तरफ़ अपनी नज़रें दौड़ाते हुए बोलीं।

"मदर डियर, मैं भी अकेला रहता हूँ।"

माँ मुस्कुराई। "फर्क यह है...तेरा अकेलापन तेरा एक चुनाव है, मेरा अकेलापन मेरी एक विवशता।"

"माँ मेरा अकेलापन भी एक विवशता है, अन्तर यह है कि मेरी और तुम्हारी विवशताओं की परिभाषाएँ अलग-अलग हैं।"

मेरी मासूम माँ मेरी बातों का अपना कोई अर्थ निकालते हुए मुझे बताने लगीं, "तू जानता है...मर्फी परिवार की लड़कियों को... पाँच लड़कियों का परिवार...।"

"हाँ... थोड़ा-थोड़ा ध्यान आ रहा है..." मैं याद करते हुए बोला, "बड़ी शोख लड़कियाँ होती थीं वे...।"

"अब नहीं रहीं...। समय ने उन्हें बहुत नरम कर दिया। जब भी मिलना होता है, बहुत स्नेह से मुझसे मिलती हैं...। तेरे, विलियम व एल्बर्ट के बारे में ज़रूर पूछती हैं।"

"अब तो वे सब अधेड़ होंगी...।" मैं बोला।

"पता नहीं। मुझे तो अपने सामने जन्मे व पले-बढ़े बच्चे हमेशा बच्चे ही लगते हैं...। हाँ उनकी सबसे छोटी बहन ने अभी तक शादी नहीं की...।"

"क्यों?"

"पता नहीं। शायद कोई मिला नहीं होगा...।" माँ मुझे और भी लड़कियाँ सुझाने लगीं, जो मेरे ज़माने में जन्मी थीं और हमारे परिवार से उनके परिवार के मैत्रीपूर्ण सम्बन्ध थे। "ब्लेयर परिवार, जिनका लड़का, जॉन तेरा दोस्त हुआ करता था...। उसकी बहन पिछले साल विधवा हो गयी...। उसका पति फौज में था। अफगानिस्तान में तैनात था। एक एनकाउंटर में वह मारा गया, बेचारा!"

"ओह !" मेरे मुख से चीत्कार निकली।

माँ अपनी रौ में बोलीं, "इंग्लैण्ड ने अन्य मुल्कों के साथ दुश्मनी मोल ले हमारे बहुत सारे जवान लड़कों को युद्ध में मारा है। स्कॉटलैंड को आयरलैंड की तरह इंग्लैण्ड का संघ छोड़ एक स्वतंत्र राष्ट्र के रूप में अपने को स्थापित करना चाहिए। इंग्लैण्ड ने दुनिया के इतने सारे मुल्कों में अपनी कॉलोनी बनाकर, वहाँ ज़बर्दस्ती शासन करके इतने सारे देशों के नागरिकों के मन में अपने प्रति जहर घोला है, उनका संघ होने की वजह से दुनिया हमसे भी नफ़रत करती है...। ज़रा सोचो... इंडिया....इतने विशाल व प्राचीन देश में भी उन्होंने इतने सालों तक राज किया...।"

"माँ उसी वजह से तो आज हम यहाँ बैठे हैं...। भूलो मत कि हमारी परदादी इंडिया से आयी थीं। उन्होंने दादाजी को जन्म दिया और दादाजी की कृपा से हम सब यहाँ मौजूद हैं...।"

माँ मेरी बात को नज़रंदाज़ कर अपनी बात का सूत्र पकड़ते हुए बोलीं, "तीन टीनएजर बच्चे हैं जॉन की बहन के। बेचारी अकेले पाल रही है उन्हें...।"

"ओह!" मैंने फिर अफ़सोस प्रकट किया।

माँ अपनी बात आगे बढ़ाते हुए बोलीं, "और वह जो टोमिल्सन परिवार था...। उनकी बड़ी लड़की का डिवोर्स हो गया...। वह अब सिंगल है...।"

"यह सब मुझे क्यों बता रही हो ?" मैंने उलाहना देते माँ से पूछा।

"अगर तू चाहे तो मैं तुझे इन लड़कियों से मिला सकती हूँ..." माँ अर्थपूर्ण तरीके से मुस्कुराते हुए बोलीं।

नीना से ब्रेकअप के बाद मैंने सोच लिया था, 'अब और औरतें नहीं, मैं अकेला ही मज़े में हूँ। औरते मेरे बस की बात नहीं। नहीं समझ सकता मैं त्रियाचरित्र।' मगर धीरे-धीरे मेरे मन का हर घाव भरता गया, और मैं अब मानसिक रूप से तीसरी पारी खेलने के लिए तैयार था। सो मैं माँ से बोला, "अगली बार...।"

"फिर कब आयेगा तू यहाँ?" माँ ने पूछा। .

"अक्टूबर में एक हफ़्ते का ऑटम ब्रेक होता है, तब आऊँगा।"

"ठीक है। मैं इन लड़कियों से बात करके रखूँगी। कोई न कोई तो इच्छुक होगी तुझसे मिलने में...।"

"लड़कियाँ..." मैं मुस्कुराया।

मैं अपने विचारों में इतना लीन था कि मुझे पता ही नहीं चला कि मेरा मोबाइल बज रहा है। इतनी रात में कौन मुझे फ़ोन कर रहा है? मैंने अपनी जैकेट की जेब से बजता मोबाइल बाहर निकाला—माँ का फ़ोन। घड़ी में समय देखा—रात के बारह बज रहे हैं। माँ इस वक्त फ़ोन कर रही हैं! खैर स्कॉटलैंड एक घंटा डेनमार्क से पीछे है, वहाँ अभी ग्यारह बज रहे होंगे।

"पॉल!"

"माँ...! क्या तुम अभी सोई नहीं?"

"सोने जा रही हूँ। सोचा, तुझे पहले फ़ोन कर लूँ। कैसी चल रही है यात्रा?"

"अच्छी चल रही है। चारों तरफ़ घना अँधेरा है...। खामोशी है...। खेत, जंगल, तालाब, झीलों के बीच से गुज़र रहा हूँ...।"

"ओह पॉल... तू सुरक्षित तो है...?"

"पता नहीं माँ...। मेरा बैग भी चोरी हो गया। मेरा फ़ोन चार्जर, खाना-पीना सब उसी में था।"

"ओह!"

"माँ, बस यह मनाओ कि किसी तरह मन्दिर पहुँच जाऊँ।"

माँ भावुक हो दुआएँ देने लगी, "ओह पॉल... तू अपने अभियान में ज़रूर कामयाब होगा। मैंने आज चर्च में तेरे लिए स्पेशल सर्विस रखवाई थी। हम सभी ने प्रार्थना की कि तू अपनी यात्रा में सफल रहे...।"

"माँ, मैं तुमसे लम्बी बात नहीं कर सकता। मुझे अपने फ़ोन की बैटरी इमरजेंसी के लिए बचा कर रखनी है।"

बात खत्म करते-करते माँ जल्दी से इतना बोल ही गयी—"तू डर मत पॉल। क्राइस्ट तेरे साथ हैं। वे तेरी रक्षा कर रहे हैं...। वे तुझे मन्दिर ज़रूर पहुँचाएँगे।"

बेथलेहम के जीजस क्राइस्ट मुझे भारतीय मन्दिर पहुँचाएँगे! मेरी माँ भी...। मैं हँस पड़ा। निरे सन्नाटे में मेरी हँसी गूँजने लगी...।

वह फकीर मुझसे अधिक अमीर

अगले दिन माँ अपनी किट्टी में व्यस्त रहीं और मैंने वह सब किया जो मैं हर बार अपने मूल शहर ग्लासगो आने पर किया करता हूँ। सबसे पहले सुबह-सुबह मैं अपने पिता की अन्तिम विश्राम स्थली, ईस्टवुड कब्रिस्तान गया। यहाँ पचास हज़ार शव दफन थे। मैं सीधे अपने पिता की कब्र पर गया। पिता को दफनाने के दो दिन बाद हम चारों भाई-बहन—मैं, विलियम, एल्बर्ट व जूलिया यहाँ आये थे। पिताजी की कब्र पर हमने घास व पौधे लगा एक सुन्दर-सी बगिया बनायी थी। उनके समाधि पत्थर पर स्मृति-लेख लिखा था।

यहाँ एक महान शख्स लेटा है—डेनियल स्कॉट 1935-2011

हर एक जीवन का अन्त एक नई शुरुआत है।

जब घास उग कर थोड़ी घनी हो गयी और फूलों ने बहार पकड़ ली थी तो हम माँ को लेकर यहाँ आये थे। माँ ने अपनी निस्तेज आँखों से बगिया को निहारा, स्मृति लेख पढ़ा, भावविह्वल हो मेरे कन्धे पर अपना सिर रख सुबकने लगी थी, और मैं काफ़ी देर तक माँ को सहलाता रहा।

बगिया अब उजड़ गयी थी। इतना वक्त ही नहीं था हममें से किसी के पास कि बगिया को सम्पोषित कर सके। बस यहाँ आकर पिता की मजार पर दो-चार फूल चढ़ा देते हैं। घुटनों के बल बैठ कर मैंने अपने पिता को फूल अर्पित किये। आँखें बन्द कर उन्हें मन ही मन धन्यवाद दिया।

दोपहर में मैं सिटी सेंटर गया। मुझे ग्लासगो का सिटी सेंटर बहुत ही जीवंत लगता है। यह मुझे अपने बचपन, किशोरावस्था की याद दिलाता है। ग्लासगो शहर के केन्द्र में सिटी सेंटर, शौपिंग का केन्द्र है। पूर्व में यह एक प्रमुख सड़क से घिरा है, और दक्षिण में क्लाइड नदी बहती है। नदी के किनारे-किनारे चलते हुए मैं रोबर्ट बेथ के घर पहुँच गया। रॉबर्ट बेथ किसी ज़माने में मेरा नृत्य शिक्षक होता था।

मेरा जीवन काफ़ी कुछ तब तय हो गया था, जब मैं चौदह वर्ष की अवस्था में अपने स्कूल से टिप कर डांस प्रेक्टिस के लिए जाने लगा था। छब्बीस वर्षीय रॉबर्ट बेथ एक डांस क्लब—स्पार्टा चलाता था। हम लड़कों से वह कहता था—"केवल

लड़कियाँ ही नहीं मटक सकतीं, लड़के भी मटक सकते हैं, ठुमका लगा सकते हैं। लड़के जब डांस करते हैं तो वे लड़कियों से अधिक सेक्सी लगते हैं।''

हम लड़कों को नृत्य का ऐसा जुनून था कि हम सब कुछ छोड़-छाड़ कर स्पार्टा क्लब पहुँच जाते थे। एक गैराज में रॉबर्ट बेथ अपना डांस क्लब चलाता था। वह हम लड़कों को डांस प्रेक्टिस कराता था। अगर मौसम अच्छा हो तो, किसी बाग में डांस का अभ्यास होता। हमें वह छोटे-बड़े किसी-न-किसी कार्यक्रम में मटकाता। कभी सामुदायिक केन्द्रों के विशेष पर्व पर। कभी किसी के घर किसी खास आयोजन पर। कुछ न होये तो किसी ने नया घर खरीदा है, या नई कार खरीदी है तो हम घर में या खरीदी नई कार के आगे डांस करते। जो कुछ वह कमाता हम लड़कों में थोड़ा बहुत बाँट देता।

हमारा कोरियोग्राफर रॉबर्ट हमारी थियोरी क्लास भी चलाता—कई प्रकार के नृत्य होते हैं—बैले, टेंगो, जाज, साल्सा, फ्लामेनो, भरतनाट्यम व आधुनिक नृत्य। नृत्य के लिए कई वर्षों के औपचारिक प्रशिक्षण की आवश्यकता होती है; गहन अभ्यास व प्रतिबद्धता होनी चाहिए। एक सफल नर्तक बनने के लिए सन्तुलन, शारीरिक शक्ति, और शारीरिक निपुणता होना आवश्यक है, ताकि गिरने से बचा जा सके व लय के साथ थिरक सके। नृत्य एक साधना है, इसे दिनचर्या में शामिल करना होता है।

पिताजी को मेरा डांस करना बिलकुल भी पसन्द नहीं था। कहते थे, ''मेरा यह जुनून मेरा भविष्य चौपट कर रहा है, और मेरा इस तरह सड़कों पर, किसी की नई कार या नये मकान के आगे नाचना हमारी पारिवारिक प्रतिष्ठा पर आँच पहुँचाता है।'' कितनी ही बार पिताजी की डाँट-फटकार खाई! कितनी ही बार मेरी पिताजी से जिरह हुई! उन्होंने मेरे डांस करने वाले जूते तक मुझसे छीन लिये थे।

स्कूल की पढ़ाई में मेरा मन बिलकुल नहीं था। किसी तरह बस पास हो रहा था। मेरा छोटा भाई विलियम मेडिकल की पढ़ाई के लिए ग्लासगो से एडिनबर्ग चला गया था। पिताजी को मेरे भविष्य की चिन्ता थी। उन्हीं की ज़ोर-ज़बर्दस्ती से मैंने हिस्ट्री व ज्योग्राफी में बी.ए. किया, तदुपरान्त टीचर ट्रेनिंग कोर्स कर मैं स्कूल टीचर बन गया।

रॉबर्ट अभी भी उसी घर में रह रहा था, जहाँ मैंने उसे हमेशा रहते हुए देखा था। क्लाइड नदी के किनारे वही छोटा-सा पीला मकान...। उसकी पत्नी उससे शादी करके उसके उसी घर में आयी थी, उसी घर में उसके दोनों बच्चों की परवरिश हुई। उसकी हालत, उसके जीवन स्तर में कुछ भी फर्क नहीं आया था। दुनिया कहाँ से कहाँ पहुँच गयी थी, फकीर रॉबर्ट वहीं का वहीं था। घर की वह कोई ठोस मरम्मत भी नहीं करवा पाया था।

उसका डांस स्कूल कुछ वर्ष अच्छा चला था। एक समय में उसके डांस क्लब

में आठ से अट्ठारह साल के दो सौ लड़के हुआ करते थे, मगर वह कोई विशेष ख्याति प्राप्त नहीं कर सका। एक प्राइवेट स्तर का ही स्कूल बना रहा,फिर लड़खड़ा कर वह भी बन्द हो गया। उसके पिता भी चल बसे। उसकी पत्नी ने नौकरी कर, परिवार को अपना अहम आर्थिक सहयोग देकर किसी तरह अपनी दोनों संतानों को पाल कर बड़ा किया।

जब मैं उसके पास पहुँचा, वह घर में अकेला था। तीखी कॉफ़ी की महक मेरे नथुनों में भर गयी। मैं उसे फ़ोन पर बता चुका था कि मैं उससे मिलने आ रहा हूँ, सो वह मेरे लिए ही कॉफ़ी बना रहा था। उसकी पत्नी अपनी बेटी के पास पर्थ गयी हुई थी, जहाँ वह एक पुलिसकर्मी थी। बेटा उसका मार्केटिंग में था, जो एक शहर से दूसरे शहर घूमता था। मुझे देख कर रॉबर्ट की आँखें चमक गयीं। मैं उसके लिए ग्लासगो सेंटर की प्रसिद्ध बेकरी से केक खरीद कर ले गया था। मैंने केक उसकी तरफ़ बढ़ाया। उसने मेरा आभार प्रकट किया।

"कब पहुँचा ग्लासगो?" मुझे गले लगाते हुए उसने पूछा।

"परसों पहुँचा हूँ।"

मुझे रॉबर्ट से मिल कर हमेशा बहुत अच्छा लगता था। न ही उसका स्पार्टा क्लब बहुत तरक्की कर पाया था, और न ही हम लड़कों में से कोई नृत्य कला की बुलन्दियों पर पहुँच पाया था। फिर भी मुझे उसके सान्निध्य में कुछ लम्हे बिताना बहुत सुकून देता था। वह मेरे बचपन व किशोरावस्था का स्नेहिल प्रतिबिम्ब था। समय ने हम दोनों के बीच उम्र के बारह वर्ष के अन्तराल को घटा दिया था। अब वह मुझसे एक गुरु के रूप में नहीं, एक दोस्त की तरह मिला करता था।

वह अपने बच्चों की कामयाबी की ही चर्चा करता रहा। वही उसके पास डींग मारने के लिए था। मुझसे भी मेरी ज़िन्दगी के विषय में पूछता रहा। उसने अफ़सोस प्रकट किया कि मैं स्कॉटलैंड में अपना सब कुछ छोड़ कर एक औरत की वजह से डेनमार्क गया और उससे भी मेरी नहीं निभी। इस मामले में रॉबर्ट ने मुझसे बाज़ी मार ली थी—उसका परिवार अभी भी एक अभंग परिवार था। उसके सुख-दुःख में उसका साथ निभाती उसकी पत्नी अभी भी उसके साथ थी। दोनों बच्चे उनकी जमा-पूँजी थी। भले ही वह तंगहाली में रहता था, भले ही जेब से वह फकीर था, मगर कई मायनों में वह मुझसे बहुत अमीर था।

मैं रॉबर्ट की ज़िन्दगी के विषय में सोच रहा था, और वह मेरी। रॉबर्ट मेरी ज़िन्दगी बेहतर समझता था। कहने लगा, "यार... तेरे पास माँ थी और एक दमदार पिता थे, जिन्होंने तुझे ठीक समय पर टोक कर तुझे सही राह दिखाई। मेरे पास माँ थी नहीं, और मेरे पिता मेरे साथ खुद ठुमका लगाने लगते थे।"

पन्द्रह वर्ष की आयु में रॉबर्ट ने अपनी माँ को खो दिया था। माँ के स्नेह से वंचित अपने पुत्र से उसके पिता बहुत लाड़-प्यार करते थे। वे रॉबर्ट को किसी भी बात के लिए टोकते नहीं थे। वह जो करना चाहे, उसमें अपना पूरा सहयोग देते थे। ''काश मेरे पिता मुझे डांस क्लब चलाने से रोक देते। मुझे कुछ और करने के लिए बाध्य करते...'' रॉबर्ट अफ़सोस भरे स्वर में बोला।

मुझे बेहद दुःख हुआ कि रॉबर्ट अपने डांस क्लब को अपनी नाकामयाबी समझता है।

मैं उससे बोला, ''रॉबर्ट प्लीज़ ऐसा मत कहो। मैं जब अपनी विगत ज़िन्दगी के विषय में सोचता हूँ तो तुम्हारे डांस क्लब में नृत्य का रियाज करना, छोटे-बड़े मंचों में नृत्य की प्रस्तुति करना मेरे जीवन का स्वर्गिक आनन्द था।''

रॉबर्ट मेरा कन्धा थपथपाने लगा। उसकी आँखें भीग गयीं। रुँधे स्वर में कहने लगा, ''मुझे खुशी है कि तुम लड़के ऐसा समझते हो। अभी भी मेरी इतनी इज़्ज़त करते हो। मेरा डांस स्कूल चलाना निरर्थक नहीं रहा।''

''नहीं, बिलकुल नहीं। और कभी मेरे पास घूमने कोपनहेगन आओ। तुम्हें स्केन्डिनेवियन देशों की सैर करवाऊँगा।''

रॉबर्ट पुलकित हो उठा, ''हाँ आऊँगा, ज़रूर आऊँगा। तुम लड़कों के आलावा मेरा है ही कौन?''

रॉबर्ट से मिलकर मैं यूँ ही सिटी सेंटर में टहलने लगा। मेरे बचपन का संसार...। इसी सेंटर से गुज़रते हुए मैं रोज़ अपनी यूनिवर्सिटी जाता था। जॉर्ज स्क्वायर में रेस्तराँ और कैफे का एक अद्‌भुत संगम है। अपने दोस्तों से मिलने का यह एक अड्डा हुआ करता था। यहाँ खड़े होकर मैंने कई लड़कियों पर सीटी बजाई। अपने कुछ पुराने, बचपन के साथियों से मैं मिला।

चार रोज़ बाद मैंने माँ से विदा ली। अब वापसी यात्रा...। ऐसा नहीं था कि मुझे कोपनहेगन में रहना अच्छा नहीं लगता। कोपनहेगन एक अच्छा व नियोजित शहर है। मेरा वहाँ स्कूल व अपना स्कॉटिश डांस क्लब व कुछ अहम मित्र थे। न्यूजीलैंड के अपने सहयोगी एन्ड्रियाज़, मैक्सिको की लॉरा व इंडिया की अर्चना से मेरी अच्छी मित्रता हो गयी थी। एक इंटरनेशनल चर्च से मैं जुड़ गया था। मगर मैं जब भी अपने मूल देश स्कॉटलैंड आता, मेरा डेनमार्क वापस जाने का मन नहीं करता। पैर जम से जाते। और जब से नीना से तलाक हुआ था, वहाँ रहने का मकसद पूरा खत्म हो गया था। मगर आजीविका का प्रश्न था...। क्या खाऊँगा? सो मैंने भारी मन से डेनमार्क जाने की फ्लाईट पकड़ी।

विमान में चढ़ा ही था कि मोबाइल बजा।

"पापा!" लूसी की आवाज़।

"हाँ बेटा !"

"पापा, हमने कोर्ट में जाकर अपना सरनेम बदल दिया, वाल्टर हटा कर स्कॉट लगा दिया। अब आप खुश हो?" उसकी आवाज़ में एक उत्तेजना थी।

मैं कुछ न कह सका। गूंगा हो गया।

"हम आपकी ही बेटियाँ हैं, डैड। वी लव यू!"

"आई लव यू लूसी," कहना चाह रहा था, मगर फ़ोन कट गया। नो मोबाइल फ़ोन—अनाउंसमेंट होने लगा।

रॉबर्ट की बेटी को उससे नहीं कहना पड़ता—"मैं आपकी बेटी हूँ, डैड !"

सत्रह घंटे मुझे लगातार चलते हुए हो गये हैं। छप्पन किमी. मैं चल चुका हूँ। पैर बुरी तरह थकने लगे हैं। बावन किमी. का रास्ता अभी और तय करना है। यात्रा का अगला पड़ाव रिन्गस्तेद आ गया है। रात का एक बज रहा है। निरा अन्धकार फैला हुआ...। ठंड की सिहरन अलग...। धरती बर्फ़ की सिल में बदल रही है। उस बूढ़े को अपना स्वेटर दान कर देना अब मुझे अपनी एक बहुत बड़ी गलती लग रही है। लेकिन अगर मैं उसे अपना स्वेटर दान नहीं करता तो वह मेरे बैग में होता, और बैग मेरा चोरी हो गया। अच्छा हुआ मैंने उसे अपना स्वेटर दे दिया, नहीं तो वह भी चोरी हो जाता...। मेरी यह धारणा कि डेनमार्क एक सुरक्षित देश है, खंडित हो गयी है। उस नवयौवना ने सही कहा था—"आज के युग में पूरा-पूरा भरोसा कहीं भी नहीं किया जा सकता। मुझे चौकन्ना रहना चाहिए था।"

समुद्र, ताल, वन, सन्नाटा... यह जंगली रास्ता कुछ ऐसा है कि मुझे डर लग रहा है। इसलिए मैं इधर-उधर कच्ची पगडंडियों में चलने की बजाय कंकरीट की पक्की सड़क पर चलने की कोशिश कर रहा हूँ। अभी हाईवे पर आ गया हूँ। कुछेक गाड़ियाँ मेरे पास आकर रुक रही हैं कि अगर मुझे कहीं के लिए लिफ्ट चाहिए।

"नाई थक्क! (नो थैंक्यू!)" मैं इनकार करते जा रहा हूँ।

फिर एक कार की हेडलाईट चमकी, और रेंगते हुए मेरे पास रुकी। कार का शीशा नीचे करके ड्राइवर ने मुझसे पूछा, "आपको हम कहीं छोड़ सकते हैं?"

"नो थैंक्यू। मैं पैदल ही चलना चाहता हूँ," मैं बोला। वह मुझे परिचित-सा लगा। मैं सोच में पड़ गया—कहाँ देखा इसे? वह कार का शीशा चढ़ाते हुए आगे बढ़ गया तो मैंने तुरन्त आवाज़ दी—"ऐई...ऐई...।" कार रुक गयी। कार के पास जाकर मैंने उसमें सवार लोगों को ध्यानपूर्वक निहारा—सभी युवा थे। पहचानी-सी सूरतें।

कहाँ देखा इन्हें?

"मैं शायद आपसे कहीं मिला हूँ।"

कार में सवार एक लड़का मुझे याद दिलाते हुए बोला—"रोसकिल्डे में ट्रांक्बार रेस्टोरेंट में मिले थे...।"

उनमें वह लड़का भी बैठा था जिसने मेरा इंटरव्यू लिया था। "तुम लोग इस वक्त सड़क पर क्या कर रहे हो?" मैंने उनसे पूछा।

"आपका पीछा कर रहे हैं...।"

"मेरा पीछा! क्यों?"

"यह देखने के लिए कि क्या आप वास्तव में पदयात्रा कर रहे हो या यूँही हाँक रहे थे।"

"तुम्हें कैसे मालूम कि मैं किन राहों से जाऊँगा।"

वह अपने आईफ़ोन पर मेरे पदयात्रा के मानचित्र की खिंची फोटो मुझे दिखाते हुए बोले, "इससे...।"

मैं चकित रह गया। वे मेरी प्रंशसा करते हुए बोले, "आपने बहुत अच्छा नक्शा खींचा है... बिलकुल सटीक...। आपमें हिम्मत और जज़्बा है। हैप्पी पिल्ग्रिमेज!" मुझे शुभकामनाएँ देते हुए वे आगे बढ़ गये। मैं अपनी जगह ठिठका रह गया।

रोगों का सम्राट—कैंसर

ज़िन्दगी का पहला व अन्तिम पृष्ठ भगवान भर देता है—जन्म और मृत्यु। बीच के पृष्ठ इन्सान को खुद ही भरने पड़ते हैं प्यार, विश्वास, संघर्ष से...। एक बार फिर मैंने अपनी ज़िन्दगी संवार ली थी, बस उस ज़िन्दगी में अब नीना नहीं थी।

अपने स्कूल में पाठ्यक्रम समन्वयक व परीक्षा समन्वयक के अतिरिक्त दायित्व लेकर मैंने अपने कार्य घंटे बढ़ा लिये थे, तो वेतन में भी अच्छी-खासी बढ़ोतरी हो गयी थी। डेनमार्क की दो इंटरनेशनल कम्पनियों में मैंने टूर गाइड की पार्टटाइम नौकरी पकड़ ली थी। जब कभी उनके यहाँ सम्मेलन होते और दूसरे देशों से अधिकारीगण सम्मेलन में भाग लेने आते तो मैं उनका गाइड बन कर उन्हें कोपनहेगन घुमाता। इससे मेरी अतिरिक्त आय हो जाती। खुद को मैंने एक चर्च से भी जोड़ लिया था। चर्च में भक्तिमय वृंदगानों की प्रस्तुति देता। चर्च सम्बन्धित अन्य कार्यों में भी लगा रहता। कुल मिलाकर व्यस्त रहने लगा था। ज़िन्दगी ऐशोआराम वाली तो नहीं मगर सन्तुष्टि थी। स्कॉटलैंड में भी नौकरी के लिए प्रयास कर रहा था। सोच रहा था कि अब इस देश में रह कर क्या करूँ। जिसकी वजह से यहाँ आया था वह तो किसी और की हो गयी।

मैं उसे बाज़ीगर बोलता था। एक रुतबेदार, प्रतिभाशाली पद पर था पीटर—डोंग एनर्जी का डायरेक्टर। नीना जैसा चाहती थी, उसे वैसा मिल गया। नीना उसके साथ खुश ही होगी। उसकी ज़िन्दगी उसके साथ अच्छी गुज़र रही होगी। हमारे एक कॉमन फ्रेंड ने मुझे बताया कि वे दोनों मिलकर एक नया घर खरीद रहे हैं। मुझे यह जानकर दुःख हुआ कि इतनी जल्दी नीना ने मुझे भुला दिया।

पीछे मुड़कर अपनी ज़िन्दगी को देखता हूँ, दरअसल भावनात्मक तौर पर नीना व मेरे रिश्ते कभी के खत्म हो चुके थे, पीटर उसको बस सही समय में मिल गया। मुझे नाहक ही पीटर को दोषी नहीं मानना चाहिए। कमी मुझ में ही है। पचास पार कर लेने के बावजूद मैं कई मामलों में एकदम छूँछा हूँ—निठल्ला, अनाड़ी। मुझे नहीं मालूम चीज़ें कैसी होती हैं, कैसे उनसे निपटना चाहिए। दुनिया के कई तौर-तरीकों से मैं अभी भी अनभिज्ञ हूँ। इसलिए लोग मुझसे बहुत जल्दी चिढ़ जाते हैं।

मगर उस दिन मेरे पास नीना का फ़ोन आया... । मैं चकित रह गया। मैं स्कॉटलैंड में अपनी डेढ़ माह की गर्मियों की छुट्टियाँ काट कर कोपनहेगन वापस पहुँचा ही था, अपना सूटकेस खाली कर कपड़े पुरानी जगह लगा रहा था।

नीना की आवाज़ मैं पहचान ही नहीं पाया। इतना धीमा व थका स्वर।

''नीना बोल रही हूँ।''

''नीना!''

''हाँ, कैसे हो?''

''ठीक हूँ। आज ही स्कॉटलैंड से वापस पहुँचा हूँ—एक घंटा पहले ही। कल से स्कूल खुल रहे हैं...'' मैंने बताया।

नीना ने मेरी माँ, बहन व बेटियों के बारे में पूछा कि वे सब कैसे हैं।

''सब ठीक हैं। माँ के साथ ग्लासगो में चार रोज़ रहा। बहन-भाइयों से मिला। पुराने मित्रों से मिला। लूसी व ग्रेसी के साथ समर हाउस में एक महीना बिताया। विलियम, एल्बर्ट और जूलिया वहीं आये अपने-अपने परिवारों के साथ। बहुत अच्छा समय कटा,'' मैं चहकते हुए बोला।

''बहुत अच्छा...'' नीना बुदबुदाई।

''वहाँ तीन स्कूलों में जॉब इंटरव्यू भी दिये हैं।''

''ओह... क्यों स्कॉटलैंड वापस जाने का इरादा है?''

''हाँ, अगर वहाँ कोई नौकरी मिल जाये तो। यहाँ रह कर अब मैंने करना क्या है...?'' मैं उदासी से बोला।

दूसरे छोर पर नीना खामोश हो गयी थी। मुझे उसके स्वर व साँस में रुग्णता का आभास हुआ।

''नीना, तुम कैसी हो?''

वह खाँसने लगी—''ठीक नहीं हूँ।''

''क्या हुआ?''

''ट्यूमर।''

''ट्यूमर? घातक तो नहीं...?''

''हाँ, घातक,...डॉक्टर्स कह रहे हैं—एडवांस स्टेज पर है। काफ़ी फैल चुका है...।''

बहुत ही स्पष्ट व सीधे शब्दों में नीना अपनी जानलेवा बीमारी के विषय में बोल गयी। कैंसर—रोगों का सम्राट, उसके बदन में आक्रमण कर चुका था। मैं खामोश व स्तब्ध था। मेलाइन ट्यूमर नियन्त्रित नहीं हो सकता। नीना के प्रति मैं सहानुभूति से भर गया। आखिरकार मैं उसके साथ सात वर्ष रहा था। उसके साथ मैंने अनगिनत

मधुर पल बिताए थे। हमारा सहजीवी जीवन तमाम खुशियों का साक्षी रहा था।

नीना ने मुझे एक दूसरे लोक से जोड़ा था। उसके साथ मैंने कई मुल्कों की सैर की थी—अमेरिका, स्पेन, ग्रीस, थाईलैंड, चीन और इंडिया। नीना ने ही मुझे पहली बार भारत की सैर करवाई थी।

मुझे लगा, नीना को मेरी ज़रूरत है। तभी वह मुझे फ़ोन कर रही है। एक-दूसरे की मदद करने से अधिक सुखद क्या है।

''नीना मैं तुमसे मिलना चाहता हूँ...'' मैं उससे बोला।

एक पल मेरे प्रश्न पर उसने कुछ मनन किया, फिर बोली, ''ठीक है...। कहाँ मिलना चाहोगे?''

''वहीं टिवोली गार्डन के सामने स्टारबक्स कॉफ़ी हाउस में।''

नीना जब स्टारबक्स कॉफ़ी हाउस में आयी तो मैं उसे देखता ही रह गया। वह पहचानी नहीं जा रही थी। एकदम मरियल हो गयी थी। उसकी बड़ी-बड़ी कंजी आँखें काले गड्ढों में धँसी हुई। सिर के बाल उड़ गये थे। गंजी लग रही थी, और अपने सिर पर उसने एक सफ़ेद कपड़ा बाँधा हुआ था। मगर वह फिर भी मुझे सुन्दर लग रही थी। हम दोनों ने एक साथ कॉफ़ी पी। एक-दूसरे का हाल-समाचार पूछा। अधिकतर बातें नीना के स्वास्थ्य को लेकर ही हुईं।

''फर्स्ट क्लास रोग लग गया है मुझे,'' वह फीकी मुस्कान के साथ बोली। मैंने अपनी नज़रें फेर लीं। कुछ न बोल सका। उससे नज़रें तक नहीं मिला सका।

एक दबी हुई चुप्पी हमारे बीच छा गयी।

दूर कहीं सोचते हुए वह बोली, ''सजा मिल रही है मुझे।''

''किस बात की?'' अपनी निगाहें उसके चेहरे पर टिकाते हुए मैंने पूछा।

''अपनी गलतियों की...।''

''गलतियाँ हम सभी से होती हैं,'' मैं बोला, ''मगर असली बात यह है कि बहुत कम लोग अपनी गलतियों को कुबूल करते हैं।''

''कई बार भगवान इन्सान से उसकी गलतियों को स्वीकार करवा लेता है...।''

मुझे नीना बहुत असहाय लगी।

मैं प्रायः रोज़ ही उसका हालचाल पूछने लगा। कभी उसे फेस टाइम कर लेता। कभी उसे फेस बुक पर मैसेज दे देता। शुरू में तो नीना मुझसे मिली, मुझसे बातें-चैटिंग भी की। फिर वह मुझसे कतराने लगी। ''पीटर पसन्द नहीं कर रहा,'' वह बोली। ''मुझसे सम्पर्क ना किया करो।''

मैं लाचार हो खामोश हो गया। मगर नीना के स्वास्थ्य के विषय में जानने की मेरी उत्कंठा निरन्तर बनी रहती थी। सो कुछ दिनों की चुप्पी के बाद मैं उसे फिर सम्पर्क

करता। हम फिर से मिलते। नीना पुनः कहती कि मैं उससे ना मिला करूँ, उसे फ़ोन ना किया करूँ। पीटर पसन्द नहीं करता। मैं खामोश हो जाता। किन्तु कुछ दिनों की खामोशी के बाद फिर उसी सब की आवृत्ति होती।

नीना को भी शायद मुझसे मिलना व मेरा फ़ोन करना पसन्द आता था। जहाँ मैं सात सालों तक नीना के संग निर्बाध रहा था, अब चोरी-छुपे उससे मिलने लगा था। लुक-छुप हम एक-दूसरे को फ़ोन किया करते, एसएमएस किया करते। फेसबुक पर चैटिंग किया करते, जैसे दो किशोर हों। कहा जाता है कि जिस रिश्ते को गुप्त रखने की आवश्यकता है इन्सान को वह रिश्ता बनाना नहीं चाहिए, मगर मैं क्या करूँ? नीना पर अब पीटर का हक था। पीटर से मैं दो-तीन बार मिला था। उसके लम्बे कद, सुन्दर छवि से मैं प्रभावित हुआ था। मगर मुझे उसमें एक अहंकार भी महसूस हुआ। मैंने जब नीना से इस बारे में कहा तो वह हँसते हुए बोली—"छैला है वह...।"

पीटर एक लम्बा-तगड़ा आदमी था, पद व छवि दोनों में मुझसे बेहतर। उस महाकाय के सम्मुख मैं स्वयं को हीन, बौना महसूस करता था। एक पल के लिए मुझे यह भी लगा कि कहीं पीटर तो कारण नहीं था नीना व मेरे अलगाव का। उस बाज़ीगर ने उसे अपने आकर्षण में बाँध लिया हो, तभी नीना ने फैसला किया मुझे छोड़ने का...।

"उसने तो तुम पर कृपा की तुम्हें छोड़ कर," विलियम व एल्बर्ट, मेरे दोनों भाई बोले थे, जब मैंने उन्हें नीना की बीमारी के विषय में बताया था।

"वह उस दिन भी बीमार थी, तुम्हारे जन्मदिन वाले दिन... भयंकर सिरदर्द बता रही थी...।" विलियम याद करते हुए बोला।

मैंने अपने पचासवें जन्मदिन को फिर से रिवाइंड किया। मैं व नीना अपने बेडरूम में हैं—वह अपना सिर थामे पलँग पर बैठी है। वह थकी लग रही है। मैं उसके सामने खड़ा तैयार हो रहा हूँ, वह मुझे निहार रही है। जैसे ही मैं अपनी किल्ट पहनने लगा उसने टोका, "किल्ट मत पहनो। यह सूट पहनो...।" वह नया सूट मेरी तरफ़ बढ़ाते हुए बोली, जो उसने मुझे मेरे जन्मदिन पर तोहफा दिया था। एक महँगे स्टोर—'मेन वेयर हाउस' से उसने खरीदा था। "सूट पहनो, टाई लगाओ। सूट व टाई में तुम खूब जँचते हो, स्मार्ट लगते हो..." वह मुझसे बोली, हल्का-सा मुस्कुराते हुए।

मगर मैं अपनी किल्ट पहनने के लिए अड़ा रहा।

उसने मुझसे फिर आग्रह किया। मैं नहीं माना।

उसे गुस्सा आ गया, बोली, "तुम इसमें कबीलेवाले लगते हो।"

मैं बौखला गया। उस पर कस कर चिल्लाया, "लेट अस सेपरेट! मैं गंवार लगता हूँ तो मत रहो मेरे साथ...। ढूँढ लो अपने लिए कोई स्मार्ट आदमी..." वह मायूस हो गयी। मैं उस पर चिल्लाता गया। बड़ी देर तक उसे अनाप-शनाप बकता रहा। मैंने

उसे डायन तक कहा। अपने कान उसने हथेलियों से ढाँप लिये। मैं दनदनाते हुए नीचे चला गया।

वह नीचे नहीं आई। सभी मेहमान पहुँच गये। सब उसके लिए पूछ रहे थे। करीना-जोहाना कई बार उसके कमरे में उसे बुलाने गयीं। बड़ी देर में वह सीढ़ियों से नीचे हॉल में उतरते हुए नज़र आई। उसने वह ड्रेस नहीं पहनी थी जो वह पहनने वाली थी। शायद उसका वाकई सिर दर्द बढ़ गया था। वह सिर दर्द की शिकायत करती रही। सभी ने उसके प्रति सहानुभूति प्रकट की, सिवाय मेरे। मुझे यही लगता रहा, वह मेरे जन्मदिन समारोह का सर्वनाश करने पर तुली है। मगर अब लगता है, उसका वाकई में सिर दर्द हो रहा होगा। उसकी माँ भी मुझसे बाद में बोली थी कि उस दिन सुबह से ही उसकी तबियत ठीक नहीं थी। उसे उल्टियाँ भी हुई थीं। मगर वह मुझे बता कर मेरा मूड नहीं खराब करना चाहती थी।

''मेरा मूड तो उसने इतनी बुरी तरह खराब किया,'' मैं नीना की माँ से बोला था।

''तब तक तुम दोनों के बीच बात बहुत बिगड़ चुकी थी,'' शीला देवी हौले से बोलीं।

ब्रह्मांड हमेशा हमसे वार्तालाप करता है, छोटे-छोटे सन्देश भेजता है, कहता है—तनिक ठहरो, अपने चारों ओर देखो, मनन करो। जो कुछ देख-समझ रहे हो, वास्तविकता उससे कहीं अधिक है।

कैंसर की घातक गाँठ उसकी देह में कभी से अपनी पैठ जमा चुकी थी, मेरे साथ रहते हुए ही। मगर उसे तब पता चला जब वह फैल कर मस्तिष्क में पहुँच कर उसके शारीरिक समन्वय को डगमगाने लगी। ज़बर्दस्त सिरदर्द, उल्टी, बैचेनी, भूख की कमी, चलते हुए यकायक सन्तुलन खो देना। यह सब लक्षण जब प्रकट हुए तो उसका एम.आर.आई. व सीटी स्कैन हुआ। ब्रेन ट्यूमर निकला—हाइपोथेलेमस ग्रंथि व रीढ़ की हड्डी के बीच।

उसकी ब्रेन सर्जरी हुई। ट्यूमर की बायोप्सी से पता चला कि यह तो सेकेंडरी कैंसर है, तो प्राइमरी कैंसर कहाँ है? उसके पूरे शरीर की स्कैनिंग हुई तो पता चला कि कैंसर की शुरुआत उसके फेफड़ों से हुई थी और फैल कर मस्तिष्क तक चला गया था। वह चेन स्मोकर थी। सिगरेट भी हमारे बीच तनाव का एक कारण रही थी। शुरू में तो उसकी सिगरेट पीने की लत को मैंने सामान्य लिया, बाद में मैं खीजने लगा। उसके कपड़ों, बालों से आती सिगरेट की दुर्गन्ध बर्दाश्त होनी मुश्किल होने लगी थी।

''जो कुछ होता है, अच्छे के लिए होता है। अच्छा हुआ वह तुमसे खुद ही अलग हो गयी, तुम्हें मुक्त कर गयी,'' मेरा मित्र एन्द्रियाज़ बोला था।

नीना का साढ़े तीन सालों तक कैंसर से जूझना और फिर इस दुनिया से असमय

चले जाना मुझे झकझोर गया। अपनी तरफ़ से मैं उसके लिए जो कुछ कर सकता था, मैंने किया। सोचता हूँ, 'अगर नीना से मेरा ब्रेकअप नहीं हुआ होता तो मेरे लिए उसकी बीमारी और मौत और भी दुखदायक होती। यह सब सहना मेरे लिए और भी मुश्किल होता।' पूर्व पति पर कम से कम सामाजिक बाध्यताएँ तो नहीं होतीं। सो जो कुछ मैंने नीना के लिए किया, उसमें मेरी सिर्फ़ सद्‌भावना थी, उसके प्रति प्रेम था। एक मनुष्य का दूसरे मनुष्य के प्रति जो फर्ज है, वह मैंने निभाया। एक समय वह मेरी जीवनसंगिनी थी। उसने मुझे जीवन के कई पहलुओं से परिचित करवाया। मैं उसका शुक्रगुजार हूँ।

कोई बड़ी देर से मेरे पीछे चल रहा है। मुझे अच्छा भी लग रहा है कि मैं अकेला पथिक नहीं हूँ, मेरे साथ सड़क पर कोई है। थोड़ा सन्देह से भी भर रहा हूँ कि कोई मेरा पीछा क्यों कर रहा है, भला। फिर कोई चोर-उचक्का तो पीछे नहीं पड़ा है। मगर अब मेरे पास कुछ नहीं है, सिवाय फ़ोन के। मैंने मुड़कर देखा—एक छोटी आकृति है। मैं ठहर गया। जैसे ही वह आकृति मेरे निकट आयी तो मैंने देखा एक महिला चली आ रही है। मुझे निहायत ही आश्चर्य हुआ कि एक महिला इतनी रात गये, इस वीराने में अकेले।

"हैलो!" मैंने उस महिला को अभिवादन किया।

"हैलो! महिला ने जवाब दिया। चपटी नाक...छोटी-छोटी आँखें...। महिला रंग-रूप से चाइनीज दिख रही है। बातचीत करने के उद्देश्य से मैं उससे यूँ ही रिन्गास्तेद इलाके के बारे में पूछने लगा। महिला टूटी-फूटी डेनिश बोल रही है, और मैंने इस भाषा में अब तक अच्छा प्रभुत्व जमा लिया है।

मेरे पूछने पर वह मुझे बताने लगी—"मैं रिन्गास्तेद में मोटरवाय के पार रहती हूँ। अभी रिन्गास्तेद आउटलेट पर किसी बड़े व्यक्ति के घर पार्टी थी। वहाँ से काम करके अपने घर लौट रही हूँ।"

मैंने पूछा कि उसे इतनी रात गये भय नहीं लग रहा, इस जंगल से गुज़रते हुए। वह बोली, "मुझे तो इस बात का भय लग रहा है कि अब मेरे व मेरे बेटे का क्या होगा। हम क्या खायेंगे? बेटा पढ़ेगा कैसे?" वह मुझे अपनी जीवन कहानी बताने लगी—"पति के साथ यहाँ चार साल पहले आयी थी चीन से। पति यहाँ तीन साल रह कर वापस चीन चले गये। मगर मैं नहीं गयी। यहाँ औरतों के लिए माहौल अच्छा है। हर कोई यहाँ फल-फूल सकता है। यहाँ कोई अपने को छोटा महसूस नहीं करता। अधिकारी-अधीनस्थ सभी एक समान। मेरा एक बेटा है, पन्द्रह साल का। यहाँ उसकी पढ़ाई व कैरियर के लिए भी अच्छा है। मैंने थोड़ी बहुत डेनिश सीखी, और एक ऑफिस की केन्टीन में काम कर रही थी। लेकिन पिछले हफ़्ते मुझे नौकरी से बर्खास्त कर दिया

कि मैं पहले और अच्छे ढंग से डेनिश सीखूँ। अभी लोगों के घर छोटे-मोटे काम करके थोड़ा बहुत कमा रही हूँ, किन्तु मैं बहुत दुखी हूँ। मैं अब क्या करूँ? दूसरी नौकरी कहाँ खोजूँ। मेरे लड़के का जन्मदिन आ रहा है। मैंने उसके लिए एक आईपैड खरीदने का वादा किया था। अब मैं कहाँ से खरीदूँ?''

मैंने अपनी जेब से दो सौ क्रोनर का नोट निकाला, और उसकी तरफ़ बढ़ाते हुए बोला, ''हालाँकि यह धनराशि बहुत कम है। अगर यह आपकी किसी भी ज़रूरत को पूरा कर सके तो मैं स्वयं को धन्य समझूँगा।''

महिला स्वाभिमानी थी। वह नोट पर झपटी नहीं, पकड़ने से स्पष्ट इनकार करते हुए बोली, ''आज अगर आपसे यह नोट पकड़ लूँ तो कल क्या होगा। यह दो सौ का नोट मेरी समस्या हल नहीं करेगा...।''

''मैं जानता हूँ कि आप लोग मेहनतकश इन्सान हो। खुद कमा कर जीना चाहते हो। मगर मैं एक मिशन पर निकला हूँ। मेरा यह संकल्प है कि मैं राह में हर किसी की मदद करूँगा। यह ध्यान रखूँगा कि मेरी तरफ़ से किसी को कोई तकलीफ न हो। यह मैं आपके लिए नहीं बल्कि अपने लिए कर रहा हूँ। मुझे दान करने का एक मौका मिल रहा है।''

मेरे बहुत आग्रह पर भी महिला ने क्रोनर नहीं पकड़े। मगर अपनी दुआ मुझे अवश्य दी—अगर राह चलता हर इन्सान आपकी तरह सोच रखने लग जाये तो यह धरती स्वर्ग हो जाये।

''आप इतनी रात गये कहाँ जा रहे हो?'' महिला ने अकस्मात मुझसे पूछा।

''तीर्थ पर हूँ।''

''तीर्थ! आगे क्या कोई देवालय है?'' उसने असमंजस में सूनी सड़क पर अपनी नज़र दौड़ाते हुए मुझसे पूछा।

''हाँ, एक भारतीय मन्दिर है। कल वहाँ मेरी पूर्व पत्नी की प्रथम पुण्यतिथि का धार्मिक आयोजन है।''

''भारतीय मन्दिर! पूर्व पत्नी! पुण्यतिथि!'' महिला अचरज से बुदबुदाई।

मैंने संक्षिप्त में महिला को अपनी जीवन कहानी बताई। वह आश्चर्य से भर गयी।

''आप सुबह चार बजे से पदयात्रा कर रहे हो, और आगे और जाना है?''

''हाँ, पच्चीस किमी. और।''

यकायक वह अपना बैग खोलने लगी। ''आप इतना चल रहे हो... आपको भूख लगी होगी। कुछ खाना चाहते हो? वहाँ पार्टी में काफ़ी खाना बच गया था। उन लोगों ने सब मुझे दे दिया...।''

पॉल की तीर्थयात्रा • 155

बैग के खुलने से पकवानों की जो महक हवा में तैर गयी, मेरे नथुनों में भरी जा रही है। फिर भी मैं बोला, ''यह तो आप अपने व अपने बेटे के लिए ले जा रही होंगी।''

''काफ़ी खाना है...क्या खाना चाहते हो?'' वह मुझे डेनिश व्यंजनों के नाम गिनाने लगी। फ्रिकाडेल्लर है, रुगब्रेड है, हॉट डॉग है, पेस्ट्री है, आलू सलाद है और केक है।''

मेरी लार निकल आई, मगर मैं बोला, ''नहीं-नहीं। मैं आपका खाना नहीं खा सकता।''

''अरे बहुत खाना है। मैं और मेरा बेटा इतना नहीं खा पायेंगे। फिर मेरा बेटा अपना चाइनीज खाना ही अधिक पसन्द करता है,'' वह बोली।

मैं असमंजस में हूँ कि वह बिजली के एक खम्बे की तरफ़ इशारा करते हुए बोली, ''चलो वहाँ बैठते हैं...।''

रात की नीरवता में मुक्त आकाश के नीचे हम दोनों ओस से भरी धरती पर बैठे। वह अपने बैग से एक-एक व्यंजन निकाल कर ज़मीन पर रखने लगी। घर का बना ताज़ा बेहतरीन भोजन। वह मुझे आग्रहपूर्वक खिलाती गयी, और मैं खाता गया। कहाँ तो मैं उसकी मदद करने चला था, मगर वह मेरी मदद कर रही है।

''मेरी माँ के बाद तुम हो जिसने मुझे इतने प्रेमपूर्वक खाना खिलाया,'' मैं उससे बोला।

''हम पूरब के लोग इस पर विश्वास करते हैं कि तीर्थयात्रा करने वालों की मदद करने से थोड़ा पुण्य हमें भी मिल जाता है,'' वह एक शरारती मुस्कान से बोली।

मैं हँस पड़ा। ''क्या नाम है आपका?''

''चाव-क्सिंग।''

''चाव-क्सिंग!''

''हाँ, इसका मतलब है, मोर्निंग स्टार।''

''तो इस वक्त मैं एक 'मोर्निंग स्टार' के साथ बैठा हूँ। तभी सोच रहा हूँ, यह प्रकाश अचानक कहाँ से आ गया,'' मैंने चुटकी ली।

''आप विनोदप्रिय हो। क्या नाम है आपका?''

''पॉल।''

''पॉल—आसान नाम है,'' वह बोली।

''बहुत ही आम नाम है। फ्रांसीसी, जर्मन, ब्रिटिश, डेनिश, स्वीडिश सभी देशों

में पुरुषों का यह नाम रखा जाता है,'' मैं बोला।

''इसका अर्थ क्या है?''

''लैटिन में इसका अर्थ है विनम्र। और शायद आपको पता होगा यह एक संत का नाम है?''

उसने गर्दन हिलाकर, बाल-सुलभ अनभिज्ञता ज़ाहिर की।

''संत पॉल प्रारम्भिक क्रिश्चियन चर्च में एक महत्त्वपूर्ण नेता हुआ करते थे।''

वह निश्छलता से मुस्कुराते हुए बोली, ''तो आज इस मध्यरात्रि में मुझे संत पॉल के दर्शन हुए हैं।''

मैंने अपना हाथ लहराया—''क्या मुझे चने की झाड़ पर चढ़ा रही हो?'' मैंने अपने पैर फैला लिये।

अचानक उसकी नज़र मेरे पाँव पर गयी।''यह आपके जूते को क्या हुआ?''

''टूट गया। बेल व रूमाल से बाँधा है।''

वह अपना हाथ मेरी तरफ़ बढ़ाते हुए बोली, ''इधर दीजिये जूता, सिल देती हूँ।''

''आप मेरा जूता सिलेंगी?'' मैं आश्चर्य से भर गया।

''हाँ, मैं सिलाई-कटाई भी करती हूँ,'' वह अपना बैग खोलते हुए बोली। पहली बार मैंने उसके बैग को ध्यानपूर्वक देखा—बैग पर बहुत प्यारी चाइनीज कढ़ाई थी।

मुझे अपना बैग घूरते हुए देखकर वह बोली, ''यह बैग मैंने खुद काढ़ा है।''

''बहुत खूब !''

बैग से एक डिजाइन बाहर निकालते हुए बोली, ''आजकल यह बना रही हूँ। जहाँ कहीं कुछ फुर्सत मिलती है, मैं यह काढ़ने लगती हूँ। अपने बेटे के लिए मफ़लर बना रही हूँ।''

मैंने अपना जूता उतार कर उसकी तरफ़ बढ़ा दिया। उसने एक मोटा सुआ व ऊन के धागे निकाले और मेरा जूता पूरा सिल दिया।

''तुम्हें किस-किस बात के लिए धन्यवाद दूँ। तुम्हारे पास तो हर समस्या का हल है।''

दो घड़ी का साथ...और वह मुझे यह एहसास दे गयी जैसे हम दोनों एक दूसरे को युगों-युगों से जानते हैं। मैंने उसका फ़ोन नम्बर व घर का पता अपनी डायरी में अंकित कर लिया, यह सोच कर कि कोपनहेगन वापस पहुँच कर उसे एक धन्यवाद कार्ड भेजूँगा।

वह कुछ पग मेरे साथ और चली, फिर दायीं तरफ़ जाती एक सड़क की तरफ़ इशारा करते हुए बोली, "मुझे इधर जाना है...।" हम दोनों ने एक-दूसरे से हाथ मिलाया, एक-दूसरे को शुभकामनाएँ दीं। वह अपने घर की तरफ़ जाने वाली सड़क पर मुड़ गयी।

अंधकारपूर्ण क्षितिज पर बिजली की कौंध की तरह प्रकाश दिखा कर वह मेरी आँखों से यकायक ओझल हो गयी। इस दुनिया में अच्छे-बुरे असंख्य लोग हैं जिन्हें हम कभी नहीं जानेंगे, कभी नहीं मिलेंगे...मगर वे इस दुनिया में थे, हैं और हमेशा मौजूद रहेंगे। मैं यह भी जानता हूँ कि दुबारा हमारी मुलाकात शायद ही हो लेकिन आत्मीयता के इस स्पंदन को मैं भी कभी भूल नहीं पाऊँगा। चाव-क्सिंग की मानवता मुझे हमेशा याद रहेगी।

आत्महत्या—एक बेतुकी मौत

मुझे फेसबुक से पता चला था...। मेरा सेकेंड पीरियड फ्री था और मैं कंप्यूटर रूम में बैठ कर अपनी ईमेल्स चैक करने लगा, फिर यूँ ही फेसबुक पर चला गया। लोग नीना की वॉल पर मैसेज दे रहे थे—'वी आर सॉरी फॉर योर लॉस। डीप कन्डोलेंस।'

'अनबिलिवेबल! अविश्वसनीय!'

'हमें बेहद खेद है...। '

मैं चौंका। पहले मैंने सोचा कि कहीं नीना तो नहीं सिधार गयी। पर कुछ समाचारों से पता चला कि नीना का बॉयफ्रेंड पीटर चल बसा। हालाँकि मैं पीटर का फेसबुक-फ्रेंड नहीं था, फिर भी मैं उसकी फेसबुक पर गया। वहाँ भी मैसेज थे—

'पीटर, गॉड ओनली नो वाय यू डिड दैट (भगवान ही जानता है कि तुमने ऐसा क्यों किया?)'

'वट मेड यू डू दैट ? यू शुड हैव बीन करेजियस...(क्या कारण थे कि तुमने ऐसा कदम उठाया। तुममें हिम्मत होनी चाहिए थी।)'

'गुडबाय कहना मुश्किल होता है मगर कई बार इसके अलावा कोई चारा नहीं रहता। पीटर रेस्ट इन पीस...।'

मेरा माथा ठनका। मुझे शक हुआ। यह मामला आत्महत्या का लगता है। पहले तो मैं चुपचाप बैठा सोचता रहा...। पीटर आत्महत्या नहीं कर सकता। क्यों वह अपनी जान लेगा? क्या कमी थी उसे? मुझसे गलती हुई समाचारों का अर्थ समझने में। मैंने एक बार फिर से पीटर व नीना की फेसबुक पर सभी मैसेज पढ़े, अपने सहयोगी एन्द्रियाज़ से भी पढ़वाए।

एन्द्रियाज़ बोला, "इन समाचारों से तो यही लग रहा है कि नीना के ब्वॉयफ्रेंड ने आत्महत्या कर ली है।"

मैं सकते में आ गया। यह नीना की ज़िन्दगी में क्या हो रहा है! मुझसे रहा नहीं गया। मैंने नीना को फ़ोन लगा ही लिया। मैंने यह भी सोचा, नीना शायद इस हालत में न हो कि मेरा फ़ोन उठाये। मगर तीसरी घंटी में उसने फ़ोन उठा लिया। उसका भर्राया स्वर मेरे कानों में पड़ा।

"नीना मैं यह फेसबुक पर क्या पढ़ रहा हूँ... ?"

"सच है वह...।"

"पीटर....।"

"खुदकशी कर ली ?"

"खुदकुशी कर ली? क्यों?"

"पता नहीं, उसने कोई नोट नहीं छोड़ा।"

मैं इस अप्रत्याशित घटना से बुरी तरह स्तब्ध था। छ्यालिस वर्षीय पीटर ने आत्महत्या कर ली! इतना हेंडसम, इतनी मनोरम छवि का, इतने अच्छे पद पर, गौरवशाली व्यक्तित्व का आदमी, जिसकी ज़िन्दगी में अभी कितना कुछ शेष था, उसने खुद को मार दिया। इतना शक्तिशाली और अभिमानी आदमी इतना कमज़ोर निकला! अपनी बेटी के बारे में नहीं सोचा! नीना के बारे में नहीं सोचा! वह वैसे ही कैंसर से जूझ रही है। जीवन कितना अनिश्चित है! आदमी की ज़िन्दगी में क्या-क्या चल रहा है, उस पर क्या गुज़र रही है, हम नहीं जान सकते,नहीं समझ सकते। जो व्यक्ति बाहर से हँस-मुस्कुरा रहा है या कठोर-रूखा दिख रहा है, उसकी निजी ज़िन्दगी में पता नहीं क्या घट रहा है, इसका अनुमान हम नहीं लगा सकते। इतना अवश्य है कि वह अत्यधिक निराशा में जी रहा था। आत्महत्या का मनोविज्ञान अवसाद में निहित है। मृत्यु उन्हें अन्तिम समाधान लगता है।

बहरहाल स्कूल से छुट्टी लेकर मैं तुरन्त नीना के पास पहुँचा।

सबसे पहले उनके पड़ोसी—नीलसन ने उसे लटकते देखा था। वह सुबह पाँच बजे गैराज से अपनी कार निकाल कर हमबर्ग, जर्मनी जा रहा था। उसने तुरन्त पुलिस को फ़ोन कर इत्तला दी। पुलिस नीना के घर पहुँची। नीना के घर के मुख्य प्रवेश द्वार की घंटी बजाई। नीना बाहर निकली तो लोगों का जमघट देख चकित हो गयी। सारे पड़ोसी और पुलिस जमा थी उसके घर में। नीना ने हैरत से उन सभी को देखा। पुलिस ने नीना के बाग़ में उगे एक पेड़ की तरफ़ इशारा किया। नीना जड़ हो गयी। जापान का मूलनिवासी, हार्डवुड का कत्सुरा पेड़—जो उसे इतना प्यारा था—उसकी एक ऊँची शाखा से पीटर झूल रहा था। मोटे रस्से का एक सिरा पेड़ की शाखा से बँधा, दूसरा छोर पीटर के गले में फंदा बना हुआ। उस वक्त नीना को कत्सुरा एक दैत्य लगा। वृक्षों का इस्तेमाल क्या इसलिये भी होता है !

नीना आखिरी व्यक्ति थी उसे पेड़ से झूलते हुए देखने वाली। वह अपना सन्तुलन खो बैठी। दो पड़ोसनों ने आगे बढ़ कर उसे सँभाला। पुलिस टीम ने विभिन्न कोणों से पीटर की तस्वीरें लीं। उसकी गर्दन से फंदा निकाला। गर्दन पर रस्से के गहरे निशान, जबड़े पर दबाव की वजह से जीभ बाहर निकल आयी थी। उसे तुरन्त अस्पताल ले

जाया गया, जहाँ डॉक्टरों ने उसे मृत घोषित कर दिया।

कई प्रश्न छोड़ कर वह चला गया। उसने वह पेड़ चुना था, जो बगीचे का सबसे मजबूत पेड़ था। वह पेड़ की ऊँची शाखा पर कैसे चढ़ा, क्योंकि जूते उसके पैरों पर कसे हुए थे। लटकने के लिए जूट का मोटा रस्सा कहाँ से आया? नीना के घर में पहले से वह रस्सा नहीं था। पुलिस फोर्स ने बताया कि जो उसने अपने गले में गाँठ बाँधी थी वह विशेष गाँठ थी जो फाँसी लगाने के लिए बाँधी जाती है। उसने कहाँ से वैसी गाँठ बाँधनी सीखी? यह स्पष्ट था कि यह एक नियोजित कर्म था, कोई आवेग में लिया कदम नहीं।

बहरहाल खून के रिश्ते सर्वोपरि होते हैं। पीटर की बेटी, एमिली को सबसे पहले सूचित किया। वह आते ही नीना पर झपटी। उसे अपने पिता की मौत का ज़िम्मेदार ठहराने लगी। उस पर इल्ज़ाम लगाने लगी कि उनके आपसी विवादों की वजह से तंग आकर उसके पिता ने आत्महत्या की। वह मुजरिम है, कातिल है।

नीना में लड़ने की भी ताकत नहीं थी। चुपचाप वह पीटर की बेटी की गालियाँ और मार खाती गयी। जब पीटर का अन्तिम संस्कार हो गया तो एमिली नीना को दूसरी तरह से परेशान करने लगी, ''कहाँ हैं मेरे पिता के बैंक के कागज़ात? कहाँ हैं मेरे पिता की चीज़ें? कहाँ हैं मेरे पिता के पैसे?

''मेरे पास कुछ नहीं है, पीटर का...'' नीना दुर्बल स्वर में बोलती गयी। डेनमार्क के सभी अखबारों में पीटर की आत्महत्या की खबर छपी थी, 'डोंग कम्पनी के डायरेक्टर ने अपनी गर्लफ्रेंड, जोकि भारतीय मूल की है, के लॉन में एक पेड़ से लटक कर दी अपनी जान।' नीना किसी को मुँह दिखाने लायक नहीं रह गयी थी।

सामने एक पेड़ के तने से लटकती सशक्त बेल को देख मैं समझा कि साँप लटक रहा है। मैं काँप उठा। अन्धकार में दृष्टि-दोष। बेल विषधर-अजगर नज़र आ रही है। सहसा मैं उसकी तुलना पीटर की पेड़ से लटकती लाश से करने लगा। खुद ही मस्तिष्क में यह विचार बुन मैं भयभीत हो गया। मैंने पीटर की लाश को पेड़ से लटकते नहीं देखा था, बस सुना भर था। फिर भी वह घटना मेरे मन-मस्तिष्क पर इतनी अधिक छायी है, शब्दों में व्यक्त नहीं कर सकता। जो हमें सबसे अधिक दहलाता है, आवश्यक नहीं कि वह हमारी आँखों के सम्मुख घटित हो। पीटर मेरे जानने वालों में पहला व्यक्ति था जिसने आत्महत्या की। पोस्टमार्टम की रिपोर्ट में आया था, उसकी मौत फाँसी की वजह से साँस अवरुद्ध होने से हुई, हृदय से मस्तिष्क को जाती रक्त वाहिनी, गर्दन में रस्सी के दबाव से घुट गयी व मस्तिष्क को तरल पदार्थ व ऑक्सीजन मिलनी बन्द

पॉल की तीर्थयात्रा • 161

हो गयी। मरने से पहले ही वह बेहोश हो गया था।

क्यों उसने खुद को मारा? आज तक मैं समझ नहीं पाया हूँ। आत्महत्या एक बेतुकी व अफ़सोसजनक मौत है। जब कभी समाज के शक्तिशाली, प्रभावशाली इन्सान ऐसी यादृच्छिक परिस्थितियों के शिकार होते हैं तो एहसास होता है कि सब कुछ क्षण भंगुर है। तथाकथित सुरक्षा, ताकत, धन, रुतबा सब एक पतला-सा आवरण है जो बिना किसी चेतावनी के कभी भी खिसक सकता है।

मैंने फेसबुक व अखबारों में ही उसकी आत्महत्या की खबर पढ़ी। जब भी मैं नीना से कुछ पूछता, वह खोये हुए स्वर में हर बार एक-सा जवाब देती—"नहीं जानती। वह एक तूफानी रात थी...।"

मैंने उसे ज़्यादा कुरेदना ठीक नहीं समझा। वह खुद ही कैंसर से जूझ रही थी, पीटर के आत्महत्या कर लेने से वह और भी टूट गयी थी। अपने बल पर खड़ी भी नहीं हो पाती थी, डंडे का सहारा लेने लगी थी। इस विषय में उसने एक अकाट्य मौन साध लिया था।

"आखिरी बार आपने उन्हें ज़िन्दा कब देखा?" पुलिस फोर्स ने नीना से पूछताछ की थी। मैं उसके साथ था।

"शाम के छह बजे, डिनर के वक्त डाइनिंग टेबल पर।"

"फिर...।"

"फिर वह कहीं चले गये...।"

"कहाँ?"

"नहीं मालूम," नीना का पुलिस को जवाब।

"आपसे कुछ कह कर गये?"

"नहीं।"

"आपको फ़ोन किया?"

"नहीं।"

"आपने जानने की कोशिश नहीं की कि वे कहाँ हैं?"

"नहीं।"

"क्यों?"

"वह एक तूफानी रात थी... बादल गरज रहे थे, मूसलाधार बारिश हो रही थी...।"

"तब तो आपको और भी तलाश करनी चाहिए थी कि आपका साथी उस तूफान में कहाँ चला गया।"

मुझसे नहीं रहा गया। मैं पुलिस कर्मचारी से बोल पड़ा, "जो व्यक्ति खुद ही

अपनी बीमारी से परेशान है... अपने होशोहवास में नहीं है, वह किसी और का क्या हिसाब रखे?''

''आप इनके कौन?'' सिपाही मेरी तरफ़ अपनी नज़रें उठाते हुए बोला।

''मैं... मैं इनका मित्र हूँ,'' मैंने सकपकाते हुए जवाब दिया।

''आपका शुभनाम?''

''पॉल—पॉल स्कॉट।''

''ओह तो आप हैं पॉल स्कॉट...। पड़ोसियों ने पुलिस फोर्स को आपके बारे में काफ़ी कुछ बताया है...।''

एक पल के लिए मैं डर गया कि कहीं मैं तो चपेट में नहीं आ रहा हूँ। ''क्या बताया?'' मैंने काँपते स्वर में पूछा।

''यही कि आप इनके पूर्व पति हैं और पीटर जोहान्सन से पहले आप इनके साथ इस घर में रहते थे।''

''तो?''

''हम अभी छानबीन कर रहे हैं...।''

खैर किसी ने भी पीटर की मौत पर कोई शिकायत दर्ज नहीं की, उसकी बेटी ने भी नहीं। सो पुलिस थोड़ी बहुत पूछताछ कर खामोश हो गयी। केस उठा ही नहीं।

मगर मैं विचलित था। मेरा मन बेचैन था, सो मैंने अपने स्तर पर तहकीकात की। आखिर उसने आत्महत्या क्यों की? मैंने उसकी कम्पनी के लोगों से पूछा, नीना के पड़ोसियों से पूछताछ की। अपना परिचय देते हुए उन सभी से बोला—''मैं पॉल स्कॉट हूँ, पीटर व नीना का एक मित्र। आप क्या बता सकते हैं कि पीटर का आखिरी दिनों चाल-चलन, हाल-मिज़ाज कैसा था।''

इस दुनिया में सब तरह के लोग हैं...। कइयों ने मुझे शक की नज़र से देखते हुए कहा—वे नहीं जानते कि मैं पीटर का मित्र हूँ। उन्होंने मुझे पीटर के साथ कभी नहीं देखा। उन्होंने मुझसे इस विषय में बात करने के लिए मना कर दिया।

कुछ बोले, वे भी इतना ही जानते हैं जितना अखबारों में छपा है।

मगर कुछ ने खुलासा किया। पीटर का एक जूनियर सहयोगी बोला कि वह एक लम्बे समय से नशीली दवाओं और शराब के सेवन के साथ जी रहा था। वह हास्य के पुट के साथ बोला, ''अपनी गर्लफ्रेंड के गार्डन में लगे जापानी पेड़ के नीचे ध्यान लगा कर वह बुद्धा की तरह आत्मज्ञान प्राप्ति की कोशिश करता था, एक रात उसी पेड़ पर चढ़ कर उसने खुदकुशी कर ली।''

नीना के एक पड़ोसी ने बताया कि जिस रात पीटर ने फाँसी लगायी, उससे पहले उनके घर से लड़ने-झगड़ने की आवाज़ें आयीं। कइयों से यह भी सुनने को मिला कि

जो भी औरत पीटर की जीवनसंगिनी बनती थी, परलोक सिधार जाती थी। नीना से पहले उसकी दो पत्नियाँ मर चुकी थीं। नीना का कैंसर वह बर्दाश्त न कर सका, और उसने उससे पहले खुद को मार लिया। गौरतलब बात यह थी कि उसने उस दिन फाँसी लगाई थी, जिस दिन नीना के सीटी स्कैन की रिपोर्ट आयी थी, और डॉक्टर ने कह दिया था कि कैंसर काफ़ी फैल चुका है। ज़्यादा से ज़्यादा दो साल...।

जितने भी कारण उसके स्वयं को फाँसी लगाने के हो सकते हैं उनमें से इस कारण को भी नकारा नहीं जा सकता कि सम्भवत: उसे पता चल गया होगा कि मैं व नीना फिर से आपस में मिलने लगे हैं, हम फिर से करीब आ रहे हैं। कौन जाने आहत हो उसने खुद को फाँसी लगा ली। पीटर की आत्महत्या के बाद मैं निर्बाध नीना के घर के चक्कर लगाने लगा था। एक-दो पड़ोसियों ने मुझे उसके घर आते-जाते देख संदिग्ध नज़रों से देखा...। मैं सकपका गया। पीटर की मौत का कुछ हद तक मैं स्वयं को दोषी मानता हूँ। मगर मुझे इस बात से बेहद सुकून मिला कि किसी ने भी उसके मरने का कारण मुझे नहीं बताया। किसी ने भी यह नहीं कहा कि उसकी प्रेमिका अपने पूर्व पति से मिलने लगी थी।

हर इन्सान को जीवन में कुछ-न-कुछ पछतावे-अफ़सोस होते हैं। मुझे भी हैं। गिनाता हूँ...। मानसून के बिक जाने का पछतावा...। जब भी मैं वाल्किंग स्ट्रीट पर मानसून के सामने से गुज़रता हूँ, दिल में एक टीस-सी उठती है। नये मालिक ने उसे और भी चमका दिया है। दूसरा पीटर की आत्महत्या का...। मैं नहीं चाहता था कि पीटर, एक तगड़ा, रुतबेदार आदमी इस तरह से इतनी जल्दी दुनिया से जाये। अपने पिता की मृत्यु के वक्त मैं उनके निकट नहीं था, और मैंने अकारण ही इसके लिए नीना को दोषी ठहराया। अपनी बेटियों—लूसी व ग्रेसी के लिए मैं पिता की वह भूमिका नहीं निभा सका जो मुझे निभानी चाहिए थी। हर समय मेरी बेटियाँ ही मेरी चिन्ता करती रहीं—''पापा आप अकेले रहते हो, अपने लिए कोई गर्लफ्रेंड ढूँढ लो...। अब पापा आप कहाँ रहोगे...।'' मैं उनकी चिन्ता नहीं कर सका। क्या मेरी ज़िन्दगी का ढर्रा ऐसा होना चाहिए...? लेकिन मेरा किसी पर भी कोई वश नहीं था। मैं जानता हूँ, मैंने कुछ गलतियाँ की हैं। मगर हर परिस्थिति में जो कुछ उत्तम सम्भव था, मैंने करने की भरसक कोशिश की।

आज मैं तीर्थ पर निकला हूँ। ईश्वर को साक्षी मानकर मैं अपने सभी दोषों को कबूल करता हूँ। गलतियों का प्रायश्चित करता हूँ। भगवान मुझे माफ़ कर दो...।

करीना स्वयंवर

रेडियेशन की हर सिटिंग उसे पस्त कर देती थी। अजीब स्थिति थी... ट्यूमर उसकी हड्डियों, नाड़ियों व अंगों को दबाता, वह भयंकर दर्द से कराहती, और उपचार उसे तोड़ देता। उस दिन जब रेडियेशन के बाद नीना घर आयी तो उसकी हालत बड़ी खराब थी। उसके आस-पास वातावरण बेहद गमगीन, शोकाकुल बन जाता। करीना व जोहाना उसकी सिटिंग वाले दिन उसी के साथ रहती थीं। करीना लन्दन से आ जाती थी। अपनी माँ का स्वास्थ्य दिन-पर-दिन गिरते देख दोनों लड़कियाँ बेहद दुखी थीं। पिता का वजूद तो उनकी ज़िन्दगी में ना के बराबर था, एक माता ही थी उनके लिए। अब माँ भी ज़िन्दगी के आखिरी दिन गिन रही थी। करीना ने उससे पूछा, ''मम्मी तुम्हारी कोई इच्छा है?''

बेहोशी के झोंके में उसने कह दिया, ''तेरी शादी देखना चाहती हूँ।''

बस पच्चीस वर्षीया करीना ने अपनी माँ की अन्तिम इच्छा पूर्ति की ठान ली। अपने ब्वॉयफ्रेंड कास्पर पर शादी के लिए ज़ोर डाला और उनकी शादी पक्की हो गयी।

सौ के करीब लोग विवाह समारोह में आमन्त्रित थे। मैं भी था। कास्पर का पूरा परिवार व रिश्तेदार लाइमलाईट में थे। सबसे अधिक लुत्फ वो ही उठा रहे थे। करीना-कास्पर के मित्र भी पी कर 'हाई' हुए, अपना जलवा दिखा रहे थे। रामचन्द्र-शीला देवी के भारतीय मित्र धीर-गम्भीर बने थे। नवीन व आदित्य तो नीना के हर आयोजन को अपना आयोजन समझते थे, सो वे मेजबान की तरह व्यस्त नज़र आ रहे थे।

दुल्हन का असली पिता ओलिवर भी अपने कारवाँ के साथ मौजूद था। वह तो ऐसे लग रहा था जैसे रिबन काटने के लिए आया है। उसकी दूसरी पत्नी से जन्मे दोनों बच्चे, और तो और उसके माता-पिता व भाई-बंधु भी विवाह समारोह में उपस्थित थे। ओलिवर व उसके चारों बच्चे जब इकट्ठा होते तो एक इकाई, एक सुखद परिवार बन जाता। एक-दूसरे से नरमी से पेश आते। एक-दूसरे पर भरपूर प्यार लुटाते। मैं जानता था कि शादी का सारा इन्तज़ाम नीना के माता-पिता रामचन्द्र व शीला देवी ने किया है।

एक वेडिंग कम्पनी—ग्लोबल एक्सप्रेस वेडिंग एजेंसी—नियुक्त की थी उन्होंने,

जिसने एक सुन्दर स्थान पर बड़े रचनात्मक व रोमांटिक ढंग से विवाह समारोह आयोजित किया। पूरा एक राजसी स्वयंवर लग रहा था। विवाह समारोह को एक अविस्मरणीय घटना बनाने में वेडिंग कम्पनी ने कोई कसर नहीं छोड़ी थी। एक रमणीय स्थान पर एक अनोखी शादी का जश्न...। मैं अत्यधिक प्रभावित हुआ। आज मैं काले सूट व टाई में था, वह ड्रेस पहनी थी जो नीना ने मुझे मेरे पचासवें जन्मदिन में उपहारस्वरूप दी थी। मैंने अपनी किल्ट नहीं पहनी, क्योंकि नीना मेरी इस ड्रेस को पसन्द नहीं करती। काश नीना की पसन्द-नापसन्द का ध्यान मैं पहले रखता तो शायद हम कभी जुदा नहीं होते...।

नीना की माँ नीना को तैयार करके एक व्हीलचेयर पर लायी। सभी की आँखें नीना की तरफ़ उठ गयीं। नीना साड़ी में थी, बिन्दी लगाई हुई, गहने पहने हुए। रुग्ण होते हुए भी वह सुन्दर लग रही थी। मुझे नीना हर हाल में सुन्दर लगती थी।

मुझे रामचन्द्र व शीला देवी पर अत्यधिक दया आती थी। इतना कुछ उनके पास होने के बावजूद वे दोनों लुटे-लुटे से लगते थे, पराजय के भाव उनके चेहरों पर छाये रहते। उन्हें देखकर ना जाने क्यों मुझे शान्ति भी मिलती थी। सुशिक्षित, अनुभवी व ज्ञानी लोग।

नीना व मेरे तलाक के बाद एक दिन डॉक्टर श्रीनिवासन ने मुझे अपने घर बुलाया था। कह रहे थे कि वे मुझसे अपनी बातें-बहस व गप्पबाजी को बहुत मिस करते हैं। नीना के नये पार्टनर पीटर को उनकी बातों में कोई दिलचस्पी नहीं। वह उनके घर आता तक नहीं। नीना व मेरे तलाक को लेकर बोले थे, ''हमारी भी लड़ाई होती है और पहली लड़ाई, किसी दूसरी लड़ाई से भिन्न नहीं होती। मगर हमारे दाम्पत्य जीवन के स्थायित्व का राज यह है कि हम ज़िन्दगी भर लड़ सकते हैं। हम उस व्यक्ति से लड़ भी सकते हैं और उसे प्यार भी कर सकते हैं। तुम लोग ज़िन्दगी भर लड़ नहीं सकते। बहुत जल्दी परास्त हो जाते हो।''

जो कुछ भी पेचीदगियाँ श्रीनिवासन दम्पति की ज़िन्दगी में थीं वह उनकी एकमात्र औलाद नीना की तरफ़ से थीं। मगर नीना व उसकी बेटियाँ ही उनका संसार थीं। मैंने उनके कुछ भारतीय मित्रों से सुना था कि करीना व जोहाना अगर कुछ ना भी कमाएँ, तो भी अपने नाना-नानी की संचित कमाई पर आराम से पूरा जीवन व्यतीत कर सकती हैं।

खैर, जब शादी का मुहूर्त आया तो ओलिवर अपनी बेटी का हाथ थाम कर 'आइल,' विवाह पंडाल पर बड़े फख्र से चला और सामने दूल्हे के रूप में खड़े कास्पर प्रेस्कोर्ट को अपनी बेटी का हाथ थमाया, ''मेरी बेटी को खुश रखना।''

सूट-बूट में सजे कास्पर ने मुस्कुराते हुए सहमति में गर्दन हिलाई।

करीना की ही यह तमन्ना थी कि उसके विवाह में उसका अपना पिता यह पारंपरिक दस्तूर निभाये। निःसन्देह हृदयस्पर्शी दृश्य था। अतिथियों को भाव-विह्वल कर रहा था। उन्होंने तालियाँ बजाईं, और कुछ संवेदनशील लोगों ने अपनी नम आँखें भी पोंछीं। माहौल और भी संवेदनशील हो गया जब विवाह सूत्र में बँधने के उपरान्त करीना व कास्पर नीना की तरफ़ बढ़े, आशीर्वाद लेने। दोनों नीना के गले लगे। अपने निर्बल हाथ उनके सिरों पर फिरा कर नीना ने उन्हें अपना आशीर्वाद दिया। कइयों की आँखें छलछला आयीं, मेरी भी। विवाह समारोह चाहे कितना ही रोमांटिक व मादक क्यों न हो, कुछ भावुक व संवेदनशील पल ऐसे होते हैं कि लोगों को द्रवित कर देते हैं, इसलिए हर शादी में हँसी, मज़ाक, आनन्द, आँसुओं व पीड़ा का समन्वय रहता है। फिर सभी को पता था कि यह शादी नीना की खुशी की खातिर झटपट सम्पन्न हो रही है, इसलिए वातावरण में एक खुशी के साथ एक टीस भी थी।

शीला देवी से लेकर ओलिवर ने व्हीलचेयर खुद थाम ली थी। वह ही नीना को इधर से उधर धकेल रहा था। लोगों से मिल रहा था, विवाह की रस्मों को निभा रहा था। मैं बस दूर से ही सारा नज़ारा देखता रहा।

यह ज़िन्दगी कैसी पहेली है... ! जहाँ तक मैं समझता हूँ, करीना और जोहाना को एक तरह से मैंने पाला है, अपनी बेटियों लूसी व ग्रेसी की तरह। उनके स्कूल में पेरेंट्स मीटिंग व अन्य कार्यक्रमों में जाना, उनके जन्मदिनों को मनाना। जब नीना मेरी ज़िन्दगी में आयी थी, करीना ग्यारह की और जोहाना नौ साल की थी। दोनों मेरे साथ रहते हुए ही बड़ी हुईं। कितनी ही बातों में मैंने उनका साथ दिया।

नीना से सम्बन्ध विच्छेद के बाद भी मैं करीना व जोहाना के सम्पर्क में बना रहना चाहता था। मैंने सोचा, 'मेरे व नीना के बीच जो कुछ मनमुटाव हुआ, उसमें उन लड़कियों का क्या दोष। वे मेरे लिए लूसी-ग्रेसी तुल्य हैं। मैं उनके साथ अपने रिश्ते बरकरार रखूँगा।' मैंने एक बार उन्हें मेक्सिकन रेस्टोरेंट में डिनर के लिए निमन्त्रण देने की सोची। मगर जब मैंने उन्हें फ़ोन किया तो वे बोली, "उन्हें मुझसे पूरी हमदर्दी है, वे मुझे पसन्द करती हैं मगर वे अपनी माँ से बगावत नहीं कर सकतीं। उनकी माँ नहीं चाहतीं कि वे मुझसे कोई नाता रखें। इसलिए वे मेरे सम्पर्क में नहीं रह सकतीं। मैं उन्हें फ़ोन ना किया करूँ।"

मैं भावुक होते हुए बोला, "मैंने एक अहम समय तुम्हारे साथ बिताया है। जब तुम उम्र के नाजुक दौर में थीं, मैं तुम्हारे साथ था।"

दोनों लड़कियाँ भड़कते हुए बोलीं, "तुमने हमारे लिए कुछ नहीं किया।"

आज मैं दर्द से हँस पड़ता हूँ। क्या है ज़िन्दगी? क्या है समय? करीना व जोहाना जिन्होंने मुझसे बात करनी बन्द कर दी थी, मुझसे मिलने के लिए मना करती

थीं, नीना की बीमारी के बाद सहसा मैं उनका सबसे करीबी व्यक्ति हो गया। नीना की जब भी तबियत बिगड़ती, दोनों घबरा कर मुझे फ़ोन करतीं। उन्हें मालूम था कि उनकी माँ के प्रति सबसे अधिक संवेदनशील कौन है। कौन उनकी माँ के लिए उपलब्ध है। ज़िन्दगी की खुशियाँ व दर्द हमें सिखाते हैं कि समय कितना लचीला है। मनुष्य की भावनायें कितनी अस्थायी हैं। अपार प्रसन्नता व कठोर दुःख की घड़ी में इन्सान दूसरों के प्रति अपना सारा वैमनस्य भूल जाता है। तो फिर क्यों इतनी नफ़रत... इतनी कोफ्त... यह जीवन वास्तव में बहुत छोटा है...। सब कुछ यहाँ हमेशा के लिए कायम नहीं रहता।

नीना के साथ मेरे सम्बन्ध को कोई संज्ञा नहीं दी जा सकती—पूर्व पति। कितना खोखला लगता है यह शब्द ! हम दोनों की परस्पर कोई सन्तान भी नहीं। फिर भी उसके अन्तिम समय में मैं उसका सबसे करीबी व्यक्ति था, इस बात को उसकी बेटियों ने भी स्वीकारा,उसके माता-पिता ने भी और उसके समाज ने भी।

मैंने डॉक्टर रामचन्द्र को एक कोने में अकेले बैठे देखा। मैं भी बोर हो रहा था। सो मैं उनके पास चला आया। उनसे हाथ मिलाते हुए मैंने उनको उनकी नातिन की शादी की बधाई दी, जिसे उन्होंने हल्के से अपनी गर्दन हिलाते हुए कुबूल किया।

''आपने शादी का बड़ा शानदार इन्तज़ाम किया है। एकदम चकाचक, लाजवाब!'' मैंने तारीफ़ की।

''आज टाइम्स ऑफ इंडिया में छपा है—भारत में अरेंज्ड मैरिज अपनी रिस्पेक्ट खो रही हैं...।जो अपने लिए लाइफपार्टनर नहीं खोज पाया, वह किसी लायक नहीं...'' वे मुझसे बोले।

''अच्छा! भारत बदल रहा है...।''

''इंडिया ने स्पेस में 'मार्स ऑर्बिटर मिशन' छोड़ा है—मंगलायन...अन्तरिक्ष में परिक्रमा कर रहा है...।'' वे ताली पीटते हुए बोले, ''ओहो... हमारे मुल्क में हर समय कुछ न कुछ रोमांचक घटता रहता है। तुम्हारे देशों में बस रोज़मर्रा की बातें...।''

वे मुझसे बिलकुल ही अलग, अनर्गल बातें कर रहे थे, जोकि विवाह समारोह से एकदम हट कर थीं। मैं कह कुछ और रहा था, वह जवाब में कुछ और ही बक रहे थे। वे मुझे सिरफिरे से लगने लगे। नीना की बीमारी ने शीला देवी से अधिक रामचन्द्र को हिला कर रख दिया था। मुझे वे हर वक्त उदास-उदभ्रांत दिखते, जैसे भीड़ में भी अकेले हैं। सूनेपन से लबरेज उनकी आँखें उनके अन्तर की किसी हीन भावना या लाचारी को ऐसे उजागर करतीं जैसे धुआँ आग के वजूद को। मुझे वे नितान्त अकेले लगते, और ऐसा लगता जैसे उन्हें किसी की आवश्यकता भी नहीं।

"पर आज तो बड़ी विशेष बात है—आपकी नातिन का स्वयंवर..." मैंने चुटकी ली।

"ऊँह...रोज़मर्रा की बातें..." वे हाथ झटकते हुए बोले।

"शादी-ब्याह अगर रोज़मर्रा की बातें हैं तो विशेष बात क्या है?"

"आज की विशेष बात—भारत का यान मंगल में पहुँच गया—लाल ग्रह में मोम !"

"तो भारत अन्तरिक्ष की खोज कर रहा है... ?" मैं उनके साथ मज़ाक के मूड में आ गया।

"बताऊँ..." वे उत्तेजित होते हुए बोले, "जो आज टेक्नोलॉजी हो रही है, हमारी प्राचीन संस्कृत की पुस्तकों में उन सभी का उल्लेख है। भारत को ज़्यादा कुछ करने की ज़रूरत नहीं है, बस उनका अनुवाद कर विश्व के वैज्ञानिक समुदायों के समक्ष कर दें," कहते हुए वे हो-हो कर हँस पड़े।

मैं उन्हें आश्चर्य से निहारता रहा।

चाँद कभी मेरे सामने पड़ रहा है तो कभी बायीं तरफ़। आज पूर्णिमा नहीं है, अर्द्धचन्द्र है। छठी क्लास के बच्चों को आजकल 'सौर मंडल और अन्तरिक्ष' पढ़ा रहा हूँ...। बच्चे अत्यधिक उत्साहित रहते हैं सूरज, चाँद, सितारे और आकाशगंगाओं को जानने में—सौर प्रणाली में ग्रहों की परिक्रमा... सूरज-पृथ्वी-चन्द्रमा का अनूठा रिश्ता...।

ब्रह्माण्ड एक महान घटना है। कैसे यह अस्तित्व में आया और इसके निर्माता कौन हैं? इसके अस्तित्व का सार क्या है? वैज्ञानिक चाहे कितने ही यानों का अन्तरिक्ष में प्रक्षेपण कर ले, इस विराट व उत्कृष्ट संरचना को समझने के लिए मनुष्य की सीमाएँ सीमित हैं। सृष्टि आज भी एक रहस्य है। मेरे लिए सबसे अधिक चुनौतीपूर्ण वह विषय पढ़ाना होता है, जो मुझे ही स्पष्ट नहीं है। क्या बताऊँ बच्चों को? वही घिसीपिटी बातें जो सब जानते हैं...। थोड़ा अलग तरीके से बताने की कोशिश करता हूँ।

हमारी पृथ्वी की स्थिति समूचे ब्रह्माण्ड में बहुत ही नाजुक है, एक गतिमान कण की तरह, जो अपनी धुरी पर भी घूम रही है और सूर्य के चारों ओर भी। चन्द्रमा पृथ्वी की परिक्रमा कर रहा है। अगर सूरज, पृथ्वी व चन्द्रमा अपने आपसी रिश्तों को नियोजित नहीं रखें तो प्रलय आ जायेगी। विध्वंस हो जायेगा।

बच्चे आश्चर्य से भर जाते हैं, जब सब कुछ घूम रहा है तो सब कुछ स्थिर कैसे प्रतीत होता है।

मनुष्य के पास ऐसे अंग नहीं हैं कि पूर्ण गति को समझ सकें। हम केवल

सापेक्षीय गति महसूस करते हैं, या फिर वेग परिवर्तन को समझ सकते हैं। अगर सभी कुछ हमारे समक्ष एक स्थिर गति से घूम रहा है तो उस गति को हम महसूस नहीं करते।

मगर कुछ भी स्थिर नहीं है, और कुछ मुक्त भी नहीं है। इस लोक-परलोक में सब कुछ गतिमान है...। पदार्थों के अन्दर अणु-परमाणु स्पंदन कर रहे हैं, शरीर के भीतर वायु, रक्त व तरल पदार्थ घूम रहे हैं। मगर सब एक आकर्षण बल में बँधे हैं, इसलिए स्पंदन करते हुए भी अपने पथ से विचरते नहीं। अन्तरिक्ष में नाचते ग्रह भी सूर्य के आकर्षण में बँधे हैं।

जिस दिन सब कुछ स्थिर या मुक्त हो जायेगा सब कुछ खत्म हो जायेगा, जैसे प्राण निकलने के उपरान्त नीना स्थिर हो गयी थी। और डॉक्टर रामचन्द्र ने कहा था—"जिस दिन पति-पत्नी लड़ना बन्द कर देते हैं, उनके बीच सब कुछ खत्म हो जाता है। लड़ाई उनके रिश्तों को गतिमान रखती है।"

"क्या पढ़ाते हो?" नीना ने मुझसे पूछा था, जब मैंने उसे बताया था कि मैं एक स्कूल अध्यापक हूँ।

"इतिहास और भूगोल पढ़ाता हूँ। दोनों विषय मेरे टूर गाइड के पेशे से भी सम्बन्धित हैं। भूगोल और इतिहास दोनों एक-दूसरे के पूरक और अन्योन्याश्रित हैं। इतिहास में आप सामाजिक, सांस्कृतिक और आर्थिक विकास का अध्ययन करते हैं,और भूगोल में स्थानों की पहचान, विशेषताएँ और अन्तर समझ सकते हैं। इतिहास में घटनाएँ, तिथियाँ व भूगोल में स्थान। इतिहास में समय व युग और भूगोल में क्षेत्र व अन्तरिक्ष। क्षेत्र और युग, स्थान व घटनाएँ... वस्तुतः इतिहास व भूगोल को परस्पर जोड़ती हैं।"

"बहुत अच्छी व्याख्या कर लेते हो !" वह प्रशंसनीय भाव से बोली थी।

लेकिन उसके दो वर्ष पश्चात् जब एक दिन मैं घर में परीक्षा पुस्तिकाएँ जाँच रहा था, तो वह बच्चों की उत्तर पुस्तिकाओं में बने मानचित्र को देखते हुए अपनी नाक-भौं सिकोड़ते हुए बोली, "इतिहास और भूगोल... मुझे ये विषय कभी पसन्द नहीं थे।"

"तुम तो भई इंजीनियर गर्ल हो, कैंब्रिज की पढ़ी हो..." मैंने कटाक्ष किया। "तुमने फर्स्ट क्लास इंस्टिट्यूट से फर्स्ट क्लास विषय पढ़े हैं, फर्स्ट क्लास कम्पनी में फर्स्ट क्लास जॉब पर हो...।"

हालाँकि नीना के पीठ-पीछे, अपने यार-दोस्तों व रिश्तेदारों के सम्मुख मैं अपनी शेखी बघारता था कि मेरी पत्नी कैम्ब्रिज की पढ़ी है, एक अच्छे ओहदे पर है, इतना अधिक कमा रही है, और नीना के सम्मुख मैं उसकी इन्हीं उपलब्धियों को लेकर उस पर ताना मारता था। यह दोहरी मानसिकता थी मेरी। पत्नी की जिन खूबियों को मैं उसके पीठ-पीछे भुनाता था, उसके सम्मुख उन्हें कुबूल करने में मेरे अहंकार

को ठेस पहुँचती थी।

"फर्स्ट क्लास रोग लग गया है मुझे..." वह फीकी मुस्कुराहट से बोली थी। वह कैंसरग्रस्त हो चुकी थी। मैं उससे नज़रें नहीं मिला पाया था।

फर्स्ट क्लास रोग, फर्स्ट क्लास अंत्येष्टि...। मेरा दिल दुखी भाव से भर गया। काश मैं वे कड़वे शब्द वापस ले पाता, जो मैंने उगले थे...। अगर मुझे मालूम रहता कि नीना का जीवन इतना छोटा होगा, मैं कभी उसे आहत नहीं करता...।

"मेरी माँ को पति थर्ड क्लास मिले..." जोहाना बोलती थी।

मृत्यु—अन्तिम शत्रु

नीना की किस्मत में क्या-क्या यातनाएँ-वेदनाएँ थीं, सोच कर मैं दुखी हो जाता हूँ। उसकी ऐसी परिणति होनी थी! वह क्या से क्या बन गयी थी! एक सुन्दर, स्फूर्तिवान, आत्मविश्वासी महिला से एक निर्बल, भीरु, कुरूप महिला। सिर के बाल झड़ गये थे। रेडिएशन से त्वचा काली हो गयी थी। ट्यूमर बढ़कर इतना विराट हो गया था कि दो सिर लगते थे। वह अजीब-सी लगने लगी थी—डरावनी। अपने हस्ताक्षर तक करने की हालत में नहीं रह गयी थी। बाद में महत्त्वपूर्ण दस्तावेज़ों पर उससे अँगूठा लगवाया जाता था। कैम्ब्रिज की पढ़ी-लिखी युवती अपने जीवन के अन्तिम समय में दस्तावेज़ों पर अँगूठा लगा रही थी। यह है जीवन की नियति...! कितनी घिनौनी! छिः!

बहरहाल हॉस्पिटल ने एक हद तक उसका उपचार किया। फिर जब ट्यूमर ने मेरुदंड को पूरा जकड़ लिया तो रेडियोथेरेपी व कीमोथेरेपी भी अनुपयोगी हो गये। सारे इलाज बन्द हो गये। उसका शरीर इन उपचारों को वहन करने की क्षमता खो चुका था।

अन्त में उसे 'होस्पाईस' में रख दिया गया—मृत्यु के निकट पहुँचे हुए व्यक्तियों की सेवा-शुश्रूषा करने वाला विशेष अस्पताल। एक पुराने कपड़ों की गठरी की तरह नीना बिस्तर पर निर्जीव सी लेटी रहती थी। उसका शरीर अपना सन्तुलन, समन्वय, उद्देश्य, अपने चारों तरफ़ की दुनिया की अवधारणा सब गँवा चुका था।

मैं नियमित रूप से उससे मिलने पहले हॉस्पिटल जाता रहा, और जब वह होस्पाईस शिफ्ट हो गयी तो होस्पाईस जाया करता था। अक्सर उसकी माँ, शीला देवी ही उसके पास दिखती थीं। कभी-कभार करीना व जोहाना भी उसके पास होती थीं।

उस दिन जब मैं होस्पाईस पहुँचा तो हमेशा की तरह शीला देवी नीना के पास बैठी थीं। मैंने उन्हें अभिवादन किया, और पूछा, "कैसी हैं आप"

नीना की तरफ़ देखते हुए बोलीं, "कैसा होना... ? अब तो बस इन्तज़ार है... ।"

नीना मृत्यु-पथ की यात्रा पर थी... । मैंने उसके साथ बहुत सारी यात्राएँ की थीं मगर यह यात्रा उसे स्वयं करनी थी। हाँ, जब उसका अन्तिम वक्त आया तो उससे चंद घड़ी पूर्व मैं—उसका साँवरा ही उसके निकट था।

''तो पॉल तुम यहाँ हो, नीना के पास... ? मैं थोड़ा घर हो आती हूँ...'' मुझे देख शीला देवी बोली थीं।

''हाँ-हाँ आप घर जाइए, आराम कर लीजिये। मैं यहाँ डेढ़-दो घंटे के लिए हूँ...'' मैंने उन्हें आश्वासन दिया। शीला देवी अपनी बेटी की सेवा करते-करते इतना थक चुकी थीं कि वह भी बीमार-सी लगने लगी थीं।

''आज सुबह से इसकी तबियत ठीक नहीं है,'' शीला देवी ने व्यग्र स्वर में मुझे बताया। मैंने नीना की तरफ़ देखा। उसकी आँखें मूँदी हुई थीं, नसों में ग्लूकोज चढ़ रहा था। वह वेंटिलेटर पर थी। मैंने उसका हाथ थाम कर पुकारा—''हे नीना!''

उसने हल्के से अपनी आँखें खोलीं व अधमुँदी दृष्टि से कुछ पलों के लिए मुझे ताका, फिर बन्द कर लीं। मेरी उपस्थिति का उसे भान है, यह उसने मुझे जतला दिया। मैं नीना के पास डेढ़-दो घंटे बैठा रहा। वह आँखें मूँदे खामोश लेटी रही। नर्स दो-तीन बार उसके पास आयी, कभी ड्रिप व वेंटिलेटर चैक करने, कभी उसका बुखार व ब्लडप्रेशर नापने। रात साढ़े नौ बजे,उसका हाथ दबा कर, उसका आलिंगन कर मैंने उससे विदा ली।

मेरे निकलने के आधे घंटे उपरांत ही नीना की हालत बहुत बिगड़ गयी। नर्स ने उसकी माँ को फ़ोन किया। माँ ने उसकी बेटियों को। नीना के माता-पिता व उसकी छोटी बेटी जोहाना होस्पाईस पहुँचे। जोहाना ने मुझे सूचित किया। मैं हाँफते हुए होस्पाईस पहुँचा। नीना चल बसी थी। उसकी लाश भी कमरे से हटा कर मुर्दाघर में रख दी गयी थी।

जीवन और मृत्यु एक ऐसा प्रश्न है जिसका कोई जवाब नहीं है। नीना की बीमारी लाइलाज थी। उसकी मृत्यु सुनिश्चित थी। फिर भी, विदित होने के बावजूद, जब वह पल आया तो सभी के लिए वह दुःख झेलना असहनीय हो गया। उसकी दोनों बेटियाँ अपनी माँ की प्राणरहित देह से लिपट कर बिलख-बिलख कर रोईं, ''हम अनाथ हो गये...'' अलापती गयीं। डॉक्टर रामचन्द्र का करुण क्रंदन—''हम बर्बाद हो गये। हम उजड़ गये। वज्रपात गिर गया।'' शीला देवी का विलाप—''मेरी बेटी... मुझसे पहले ही चली गयी। पहले मुझे जाना था। क्या बिगाड़ा था मेरी बच्ची तूने किसी का, जो भगवान ने तुझे इतनी बड़ी सज़ा दी। अपना कमाती-खाती थी...।''

अति कारुणिक दृश्य। नीना इस संसार में अपना सब कुछ छोड़ कर, यहाँ तक कि अपनी भंगुर काया भी छोड़ कर चली गयी थी। देह नष्ट हो जाती है और जीवन सिद्धांत और अनुभव का सुराग छोड़ देता है।

नीना के माता-पिता ने अपनी बेटी का अन्तिम संस्कार अपने पूरे वैदिक विधि विधान से किया। बिस्पिया चर्च के मरघट में, जहाँ डेनमार्क निवासी भारतीय अपने

मृतकों का अन्तिम संस्कार करते हैं। उन्होंने बाकायदा एक फ्यूनरल कंपनी नियुक्त की अपनी एकमात्र औलाद की अंत्येष्टि के लिए। फ्यूनरल कंपनी ने नीना के अन्तिम संस्कार को भी आकर्षक और महत्त्वपूर्ण बना दिया था। निर्जीव देह को धो-धाकर फूलों-गजरों से इतना अधिक सजा-महका दिया था कि वह मृत्यु उपरान्त अधिक खिल गयी थी। मैं तो सोच रहा था कि नीना का अन्तिम संस्कार शायद ताबूत बन्द करके करना पड़ेगा। लोग उसकी कैंसर व विकिरण उपचार से हुई काया की कुरूपता नहीं देख पायेंगे। मगर ताबूत का पट पूरा खुला था। नीना की छवि पूरी दृष्टिगोचर हो रही थी। साफ़-सुथरी, करौंदिया रंग के आवरण से ढँकी व फूलों से सजी देह...।

मैंने उसकी शान्त देह को निहारा—उसकी ज़िन्दगी के समस्त संघर्ष, उसूल, मूल्य, मान्यताएँ, तृष्णाएँ, सपने भी देह के साथ ढह गये थे। बेचारी! क्या नहीं सहा उसने जीवन में? पारंपरिक माता-पिता का कड़ा अनुशासन, गैर ज़िम्मेदाराना पूर्व पति से संघर्ष, नकचढ़ी बेटियों की परवरिश, अपने से कम काबिल पति से सामंजस्य, ब्वॉयफ्रेंड की खुदकुशी, और महारोग...।

हाँ, उसकी ज़िन्दगी के सभी कार्य बड़ी जल्दी-जल्दी घटित हुए—पढ़ाई, कैरियर, शादी, माँ बनना, सास बनना, और फिर मृत्यु के आगोश में लीन हो जाना...। अगर वह दो-तीन माह और ज़िन्दा रहती तो नानी माँ भी बन जाती।

"गुडबाय!" मैंने उससे अन्तिम विदा ली।

ओलिवर भी आया हुआ था। वह उसकी कन्याओं का पिता आज भी था। चर्च में सबसे आगे की बैंच पर वह अपनी बेटियों के बीच बैठा था। करीना और जोहाना, उसके अगल-बगल बैठीं, उसके गले लग कर सुबक रही थीं। वह अपनी बेटियों को सहला रहा था। उनके साथ नीना के माता-पिता बैठे हुए थे। वह सब एक खानदान लग रहा था।

मैं उन सभी से दूर दूसरी तरफ़ पीछे की बैंच पर बैठा था। पता नहीं कौन-सी रस्म आयी कि पुरोहित ने करीना को कुछ संकेत किया। करीना, जिसका उदर गर्भावस्था से काफ़ी बढ़ा हुआ था, अपनी कुर्सी से उठी। उसे सहारा देते हुए उसका पति कास्पर भी उसके साथ उठा। वह अपनी माँ की तरफ़ बढ़ी, और उसकी कलाई से उसका चिरपरिचित कड़ा, जिससे मैं अक्सर खेला करता था, निकालने लगी। सम्भवत: अकड़ी देह से उससे कड़ा निकाला नहीं गया। कास्पर ने अपना पुरुष बल लगा कर अपनी मृत सास की कलाई से कड़ा बाहर खींच कर अपनी पत्नी की तरफ़ बढ़ाया। करीना ने कड़ा अपनी कलाई में डाल लिया। एक निधि का एक पीढ़ी से दूसरी पीढ़ी में स्थानांतरण हो गया।

यह कड़ा उसकी बीमारी और उपचार के दौरान कितनी बार निकाला और

पहनाया गया था। जब वह होस्पाईस में थी और जब डॉक्टरों ने उसका इलाज एक तरह से बन्द कर दिया तो शीला देवी ने यह कड़ा अपनी बेटी की कलाई में फिर से डाल दिया था। मरते समय बस यही आभूषण उसके तन पर था। खैर यह अन्तिम रस्म थी। इसके बाद फ्यूनरल कम्पनी के सफ़ेद सूटबूट धारी कर्मचारी फटाफट अन्दर प्रविष्ट हुए और ताबूत को बन्द कर दिया। नीना हमेशा के लिए हम सभी की आँखों से ओझल हो गयी।

मुझे नीना की लाश को कंधा लगाने को नहीं मिला। एक उसके चाचा का लड़का नवीन, एक उसका इंडियन फ्रेंड आदित्य, एक उसका दामाद कास्पर व चौथा कंधा लगाने वाला ओलिवर था। हर समय अदृश्य रहने वाला ओलिवर बड़े घटनाक्रमों पर अकस्मात पहुँच कर दृश्य का महानायक बन जाता था। पूरा दृश्य वह चुरा लेता था। मैं तो बस दूर से ही नीना की अर्थी उठते हुए देखता रहा।

चलते-चलते मेरे पैर भारी हो गये मानो इनमें कुन्तलों वजन बंधा हो। कदम लड़खड़ा रहे हैं। पैरों की त्वचा जगह-जगह से छिल गयी है और दर्दनाक फफोले निकल आये हैं। खून रिस रहा है। नींद से मेरी आँखें बोझिल हो रही हैं। जैसे ही आँखें बन्द करता हूँ मुझे झपकी आने लगती है। पहली बार मुझे महसूस हुआ कि इन्सान खड़े-खड़े और चलते-चलते भी सो सकता है! मैंने सुना था युद्ध में सैनिक खड़े-खड़े ही तो सोते हैं। एक पेड़ का सहारा लेकर मैंने अपनी आँखें मूँदीं। एकदम से नींद का एक झोंका आ गया...।

हैलो मिस्टर स्कॉट...मुझे नीना की आवाज़ सुनाई दी। वह मुझे हमेशा 'हैलो मिस्टर स्कॉट' कह कर पुकारती थी जब भी वह विशेष मूड में होती थी।

मैंने अपनी आँखें खोलीं—मैं ज़मीन पर लुढ़का हुआ था और नीना मेरे सामने खड़ी मुस्कुरा रही।

मैं अवाक्। ''नीना...'' मैं हैरत से बुदबुदाया। ''तुम...? तुम...? तुम तो...'' ठगा सा, मैं उसकी तरफ़ बढ़ा। वह पीछे हटती गयी। मैं उसकी तरफ़ बढ़ता गया। उसे पकड़ने की कोशिश करता गया। वह मेरे हाथों में ही नहीं आ रही। ''नीना...'' मैं उसे पुकारता गया और फिर सहसा वह अदृश्य हो गयी। मैंने अपना सिर झटका। क्या मैं सपना देख रहा हूँ? क्या नीना वाकई में मेरे सामने आयी। वह तो....मैंने अपनी आँखों से उसकी लाश को ताबूत में बन्द होते देखा था। मेरी आँखों के सम्मुख ही

उसकी अर्थी उठी। मेरी आँखों के सम्मुख वह ताबूत में बन्द अग्नि को सौंपी गयी। आग की वे लपटें...और उनके बीच जलता ताबूत...और ताबूत में भस्म होती नीना की काया...। अगले रोज़ मैं उसकी बेटियों के संग मरघट में उसकी ठंडी अस्थियाँ भी बँटोरने गया था।

अंगड़ाई लेकर मैंने अपनी मांसपेशियों को खींचा। शरीर में आलस्य भरा था, इसका अर्थ मैं शायद सो गया था। मैंने घड़ी में समय देखा—अनुमान नहीं लगा पाया कि कितनी देर सोया। हाथ-पैर मरोड़ कर मैं शरीर का आलस्य तोड़ने लगा। गर्दन घुमाकर दिमाग को सक्रिय करने लगा। सोचने लगा, 'इन्सान मर कर कहाँ जाता है? क्या वास्तव में स्वर्ग, नरक या बीच की कोई जगह है, जहाँ इन्सान मर कर जाता है? या फिर उसकी आत्मा ब्रह्माण्ड में भटकती रहती है?' आत्मा... यह शब्द आधुनिक युग में कानों को कितना अजीब लगता है। मगर कई बार मुझे आभास होता है कि जितना हमने सुना-सीखा हुआ है, जितना हमारे नयन देख सकते हैं, जीवन उससे परे भी बहुत कुछ है। आत्माओं की भी अपनी एक दुनिया होती है। जब कोई मरता है, उसकी देह नष्ट होती है किन्तु उसकी शरीर-रहित आत्मा, चेतना, ऊर्जा जीवित रहती है। वे इस लोक की किसी दूसरी परत में चली जाती है, जो हमें इस आयाम में दृष्टिगोचर नहीं होते। हमारी पाँच भौतिक इन्द्रियाँ उनके निरन्तर अस्तित्व का आभास नहीं कर सकतीं, इसका तात्पर्य किंचित यह नहीं कि वे यहाँ मौजूद नहीं हैं। कहा जाता है, हमारे आस-पास जितना कुछ मौजूद है हम उसका मात्र एक तिहाई महसूस करते हैं, मसलन हम कभी भी अकेले नहीं होते। कितने ही जीव हमारे इर्द-गिर्द निरन्तर विचरते रहते हैं।

बचपन की एक दास्ताँ सुनाता हूँ...। जेम्स मेरा दोस्त हुआ करता था। ग्लासगो में हम दोनों पड़ोस में रहते थे और एक साथ पढ़ते थे। हम आपस में गेंद, फुटबाल खेला करते थे, साइकिल चलाया करते थे, और भी चीज़ें जो दस-बारह साल के लड़के किया करते हैं, करते थे। रात में हम डरावने मायावी खेल—पेरानॉर्मल आदि भी खेला करते थे। एक शौक हमें और चर्रा आया था—आत्माओं से सम्पर्क करना। तब हम बारह-तेरह साल के रहे होंगे...। हम उइजा बोर्ड पर आत्माओं से सम्पर्क किया करते थे।

मुझे वह दिन आज भी अच्छे से याद है... हेलविन त्योहार था...। शाम के सात बज रहे थे। विट्चेस, यानी भूतनियों का समय...। जेम्स और मैं उइजा बोर्ड व एक सफ़ेद मोमबत्ती लेकर जेम्स के घर के पिछवाड़े से सीढ़ियाँ उतर कर गैराज में गये, जो एक खोह में था। हमने मोमबत्ती जलाई। बोर्ड लगाया, बत्ती बुझाई, और इन्तज़ार करने लगे। कुछ नहीं हुआ।

“किसी मरी आत्मा को बुलाते है?” मैं फुसफुसाया।

“किसकी?” जेम्स ने पूछा।

हमारी गली में दो दिन पूर्व ही एक अफ्रीकन लड़की की मृत्यु हुई थी। उसका नाम कोफो था। हमें पार्क में खेलते देख वह भी हमारे साथ खेलने के लिए आ जाती थी। मगर हमारी उससे अक्सर भिड़न्त हो जाती थी। हम उसे 'निगर', 'निग्रो' कह कर चिढ़ाया करते थे, छेड़ा करते थे। वह रुष्ट हो जाती थी।

फिर वह अचानक हमें दिखनी बन्द हो गयी। हमने सोचा, शायद वह हमसे रूठी हुई है, इसलिए हमारे साथ खेलने नहीं आती है। मगर एक दिन हमने सुना वह बीमार है। उसकी लाल रक्त कणिकाएँ बनने के बाद एकदम टूट जाती हैं। यह एक आनुवांशिक रोग है। फिर एकाएक पता चला कोफो मर गयी। उसके माता-पिता ने चुपचाप उसे दफना दिया। पड़ोस में किसी को भनक भी नहीं होने दी। पड़ोस का कोई व्यक्ति उनके घर अफ़सोस प्रकट करने भी नहीं जा सका। मगर मेरी समाजसुधारक माँ ज़बर्दस्ती उनके घर चली गयी। घंटी बजाई तो उसके पिता ने ही दरवाज़े पर आकर मेरी माँ से थोड़ी-बहुत बात की। उसकी माँ तो अपने कमरे से बाहर तक नहीं निकली।

मैंने जेम्स को सुझाया, “कोफो की आत्मा बुलाते हैं...।”

“कोफो की...नहीं यार...” जेम्स ने सहमते हुए कहा। “जब वह ज़िन्दा थी तभी हमने उसे बहुत परेशान किया...।”

“चल बुलाते हैं न...। देखते हैं वह आती है कि नहीं।”

मेरे ज़िद करने पर जेम्स मान गया। हम दोनों ही नर्वस थे, मगर हमने अपनी आँखे मूँदीं और कोफो को पुकारा। हम दोनों के बीच मोमबत्ती जल रही थी, जिसकी रोशनी से हमारी बड़ी-सी परछाई दीवार पर पड़ रही थी। अँधेरा व मौन।

बड़ी देर तक कुछ नहीं हुआ—“कुछ नहीं हो रहा,” मैं फुसफुसाया।

“थोड़ा ठहर,” वह बोला।

इतने में खिड़की से बाहर काले आकाश में बिजली कड़की, एक तीव्र हवा का झोंका अन्दर आया और मोमबत्ती की ज्वाला ज़ोर से भड़क कर हिलने लगी। गैराज में खड़ी कार भी आवाज़ करने लगी। गैराज में रखा हर सामान डोलने लगा। मैं डर के मारे भागा कि जेम्स ने मेरे शर्ट का छोर पकड़ लिया। रुआँसा हो बोला, “पॉल, तू ऐसे नहीं भाग सकता। पहले उस काली भूतनी को भगा...।”

मैं जेम्स का डर समझता था। हम दोनों ही थर-थर काँप रहे थे, हमारे दाँत किटकिटा रहे थे, किन्तु हमने बोर्ड के दोनों तरफ़ बैठ, आँखें मूँद विनम्र स्वर में प्रार्थना की—“कोफो धन्यवाद यहाँ आने के लिए। हम तुम्हारे बहुत आभारी हैं। कृपया अब

वापस चली जाओ। तुम जहाँ से भी आयी हो, अपने लोक में वापस चली जाओ। कोफो हम तुमसे विनती करते हैं—यहाँ से प्लीज़ चली जाओ। हम तुम्हें फिर कभी परेशान नहीं करेंगे। वी आर वेरी सॉरी ! हमें माफ़ कर दो...।''

थोड़ी देर में बोर्ड हिलना बन्द हो गया, मोमबत्ती की लौ भी स्थिर हो गयी। सब कुछ शान्त हो गया। किन्तु उस दिन के बाद हमने आत्माओं से सम्पर्क करना छोड़ दिया। हम समझ गये कि यह एक खेल नहीं है।

सालों पहले दिल में दबा भय उभर आया। यह विचार घनीभूत होने लगा—क्या मृतक भी फिर से जीवित हो सकते हैं...? मेरा मन कमज़ोर पड़ने लगा। मैं थर-थर कांपने लगा। मेरे कदम उठ ही नहीं रहे थे। मैं नीचे ठंडी धरती पर बैठ गया। अपनी हथेलियों में मैंने अपना मुँह ढाँप लिया। ''यह मुझे क्या हो रहा है?'' मेरे दाँत किटकिटाने लगे। जीवन की चरम सत्यता पर संसार का अखंड विश्वास—मृतक फिर से जीवित नहीं होते। तो फिर वह क्या था...?

नीना की रूह !

हे भगवान !

नहीं !

चल हट पगले...! मैंने अपने को धिक्कारा। यह भ्रम है...। क्या तू उटपटाँग सोचने लगता है। नीना भूत-पिशाच नहीं है...। ना ही उसकी आत्मा कहीं भटक रही है...। मैंने अपने चारों तरफ़ देखा—घना अँधेरा और मौन प्रकृति। दूर-दूर तक फैली झाड़ियाँ और पेड़। इनके अतिरिक्त और कुछ भी नहीं।

मुझे मन्दिर पहुँचना है। मैं उठा और चलने लगा। हे भगवान मेरी रक्षा करो। हे जीसस... अल्लाह... हे राम... नीना... सहसा मैं नीना का नामोच्चारण करने लगा। नीना तुम इस भूलोक से उठ कर एक उच्च दुनिया में लीन हो गयी हो। मेरी रक्षा करो। नीना मेरी कल्पना में एक देवी का साकार रूप लेने लगी... माँ दुर्गा का।

छोटा सा था उसका आशियाँ

नीना की मृत्यु के बाद सबसे मुश्किल काम था उसके घर को खाली करना। उसके पिता तो इस हद तक दुखी-व्याकुल थे कि कोई भी निर्णय लेने और कार्य करने में असमर्थ थे। उनकी बला से घर बेचा जाये, किराए पर चढ़ाया जाये या जलाया जाये। शीला देवी ने बेटी की मौत को अधिक हिम्मत से झेला था। वह ही नीना की सारी कागज़ी कार्यवाही कर रही थीं।

करीना अपने पति कास्पर के साथ इंग्लैण्ड में थी। दोनों वहीं नौकरी करते थे। आजकल करीना गर्भवती भी थी। जोहाना का तो पता ही नहीं चलता वह कहाँ फिरती-मंडराती रहती है। एक लड़की उसकी संगिनी है। कुछ कहो तो बहस करने लगती है, अजीबोगरीब तर्क देने लगती है जो कम-से-कम मुझे पचाने मुश्किल होते हैं।

"लड़कों के साथ रह कर क्या करना? वे लड़कियों की भावनाएँ नहीं समझते...। लड़कियाँ लड़कियों की भावनाएँ समझती हैं, इसलिए उनके साथ सामंजस्य अच्छा स्थापित होता है। पति-पत्नी का सम्बन्ध बहुत ही झूठा है! मेरी माँ का देखो...तीन आदमियों से सम्बन्ध चला, क्या मिला उन्हें? किसी से भी उनकी नहीं निभी। दुनिया का उपहास, निंदा-अपवाद वह ढोती रहीं। हर वक्त वह परेशान व तनाव में रहीं, और अन्त में उन्हें कैंसर हो गया...।"

मैं स्वयं को कहने से रोक नहीं पाया—"तुम्हारी माँ को कैंसर सिगरेट की वजह से हुआ।"

उसका तर्क—"क्यों पीता है इन्सान सिगरेट? क्यों पीता है इन्सान शराब?"

"उसे लत पड़ जाती है। वह इनके नशे का आदी हो जाता है," मैंने जवाब दिया।

"क्यों पड़ती है लत?"

"पता नहीं..." मैं खीज के साथ बोला। "मैं न सिगरेट पीता हूँ, न शराब पीता हूँ।"

"आप क्या समझते हो माँ की तकलीफें बाद में शुरू हुईं...? माँ की यातनाएँ उस दिन शुरू हो गयी थीं जिस दिन उन्होंने यूरोप में एक भारतीय परिवार में जन्म

पॉल की तीर्थयात्रा • 179

लिया। आपको नहीं मालूम उनका बचपन कैसा बीता! कितनी सख्तियाँ, कितनी पाबंदियाँ उन पर लगाई गयीं! नाना-नानी उन्हें स्वीमिंग नहीं करने देते थे, उन्हें अकेले टीवी नहीं देखने देते थे, उन्हें किसी सहेली के घर जाने की छूट नहीं थी। वह ब्यूटी पार्लर जाकर अपने बाल नहीं कटवा सकती थीं...। और उन्हें हमेशा अपने माथे पर लाल बिन्दी लगाने के लिए बाध्य किया जाता था...।''

''पर तुम्हारे नाना-नानी ने उन्हें कैम्ब्रिज भेजा,'' मैंने उसे टोका।

''आप क्या समझते हो—नाना-नानी ने उन्हें कैम्ब्रिज भेजा...? मम्मी की उसमें अपनी कुछ काबलियत नहीं...?''

''नहीं... तुम्हारी मम्मी पढ़ने में होशियार तो रही होंगी, तभी तो उनका कैम्ब्रिज में चयन हुआ...'' मैं बोला।

''मम्मी वहाँ फुल स्कॉलरशिप पर गयी थीं। उनकी वहाँ पढ़ाई का नाना-नानी ने कोई खर्चा नहीं दिया।''

यह मुझे नहीं मालूम था, सो मैं चुप रहा। नीना ने मुझसे कभी नहीं बघारा कि वह इतनी मेधावी थी कि फुल स्कॉलरशिप पर कैम्ब्रिज गयी। वह दूसरे तरीकों से मुझे महसूस करवाती थी कि वह बौद्धिक स्तर पर मुझसे अधिक प्रतिभाशाली है—कैम्ब्रिज की पढ़ी है, फर्स्ट क्लास छात्रा रही है, एक गरिमामय पद पर है। और मैं फिसड्डी टीचर...।

''पीएच.डी. कर लो...। क्या ज़िन्दगी भर स्कूल मास्टर बने रहोगे...? इसमें तरक्की नहीं है...। ज़िन्दगी भर टीचर-फटीचर बन कर रहो...।''

''यह क्या अपना घाघरा पहन कर सभी के सामने नाचने लगते हो...? फूहड़ लगते हो...।''

उस दिन मैं बहुत प्रफुल्लित था जब मुझे आरला कम्पनी में टूरिस्ट गाइड का काम मिला था, और मैंने उनके एक टूरिस्ट ग्रुप का नेतृत्व किया था। वह मुझे धिक्कारते हुए बोली—''यह भी कोई नौकरी है कि दिन भर सड़कों-चौराहों पर मंडराते रहो...। अजनबियों को शहर घुमाते रहो...। एक ही बात को बार-बार कहते रहो...।''

मैं उससे कहना चाह रहा था—''नीना जब मैं अपना घाघरा पहन कर उस दिन नाच रहा था, टूर गाइड बन कर तुम्हें एडिनबर्ग शहर घुमा रहा था, तभी तो हम करीब आये थे।''

जोहाना जारी रही, ''फिर जब मेरे पापा से उनका प्रेम हुआ तो नाना-नानी उसे पचा नहीं पाये। मम्मी ने उन्हें किसी अँधेरे में नहीं रखा। अपने व पापा के विषय में उन्हें शुरू से ही सब कुछ बता दिया था। मगर उन्होंने मम्मी से बात करनी बन्द कर दी। वह उन्हें फ़ोन करतीं, वे उनका फ़ोन तक नहीं उठाते थे...। उन्हें धमकी देते थे

कि वे अपनी सारी प्रॉपर्टी दान कर देंगे, मम्मी को कुछ नहीं देंगे...। मम्मी और पापा के तलाक का एक बहुत बड़ा कारण नाना-नानी थे। उन्होंने पापा को कभी स्वीकारा नहीं। वे हर समय उनकी आलोचना करते थे, मम्मी की गृहस्थी में अपनी दखल देते थे, जिसे पापा सहन नहीं कर पाये। उनकी मम्मी से लड़ाई होने लगी, और अन्त में उनका तलाक हो गया।''

''किसने कहा तुम्हें यह सब ?'' मैंने जोहाना से पूछा।

''पापा ने बताया...'' जोहाना बोली।

''ओलिवर.... तू एक बहुत ही बड़ी चीज़ है,'' मैं मन ही मन बोला। क्योंकि नीना ने मुझे बताया था कि ओलिवर और उसके बीच तलाक का मुख्य कारण— ओलिवर ने किसी लड़की के साथ अफेयर शुरू कर दिया था। उसके साथ विश्वासघात किया, तब, जब वह उसके बच्चे से गर्भवती थी।

नीना को वह पत्र मिला था...। ओलिवर ने अपने प्रेम का इजहार किसी लड़की के लिए किया हुआ था—अनुरागशील शब्द, प्रेममय वाक्य। पूरा पत्र प्रेम भावना से लिप्त था। किन्तु नीना को सबसे अधिक आहत इस वाक्य ने किया—''एक बच्ची है, दूसरी होने वाली है। तुम्हारे और मेरे बीच में मेरी पत्नी और बच्चियाँ हैं...।''

नीना थर-थर काँपने लगी थी। हे भगवान वह उसे और उसके बच्चों को बाधा समझ रहा है! अपने पेट में हाथ लगा वह अपने भीतर जोहाना की हलचल महसूस करने लगी। मेरी बच्ची, तू अभी इस दुनिया में आयी भी नहीं और तेरा पिता तुझे अभी से अपने रास्ते का रोड़ा समझ रहा है। पत्र को उसने कई बार पढ़ा। ओलिवर उस वक्त ऑफिस में था। उसने उसे फ़ोन लगाया और घर आने को कहा।

''क्यों ?''

''मेरी तबियत ठीक नहीं है। बस तुरन्त घर आओ।''

''अगर तबियत खराब है तो डॉक्टर के पास जाओ। मैं घर आकर क्या करूँगा ?'' ओलिवर बेरुखी से फ़ोन पर बोला।

''मुझे तुम्हारी अलमारी में एक पत्र मिला है...।''

''पत्र ? पत्र लिखना तो मैंने कभी का छोड़ दिया।''

''पर सभी को नहीं। यह पत्र किसी हेडर को लिखा है। लिखावट तुम्हारी है।''

वह खामोश हो गया।

थोड़ी देर में वह घर पहुँचा—भीगा बिल्ला बना हुआ, अपराधी भाव चेहरे पर।

''यह क्या है ?'' वह पत्र उसके सामने नचाते हुए अपमान भरे गुस्से में बोली, ''मैं और बच्चे तुम्हारे लिए रास्ते का रोड़ा हैं...!''

वह खामोश।

पॉल की तीर्थयात्रा

"कौन है यह हेडर?"

"एं... आँ..." वह अटक-अटक कर बोला, "तुम्हारे और मेरे बीच कहाँ ठीक नहीं चल रहा है... ?" "बहुत सारे मुद्दे हैं... ।" एक-एक करके उसने न जाने कितनी बातें उगल दीं, तमाम मसले अपने व नीना के दाम्पत्य जीवन के बीच बता दिये ।

नीना का दिल छटपटा कर रह गया। वह पत्र, उसका राज़ और अब ये शिकायतें ...सब कुछ उसके लिए एक गहरा झटका था। वह गमगीन आवाज़ में बोली, "तुम मुझसे परेशान हो? लो, मैं तुम्हें आज़ाद करती हूँ। अपना सामान उठाओ और जाओ अपनी हेडर के पास... ।"

और वह सचमुच चला गया... ।

"आपको मेरी बात पर यकीन नहीं आ रहा... ?" जोहाना मुझसे पूछ रही थी।

"मैंने तो तुम्हारे नाना-नानी को हमेशा तुम्हारी मम्मी की मदद करते हुए देखा है..." मैं बोला।

"दरअसल जब तक आप नाना-नानी के सम्पर्क में आये वे काफ़ी बदल गये थे। ज़िन्दगी ने उन्हें काफ़ी कुछ सिखा दिया था... ।"

खैर जोहाना के साथ अब इन तर्क-वितर्कों का कोई फायदा नहीं था। उस दिन हम दोनों हॉस्पिटल की केन्टीन में बैठे थे, जहाँ हम ड्रिंक के लिए आये थे। मेरी कॉफ़ी और उसका कोक कभी का खत्म हो चुका था। कॉफ़ी की सूखी लकीरें प्याले पर जम गयी थीं। ऊपर पाँचवीं मंज़िल के कैंसर विंग में नीना लेटी हुई थी। मैं बात को विराम देने के मकसद से बोला, "देखो जोहाना, तुम्हारा एक शुभचिन्तक होने की वजह से सलाह दे रहा हूँ कि धारा के विपरीत प्रवाह में तैरने की कोशिश मत करो। कुदरत के साथ खिलवाड़ मत करो। सृष्टि का हर जीव—मादा व नर मिलकर अपने वंश को आगे बढ़ाते हैं... ।"

"आपको किसने कहा कि बच्चे पैदा करने के लिए पति चाहिए? स्पर्म चाहिए, वे किसी भी स्पर्म बैंक से ले सकते हैं। और बच्चे का अपने पिता के साथ रहना एक सामाजिक दस्तूर है, कुदरती नहीं। सृष्टि की दृष्टि से निषेचन और गर्भावस्था की स्थापना के लिए पुरुष का योगदान मात्र एक शुक्राणु है। जैसे ही मादा गर्भ धारण करती है, नर का रोल वहाँ खत्म हो जाता है।"

"समाज भी तो कुछ है! मुझे यह आइडिया पचता नहीं—स्पर्म बैंक, फर्टिलिटी क्लिनिक, आर्टिफीशियल इनसेमिनेशन..." मैं उससे बोला।

"क्यों? आपने और मम्मी ने भी तो कोशिश की थी," वह अपनी भौंहे चढ़ाते हुए बोली।

मैं सकपका गया, फिर भी संयत स्वर में बोला, "हमारी बात अलग थी... ।"

''क्या अलग थी ?''

''हम पति-पत्नी थे... और चाहते थे कि हम दोनों का एक बच्चा हो जाये। जब नीना सामान्य तरह से कन्सीव नहीं कर पायी तो हमने आई-वी-एफ़ की मदद ली।''

वह दूर सोचते हुए बोली, ''पता है... जब आप और मम्मी अपना आई-वी-एफ़ करवाते थे तो मैं और करीना हर बार भगवान से प्रार्थना करते थे कि भगवान आपका आई-वी-एफ़ फेल हो जाये, और भगवान ने हमारी सुन ली,'' वह मुस्कुराने लगी। मुझे उसकी मुस्कुराहट बड़ी कुटिल व अभद्र लगी।

कितनी स्वार्थी लड़कियाँ हैं ये...मतलबी... मैं मन ही मन बोला। लूसी व ग्रेसी से एकदम भिन्न हैं। लूसी व ग्रेसी को जब पता चलता था कि आई-वी-एफ़ फेल हो गया, वे कितना अधिक दुखी हो जाती थीं। मेरे लिए बहुत अफ़सोस प्रकट करती थीं।

मुझे विचारमग्न देख कर वह पूछने लगी, ''क्या सोच रहे हो?''

''लूसी व ग्रेसी के बारे में सोच रहा हूँ...।''

''ओह... लूसी और ग्रेसी...। बहुत दिन हो गये उनसे मिले हुए... कैसी हैं वे?''

''बहुत अच्छी,'' मैं चहकते हुए बोला। मुझे बहुत अच्छा लगता है जब कोई मुझसे मेरी बेटियों के विषय में पूछता है। मैंने उसे बताया, ''लूसी लीवरपूल यूनिवर्सिटी से बैचलर-ऑफ़-बिजनेस कर रही है, उसका चार साल का कोर्स है। इसके बाद उसका एमबीए करने का विचार है। कोपनहेगन बिजनेस स्कूल में भी एडमिशन के लिए कोशिश कर रही है। और ग्रेसी मेडिकल के थर्ड ईयर में है। क्लिनिकल एक्सपीरियंस भी ले रही है...। उसका इरादा न्यूरोलोजिस्ट बनने का है। इसके लिए उसे...।''

''खूब... दोनों बहुत होनहार हैं...'' जोहाना जम्हाई लेते हुए बोली। मैं यह स्पष्ट महसूस करने लगा, वह मेरी बात से बोर हो रही है।

नीना को भी मुझ पर कोफ़्त होती थी, जब कोई मुझसे लूसी व ग्रेसी के बारे में पूछता था और मैं चालू हो जाता था। ''तुम्हारी परियाँ...'' वह ताना देती थी। ''लोग औपचारिकतावश पूछते हैं... तुम्हें अपनी बेटियों के बारे में इतना व्याख्यान देने की ज़रूरत नहीं है। हे भगवान अपनी परियों के साथ जब रहते नहीं हो तो इतना कुछ उनके बारे में बोल जाते हो। अगर उनके साथ होते तो पता नहीं क्या होता? एक महाकाव्य भी कम पड़ जाता।''

''वे भी नहीं चाहती थीं कि आपका और मम्मी का आपस में कोई बच्चा हो?'' जोहाना बोली तो मैं अपनी तन्द्रा से बाहर निकला।

मैं भड़क गया, ''लूसी व ग्रेसी, बिलकुल ऐसा नहीं चाहती थीं। वे हमेशा मुझसे...।''

''वे थोड़ी शिष्ट हैं, आपका लिहाज़ भी रखती हैं। हमारी तरह खुल कर बिन्दास अपने मन की बातें नहीं कहतीं। मगर वे जब भी कोपनहेगन आती थीं, हमसे अपने दिल की सब बातें शेयर करती थीं। उनकी सोच हमारी सोच से कोई बहुत अलग नहीं है। हम उन्हें एसएमएस करते थे—'आईवीएफ फेल!' और उनका जवाब आता था—'ये!!!'''

मुझे सहसा ध्यान आया...। ''जब मैंने लूसी व ग्रेसी को नीना से मिलवाया था और पूछा था, ''कैसी लगी तुम्हें नीना?''

''हमें यह अच्छा लग रहा है कि आपको वह अच्छी लग रही हैं,'' उनका निर्लिप्त जवाब था।

''मैं और नीना आई-वी-एफ के लिए कोशिश कर रहे हैं...।''

''पापा, अगर आप तीसरा बच्चा चाहते हो और इससे आपको खुशी मिलेगी तो हमें भी खुशी है...'' वे दोनों कभी सीधा जवाब नहीं देती थीं...।

मैं दुखी भाव से बोला, ''क्यों नहीं चाहते थे तुम लोग कि मेरी और नीना की आपस में एक औलाद हो? तुम्हें तो मालूम है कि तुम्हारी माँ कितनी पीड़ा से गुज़रती थीं? कितनी ललक थी उसे फिर से माँ बनने की...।''

''क्या यह भी मुझे आपको बताना पड़ेगा...? खैर उस समय हम नादान-नासमझ थे। हममें असुरक्षा की भावना थी। हम सोचते थे कि आपका और मम्मी का बच्चा हो जाने पर आप दोनों की प्राथमिकताओं में हम नहीं रहेंगे।''

कुछ देर की चुप्पी के बाद वह जारी हुई, ''क्या बेहतर है...? बच्चा अपने पिता के अस्तित्व को जानता ही नहीं या पिता उसके सामने है और वह अपने पिता के लिए मरे हुए के समान है... कौन-सी स्थिति बेहतर है?''

''पता नहीं।''

''आपसे बेहतर कौन जवाब दे सकता है इन प्रश्नों का?''

''इस तरह से मुझ पर प्रश्न मत दागो,'' मैं तमतमा गया।

''अरे आप तो गुस्सा खा रहे हो... सॉरी...'' वह थोड़ा सकपकाते हुए बोली। मुझे मालूम था, यह 'सॉरी' भी वह मुझे अपनी माँ की खातिर कह रही थी कि उनकी माँ को इस वक्त मेरी कितनी ज़रूरत है, वरना वे किसी से माफ़ी माँगने वाली लड़कियाँ नहीं हैं।

''विकास के सिद्धांत कहते हैं, सृष्टि एक जगह टिकी नहीं रहती, बदलती रहती है। इवोल्व होती है...। आपने इवोलूशन तो पढ़ा होगा...?''

''नहीं-नहीं मैं तो अनपढ़ हूँ...।'' मैं एकाएक उठ गया। मुझसे उसकी बकवास सहन होनी मुश्किल हो रही थी।

''अच्छा तो चलता हूँ...। अगर तुम ऊपर जा रही हो तो अपनी मम्मी से कहना, कल मैं शाम चार बजे आऊँगा...।'' मैंने उठते हुए उससे विदा ली और लम्बे-लम्बे डग भरते हुए वहाँ से चला गया।

अपनी माँ की मृत्योपरान्त जोहाना हम सभी की आँखों से अचानक ओझल हो गयी। बाद में, करीना के ज़रिये पता चला कि वह साउथ कोरिया चली गयी है, कोई क्रॉस कल्चरल कोर्स के लिए। उसे अपनी माँ की मौत का गहरा सदमा लगा है। कहीं दूर जाकर वह स्थान बदलाव चाहती है। खैर नीना की लड़कियाँ अब मेरी समस्या नहीं हैं। वे मेरे सम्पर्क में रहना चाहती हैं तो बहुत अच्छा, वरना, ईश्वर से प्रार्थना करता हूँ—वे जहाँ भी रहें, सुखी रहें...।

सो नीना का घर खाली करने के लिए मैंने ही अपनी मदद शीला देवी को पेश की। मकान बेच दिया गया था। यह निश्चित हो गया था कि उसकी कीमत करीना और जोहाना को आधी-आधी बाँट दी जायेगी। श्रीनिवासन दम्पति की समस्त जायदाद की हकदार करीना व जोहाना ही थीं। उनके मानसून ड्रेसेस व ज्वैलरी का व्यापार भले ही बिक गया था, मगर दुकान की इमारत उनकी खुद की थी, सो उसका किराया अभी भी उनके पास आ रहा था।

शीला देवी एक व्यावहारिक व नियोजित महिला थीं। इतने वर्षों तक उन्होंने बिजनेस किया था, उन्हें मालूम था कि चीज़ें कैसे होनी चाहिए। उन्होंने नीना के घर में एक ऑपनहाउस रखा था, जिसका प्रचार उन्होंने स्थानीय अखबारों में विज्ञापन वगैरह निकालकर कर दिया था।

सुबह आठ बजे मैं और शीला देवी घर में घुसे। एक नीरवता, एक व्यथा घर में व्याप्त थी। हमने अपना काम शुरू किया। जो कुछ समेटना-सहेजना था, हमने सहेजा-समेटा। नीना के घर में काफ़ी सामान था—फर्नीचर, इलेक्ट्रॉनिक्स, बर्तन, क्रॉकरी, कपड़े, किताबें, सजावटी वस्तुएँ, लैम्प, पेंटिंग्स...। सभी वस्तुओं की प्रदर्शनी लगी थी। छोटी-बड़ी, हरेक वस्तु की कीमत आँक कर एक चिट उस पर टँगी थी। यह काम शीला देवी पहले कभी आकर कर गयी थीं। मैं जब उस दिन उनके साथ घर में आया तो सारा सामान बिकने के लिए रखा हुआ था। चीज़ों को सँभालते-सहेजते, इधर से उधर करते शीला देवी कई बार रोईं। मेरा दिल भी भर आया, नीना का आशियाना यूँ तहस-नहस होते देख। तिनके से अलग तिनका हो रहा था।

पॉल की तीर्थयात्रा • 185

'न उजाड़ ए खुदा किसी के आशियाने को। वक्त बहुत लगता है एक छोटा-सा घर बनाने को।'

उसके बेडरूम की साइड टेबल की दराज में मुझे उसका वॉलेट मिला, जिसमें डेढ़ सौ क्रोनर, नीना का ड्राइविंग लाइसेंस और मेरी और नीना की एक फोटो थी। मैं फोटो निकाल कर देखने लगा— थाईलैंड की थी, फुकेट समुद्रतट की। मैं बालू पर नीना के पीछे खड़ा हूँ, मैंने उसे अपनी बाँहों में भरा हुआ है। नीना के बालों की लटें उड़ कर मेरे चेहरे पर आ रही हैं। हम दोनों बेसाख्ता हँस रहे हैं। पीछे सागर की मौजें सफ़ेद फेन उगल रही हैं। थाईलैंड वास्तव में हमारे टूटे हुए रिश्तों की मरम्मत कर रहा था। मगर फुकेट तट से होटल वापस लौटने पर मुझे अपने पिता की मृत्यु की खबर का मिलना और मेरा सभी के सामने नीना पर बरसना, सब कुछ बर्बाद कर गया।

वह बाद में मुझसे बोली थी, जब मैं अपने दुःख से थोड़ा संयत हुआ, "तुम एक छह साल के बच्चे की तरह बर्ताव करने लगे थे, जैसे एक छह साल का बच्चा अपने माता-पिता के लिए छटपटाने लगता है। तुम अपने पिता के अन्तिम समय पर उनके करीब नहीं थे इसका मुझे भी अफ़सोस है मगर इसमें मेरा कोई दोष नहीं था..." कहते-कहते नीना की आँखें आँसुओं से डबडबा आयीं।

"ओह नीना...!" मैं विशेष भावों से भर गया। नीना ने मुझे अपने घर व ज़िन्दगी से तो निकाला लेकिन शायद वह मुझे अपने हृदय से नहीं निकाल पायी। मैंने फोटो अपने पास रख ली और वॉलेट शीला देवी को पकड़ा दिया।

सात साल मैं इस घर में रहा था। सामान समेटते हुए रह-रह कर मैं उस घर में गुज़ारे हुए समय का स्मरण कर रहा था। ड्राइंगरूम में मैं और नीना एक साथ बैठ कर टीवी देख रहे हैं, और टीवी देखते-देखते ही हम दोनों...।

मैं रसोई में खड़ा हूँ और नीना मुझे इंडियन वेजिटेबल बिरयानी बनाना सिखा रही है। ड्राइंगरूम में इस जगह खड़े होकर उसने कहा था—"मैं और पॉल अलग हो रहे हैं...।" मैं विषाद से भर गया। कितनी सारी यादें...।

टहलते हुए मैं ग्लासरूम में आ गया और खिड़की से बाहर लॉन में झाँकने लगा। मैं और नीना गर्मियों में लॉन में ग्रिल किया करते थे। अपने मित्रों को बुलाकर हम हर साल गर्मियों में समर पिकनिक किया करते थे। सेब का पेड़ कैसा लद जाता था! नीना मुझसे फल तुड़वाती थी। फिर सेब का मुरब्बा, केक, शरबत कितने व्यंजन बनते थे घर के सेब से। एक टोकरी में मैं सेब भर कर अपने स्कूल के स्टाफरूम में भी रख देता था, अध्यापकों के खाने के लिए। सभी लाल चटकीले, ताज़े सेबों की प्रशंसा करते थे, मुझसे पेड़ की किस्म पूछते थे।

सेब के पेड़ों से नज़र हट कर मेरी नज़र हठात उस हार्डवुड कत्सुरा पेड़ की तरफ़ चली गयी। इसी पेड़ से तो पीटर लटका था। कितना अजीब-सा लगता है सोच कर...रोंगटे खड़े हो जाते हैं मेरे आज भी। नीना अपने बेडरूम में थी उस रात। उसकी खिड़की बाहर लॉन में खुलती थी, खिड़की से पेड़ स्पष्ट दृष्टिगोचर होता था। नीना खिड़की के इस तरफ़ लेटी हुई थी और खिड़की के उस तरफ़ पीटर अपने गले में फंदा डाल रहा था, रस्से का दूसरा छोर पेड़ की शाखा में बाँध रहा था, और उस पर पीटर झूल गया...। इन सब कार्यों में कुछ समय लगा होगा, कुछ आहट भी हुई होगी। नीना का ध्यान नहीं खिंचा! और वह पेड़ की शाखा तक पहुँचा कैसे? क्या वह चढ़ा था? उसने पैरों में जूते पहने हुए थे। कोई स्टूल व कुर्सी भी पास में लुढ़की नहीं थी। कैसे वह शाखा तक पहुँचा? कोई उत्तर नहीं इन सवालों का। पीटर का ध्यान आते ही मुझे दिन-दहाड़े फूलों से लदा वह पेड़ डरावना लगने लगा। मैं खिड़की पर से हट गया। बेसमेंट में चला गया, जहाँ शीला देवी काम कर रही थीं।

बेसमेंट में मुझे एक पैकेट मिला, जिसमें नीना की लिखावट से लिखा था—'पॉल'। मैंने पैकेट को उलट-पलट कर देखा, मेरे पुराने कपड़े व अन्य छोटा-मोटा सामान, जो मैं नीना के घर छोड़ आया था, वह पैकेट में बँधा था। मैंने चुपचाप पैकेट सँभाल लिया। वह मेरी निधि थी।

दस बजे से लोग आने शुरू हो गये। जिन्हें जो खरीदना था, उन्होंने खरीदा। शाम चार बजे तक जो सामान बिक पाया, बेच दिया गया। पाँच बजे एक ट्रक आया, और अनबिका सामान लाद कर रेडक्रॉस व अन्य धर्मार्थ संगठनों में ले जाया गया दान करने के लिए।

मैंने शीला देवी की घर खाली करने में मदद की, एक मजदूर की तरह। सामान का क्या होगा, यह उनका अपना निर्णय था। हाँ, मैंने नीना की कार खरीदी, जिसकी पूरी कीमत मैंने शीला देवी को अदा की। मैंने जो अपना एक पूरा दिन उन्हें नीना का सामान बेचने, दान करने व उसका घर खाली करने में दिया था, ट्रक पर सामान लाद-लाद कर मैं थक गया था, उसका कोई हिसाब नहीं था। वह महज एक मदद थी। धनाढ्य होने के बावजूद रामचन्द्र व शीला देवी कंजूस थे।

जब सारा बचा सामान ट्रक में लद गया तो मैंने पलट कर नीना के घर की तरफ़ देखा—घर पूरा खाली, पहचाना ही नहीं जा रहा था।

"लो पॉल!" शीला देवी ने मेरे पास आकर मुझे कार की चाबी सौंपी। "बहुत-बहुत धन्यवाद पॉल!" डबडबाये नेत्रों से उन्होंने मेरा आभार प्रकट किया।

शीला देवी को अभिवादन कर मैं कार की तरफ़ बढ़ा। कार का दरवाज़ा

खोलकर पैकेट कार की पीछे की सीट पर डाला। कार स्टार्ट की और चल दिया अपने घर की ओर।

वह पैकेट मैंने कभी नहीं खोला। आज भी वह मेरी अलमारी में ज्यों का त्यों पड़ा है। मैं जानता हूँ कि पैकेट के अन्दर की चीज़ें मेरे लिए मूल्यवान नहीं हैं, मुझे उनकी आवश्यकता भी नहीं। मगर पैकेट पर नीना के हाथों से लिखा मेरा नाम—पॉल—मेरे लिए बहुत मूल्यवान है। उसे मैं कभी खोना नहीं चाहता।

आसमान की तरफ़ मैंने गर्दन उठाकर देखा—हल्का-हल्का उजाला हो रहा है, अर्थात् पृथ्वी अपनी धुरी पर पूरी घूम चुकी है। जग धीरे-धीरे फिर से आलोकित हो रहा है। मैं आनन्द से ओत-प्रोत हो गया। पहली बार मैंने इतनी खुली आँखों से दिन ढलते, अँधेरा छाते, सूरज उगते और उजियारा होते देखा। सृष्टि कितनी नियमित है! सब कुछ एक कड़े अनुशासन में। ज़रा भी इधर-उधर हो जाये तो तहस-नहस। मैंने यह भी महसूस किया कि अलग-अलग पहर में प्रकृति अलग-अलग दिखती है। प्रातःकाल निराली ताज़गी से भरी,दोपहर में लरजती सी, संध्या के समय सुहावनी, रात में कभी सजीली तो कभी डरावनी...।

रिंगस्टेड इलाका मैंने पूरा पार कर लिया। फेंसमार्क आ गया है, यानी एक-सौ-एक किमी. मैं चल चुका हूँ। एक-सौ-एक किमी. ! अब सिर्फ़ सात किमी. का रास्ता शेष है। कदम जवाब देने लगे हैं। जूते बुरी तरह काट रहे हैं। कई बार जूतों से अपने पैर निकाल कर खुली हवा में फैला चुका हूँ।

किसी तरह अपने कदम बढ़ाते हुए मैं चलता जा रहा हूँ, चलता जा रहा हूँ। यह मेरी तीर्थयात्रा है। मन्दिर पहुँचना मेरा लक्ष्य। मेरे पाँव बड़े बलशाली हैं, थकते नहीं, रुकते नहीं। मैं बिना कहीं रुके चलता रहा, चलता रहा... और नैस्ट्वेड इलाके में प्रवेश कर, कार्रेबैकवाय सड़क पर पहुँच गया, फिर दो सड़कें पार कर मोड़ से स्लेयेल्सेवाय सड़क पर आ गया। सुबह छह बजे जब मैंने एक फ्लोरिस्ट को अपनी दुकान खोलते देखा तो मैंने ताज़े फूलों का एक गुच्छा खरीद लिया।

स्लेयेल्सेवाय सड़क पर डेढ़-दो किमी. तक चलने के उपरान्त अन्ततः मन्दिर का प्रांगण नज़र आने लगा। समस्त अवरोधों को पार कर मैं अपने लक्ष्य पर पहुँच गया हूँ। मैं इतना प्रफुल्लित हुआ। हुर्रे मैं पहुँच गया... ! हुर्रे मैं पहुँच गया... ! मैं स्वयं अपनी जयजयकार करने लगा। ओह... अपने आप को थपथपाने लगा। मैंने और किसी को नहीं, अपनी माँ को फ़ोन लगाया।

"माँ मैं पहुँच गया...।"

''मन्दिर पहुँच गया तू?'' माँ चहकी।

''हाँ!''

''वाकई!''

''हाँ माँ, हाँ।''

''रात भर सोई नहीं हूँ। जीजस से प्रार्थना करती रही—हे जीजस भगवान! मेरा पॉल समय से सकुशल अपनी मंज़िल पर पहुँच जाये।''

''पहुँच गया हूँ, माँ... धन्यवाद... बाद में बात करेंगे...।''

''मैं भी थोड़ा नींद लेती हूँ,'' माँ जम्हाई लेती हुई बोली।

यहाँ यह बताना चाहूँगा, सबसे मुश्किल यात्रा मेरे लिए रात बारह बजे से सुबह चार बजे की थी। घुप्प अँधेरा, चाँद भी आधा-अधूरा। कोई भी पथिक रास्ते में नहीं, सिर्फ़ मैं, मात्र मेरा ही स्पंदन। कई स्थानों पर मेरा दिल ज़ोरों से धड़कने लगता। समझ में ही नहीं आता कि मैं कहाँ हूँ। एकाएक मैं दिशा और स्थान का ज्ञान भूल जाता। आत्मा-प्रेतात्मा, भूत-पिशाच, कंकाल के विषय में सोचने लगता। जंगली जानवरों का भय सताने लगता। अपने अन्दर के भय से संघर्ष करते हुए मैं अपने को दिलासा देता, ''आत्मा-परमात्मा कोई चीज़ नहीं होती।'' अपना हौसला बढ़ाने के लिए मैं स्वयं से कहता—''बढ़े चलो आगे बढ़े चलो, अँधेरों में ज़्यादा दम नहीं होता... और हर जंगल में जंगली जानवर नहीं होते।''

सुबह चार बजे से जब दिन खुलने लगा, और पाँच बजे से इक्के-दुक्के लोग राह में नज़र आने लगे तो मेरी जान में जान आई।

मुझे एकदम प्रातःकाल का समय बेहद प्रिय लगता है, जब तारे डूबते से हैं, रात्रि अपनी यात्रा पूरी कर भोर के गले मिलने लगती है, जब सूर्य विस्तीर्ण आकाश में अपने प्रकट होने की दस्तक देने लगता है, और उसके विकिरण से वसुंधरा हल्की-हल्की आलोकित होने लगती है, वह बेला मुझे बहुत लुभाती है...। और जब प्रभात की यह बेला आयी तो मुझे मन्दिर का प्रांगण सामने दृष्टिगोचर होने लगा।

जय हो!

श्रद्धांजलि

मन्दिर एकदम निर्जन स्थान में है, खुली प्रकति में। सुदूर क्षितिज में चढ़ता सूरज अपनी लालिमा मन्दिर पर बिखेर रहा है। निराला दृश्य...। चारों तरफ़ नज़र दौड़ाते हुए मन्दिर के पवित्र प्रांगण में मैंने कदम रखा और धीरे-धीरे मुख्य प्रवेश द्वार की तरफ़ बढ़ने लगा। अपनी मंज़िल तक पहुँच कर यकायक मेरे कदम बहुत धीमे हो गये।

पुजारी ने मेरे लिए दरवाज़ा खोला, "चल कर आ रहे हो?"

"हाँ - 108 किमी.।"

"108 किमी.! कब से चल रहे हो?"

"परसों रात से...।"

"आराम नहीं किया कहीं?"

"थोड़ा बहुत, ज़्यादा नहीं।"

एक पूरी इमारत मन्दिर के अधीन है, जिसके एक तरफ़ भगवान का दरबार और दूसरी तरफ़ कमरे, रसोई, डाइनिंग हॉल व लेट्रीन-बाथरूम बने हैं।

पुजारी मुझे एक कुटिया में ले गया। इतना थक चुका हूँ कि मेरा मन हुआ कि मैं कुटिया में बिछी दरी पर सो जाऊँ। "तुम यहाँ आराम कर सकते हो।" पुजारी अच्छी अंग्रेज़ी बोल रहा है, सो सुकून वाली बात यह कि उससे वार्तालाप में कोई दिक्कत नहीं हो रही है। नहीं तो इस वक्त मुझमें किसी भी तरह का संघर्ष करने की शक्ति नहीं है ।

पुजारी ने मुझे गुसलखाना व रसोई दिखाई। कहा, मैं नहा-धो कर चाय-नाश्ता कर लूँ, थोड़ा सुस्ता लूँ। अभी पूजा में समय है। मैं वहाँ पहुँचने वाला पहला व्यक्ति हूँ।

"मेरे पास कुछ भी नहीं है। मेरा सब कुछ रास्ते में लुट गया।"

पुजारी ने तनिक मनन किया, मेरे शारीरिक अनुपात को परखा, फिर कहीं से एक तौलिया व एक नया कुरता-पाजामा लाकर मुझे पकड़ा दिया। नारंगी कुरता और सफ़ेद पायजामा। मैंने पुजारी के आदेश का पालन किया। सबसे पहले बाथरूम गया। बाथरूम की दीवार पर लगे आईने में जैसे ही मैंने अपना बिम्ब निहारा तो स्वयं को पहचान ही नहीं पाया...। बाल उड़े-उड़े से, चेहरा थका हुआ, होंठों पर पपड़ी जमी हुई, आँखें पथराई हुई सी, कुचले हाल। मैं बूढ़ा लग रहा हूँ। एक रात की यात्रा ने

मेरा सारा हुलिया बिगाड़ दिया।

खैर स्नान वगैरह से निवृत हो मैंने कुरता-पायजामा पहना, ठीक नाप का है। पुजारी की नज़रें बड़ी पारखी हैं। तैयार होने के बाद मैं किचन में आया। तीन आदमी भोजन पका रहे हैं। तेल-मसालों की सुगंध हवा में तैर रही है।

"आप ही वो पदयात्री हो जो कोपनहेगन से यहाँ चल कर आये हो?"

मैंने सहमति में गर्दन हिलाई।

वे मुझे आदर भाव से देखने लगे। बड़े प्रेम से उन्होंने मुझे कॉफ़ी व नाश्ते की थाली पकड़ाई। मैंने थाली पर सजे व्यंजनों को निहारा। मैं जानता हूँ—पोंगल व वड़ा। नीना के साथ दीवाली, पोंगल वगैरह विशेष पर्वों व अवसरों पर उसके माता-पिता के घर जाया करता था। इडली, डोसा, रसम, सांभर, पोंगल मुझे खाने को मिलते थे। इस वक्त ताज़ी कॉफ़ी व पोंगल मुझे बहुत ही प्रिय लगे। अनमोल स्वाद! जैसे युगों बाद खाना खा रहा हूँ।

नाश्ता खाकर शरीर एकदम भारी हो गया। सुस्ताने लगा तो शरीर इतना शिथिल हो गया कि मैं बैठे-बैठे ऊँघने लगा। देह नींद के आगोश में डूबने लगी—एक बेहोशी वाली नींद। मगर मस्तिष्क के एक कोने में यह विचार भी उबल रहा है कि मुझे पूजा के लिए जाना है। नीना की बरसी के यज्ञ में शामिल होना है। इतनी दूर आकर अगर मैं पूजा में सम्मिलित नहीं हुआ तो सारी यात्रा अर्थहीन हो जायेगी।

मैं उठ गया। अपने कपड़े ठीक किये, बाल बनाये,और मन्दिर के असली दरबार में मैंने प्रवेश किया। सिद्धि विनायक की एक कांसे की दीर्घ मूर्ति नज़र आई। हाथी-सिर देव, गणेश जी महाराज के अभिषेक की तैयारी चल रही है। आरती की जोत, चन्दन की महक, भक्तिमय भजन की हल्की-सी गूँज...। यह गूँज पहले भी मैंने सुनी है—

जय गणेशा संत हितकारी।
सुनिए जय प्रभु विनय हमारी...।

नीना की एक बड़ी-सी मुस्कुराती हुई तस्वीर बीचोंबीच लगी हुई है, तस्वीर के आगे दीये की लौ का औरा नीना के चेहरे पर छा रहा है। काफ़ी लोग मन्दिर पहुँच गये हैं। मैंने गौर किया—नीना के माता-पिता, उनके कुछ चिरपरिचित भारतीय मित्र, नीना के चाचा का लड़का नवीन, उसका इंडियन फ्रेंड आदित्य, नीना की दोनों बेटियाँ व दामाद मौजूद हैं। मैंने यह भी गौर किया कि करीना का नन्हा बेटा, शायद छह-सात माह का होगा, भी किसी की गोद में है। वे सब आज भारतीय लिबास में हैं—सफ़ेद,

केसरिया रंग के वस्त्र धारण किये हुए हैं। कइयों ने हाथों में अखबार पकड़े हैं।

मुझे देख कर सभी ठिठक गये। मुझे विशेष भाव से निहार रहे हैं। सम्भवत:सभी जानते हैं कि मैं अट्ठाइस घंटे रात भर चल कर मन्दिर में नीना को अपनी श्रद्धांजलि देने आया हूँ।

मैंने हाथ जोड़ कर सभी का श्रद्धापूर्वक अभिवादन किया। शीला देवी भीगे स्वर में मुझसे बोलीं—"पॉल, जो तुमने नीना के लिए किया वह एक सच्चा प्रेमी ही कर सकता है। देखो तुम अखबारों की सुर्खियों में हो...।"

जोहाना तुरन्त मुझे अखबारों की हेडलाइन पढ़कर सुनाने लगी—

—चला आदमी रात भर प्रेयसी को श्रद्धांजलि अर्पित करने...।

—प्रेमी के कदमों ने खींचा डेनमार्क की धरती पर तीर्थयात्रा का मार्ग।

—प्रेमी की पदयात्रा होल्टे से स्लेयेल्सेवाय तक।

मैं मीडिया में आ गया हूँ। करीना ने एक अखबार मेरी तरफ़ बढ़ाया। रात के अन्धकार में, खुले आसमान के नीचे, मन्दिर का रास्ता नापते हुए मेरी फोटो छपी हुई। कब ली उन लड़कों ने मेरी यह फोटो, मुझे पता ही नहीं चला। ये छोकरे भी...।

मेरे होंठों पर हल्की मुस्कुराहट छा गयी। इतने में परम्परागत वेश में एक पुजारी मेरी तरफ़ बढ़ा, और मेरे गले में ताज़े गेंदे के फूलों की माला डाल दी। सब ताली बजाने लगे। मैंने विनम्रतापूर्वक सभी का आभार प्रकट किया।

फिर शालीनता से सीधे नीना की तस्वीर की तरफ़ बढ़ा। उसे करीब से निहारा। वह मुस्कुरा रही है। मैं भी मुस्कुराया। मैंने उसे फूल भेंट किये—उसकी पसन्द के गुलाबी गुलाब। अपने नयन बन्द कर मैं उसे अपनी श्रद्धांजलि अर्पित करने लगा, "आमेन....नमन...।"

चक्षु बन्द किये, तस्वीर के सम्मुख मैं करीब बीस मिनट तक बैठा रहा। आत्म-विस्मृति जैसी मेरी अवस्था हो गयी। मन्दिर की घंटी, शंखों का महानाद, श्लोकों की ध्वनि, भक्तिमय भजनों का उच्चारण, नारी-पुरुष के मिले-जुले स्वर कानों में गूँज रहे हैं। भगवान गणेश को ठंडे दूध से स्नान करवाया जा रहा है, उसकी बौछारें मुझे स्पर्श कर रही हैं। किन्तु यकायक वह सब मेरे लिए अपना वजूद खो चुके हैं। कहीं से आयी शीतल बयार ने मेरी देह की अतल गहराइयों को सराबोर कर दिया। दीप्त प्रकाशपुंज मेरे हृदय के अन्तर्तम में कौंध गया। इतनी सुखद अनुभूति! मुझे एहसास हुआ कि भगवान साक्षात मेरे करीब, मेरे अति निकट हैं—परम शान्ति, एक दिव्य ज्योति के रूप में...।

❑❑❑